全国会计专业技术资格考试辅导教材

中级会计资格

财务管理

中级会计职称考试教研组 编

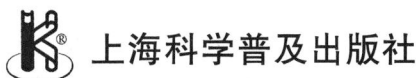
上海科学普及出版社

图书在版编目（CIP）数据

中级会计资格.财务管理／中级会计职称考试教研组编.－－上海：上海科学普及出版社，2023.2
ISBN 978-7-5427-8421-6

Ⅰ.①中… Ⅱ.①中… Ⅲ.①财务管理–资格考试–自学参考资料 Ⅳ.①F23

中国国家版本馆CIP数据核字（2023）第025076号

责任编辑　张善涛

中级会计资格·财务管理
中级会计职称考试教研组编
上海科学普及出版社出版发行
（上海中山北路832号　邮政编码 200070）
http://www.pspsh.com

各地新华书店经销　四川翔川印务有限公司印刷
开本787×1092　1/16　印张15.25　字数380 000
2023年2月 第1版　2023年3月 第1次印刷

ISBN 978-7-5427-8421-6　定价：51.00元
本书如有缺页、错装或坏损等严重质量问题
请向工厂联系调换
联系电话：028-82633929

目 录 CONTENTS

第一章　总论 ………………………………………………………………… 001
　　第一节　企业与企业财务管理 …………………………………………… 001
　　第二节　财务管理目标 …………………………………………………… 005
　　第三节　财务管理原则 …………………………………………………… 009
　　第四节　财务管理环节 …………………………………………………… 009
　　第五节　财务管理体制 …………………………………………………… 011
　　第六节　财务管理环境 …………………………………………………… 014

第二章　财务管理基础 ……………………………………………………… 019
　　第一节　货币时间价值 …………………………………………………… 019
　　第二节　收益与风险 ……………………………………………………… 026
　　第三节　成本性态分析 …………………………………………………… 033

第三章　预算管理 …………………………………………………………… 039
　　第一节　预算管理概述 …………………………………………………… 039
　　第二节　预算的编制方法与程序 ………………………………………… 041
　　第三节　预算编制 ………………………………………………………… 045
　　第四节　预算的执行与考核 ……………………………………………… 050

第四章　筹资管理（上） …………………………………………………… 052
　　第一节　筹资管理概述 …………………………………………………… 052
　　第二节　债务筹资 ………………………………………………………… 057
　　第三节　股权筹资 ………………………………………………………… 063
　　第四节　衍生工具筹资 …………………………………………………… 069
　　第五节　筹资实务创新 …………………………………………………… 074

第五章　筹资管理（下） …………………………………………………… 078
　　第一节　资金需要量预测 ………………………………………………… 078

第二节　资本成本 …… 083
第三节　杠杆效应 …… 090
第四节　资本结构 …… 095

第六章　投资管理 …… 104
第一节　投资管理概述 …… 104
第二节　投资项目财务评价指标 …… 106
第三节　项目投资管理 …… 113
第四节　证券投资管理 …… 118
第五节　基金投资与期权投资 …… 124

第七章　营运资金管理 …… 130
第一节　营运资金管理概述 …… 130
第二节　现金管理 …… 135
第三节　应收账款管理 …… 142
第四节　存货管理 …… 150
第五节　流动负债管理 …… 156

第八章　成本管理 …… 161
第一节　成本管理概述 …… 161
第二节　本量利分析与应用 …… 163
第三节　标准成本控制与分析 …… 174
第四节　作业成本与责任成本 …… 180

第九章　收入与分配管理 …… 189
第一节　收入与分配管理概述 …… 189
第二节　收入管理 …… 189
第三节　纳税管理 …… 197
第四节　分配管理 …… 205

第十章　财务分析与评价 …… 217
第一节　财务分析与评价概述 …… 217
第二节　基本的财务报表分析 …… 221
第三节　上市公司财务分析 …… 232
第四节　财务评价与考核 …… 235

第一章 总　论

本章概述

本章主要介绍财务管理的相关概念，包含企业与企业财务管理、财务管理目标、财务管理原则、财务管理环节、财务管理体制和财务管理环境6个方面的内容，属于比较基础的知识。本章内容不多且难度不大，要求考生理解相关知识，以便构建起对财务管理的基本认识，为后面章节的学习打下坚实的基础。

第一节　企业与企业财务管理

一、企业及其组织形式

（一）企业的定义及功能

企业一般是指依法设立的，以营利为目的，运用各种生产要素，向市场提供商品或服务，实行自主经营、自负盈亏、独立核算的法人或其他社会经济组织。需要注意的是，非营利性组织是一类不以市场化的营利目的作为自己宗旨的组织。因此，非营利性组织并不是企业。企业在社会中起到重要的作用，主要表现在以下几个方面。

1. 企业是市场经济活动的主要参加者

市场经济活动的顺利进行离不开企业的生产和销售活动，离开了企业的生产和销售活动，市场就成了无源之水、无本之木。企业的生产状况和经济效益可直接影响国家经济实力的增长、人民物质生活水平的提高。因此，企业的生产和经营活动直接关系着整个市场经济的发展。

2. 企业是社会生产和服务的主要承担者

生产和服务是社会经济活动的主要过程，这些大多是由企业来承担和完成的。离开了企业，社会经济活动就会中断或停止。

3. 企业是经济社会发展的重要推动力量

在经济活动中，企业不仅通过生产和经营活动创造和实现社会财富，而且也是先进技术和先进生产工具的积极采用者和制造者，这在客观上推动了整个社会经济技术的进步。通过企业在社会经济活动中的作用，我们不难看出，企业就好比国民经济的细胞，我国的国民经济体系就是由数以百万计的不同形式的企业组成的,千千万万个企业的生产和经营活动,不仅决定着市场经济的发展状况,而且决定着我国社会经济活动的生机和活力。

(二)企业的组织形式

常见的企业组织形式如图1-1所示。

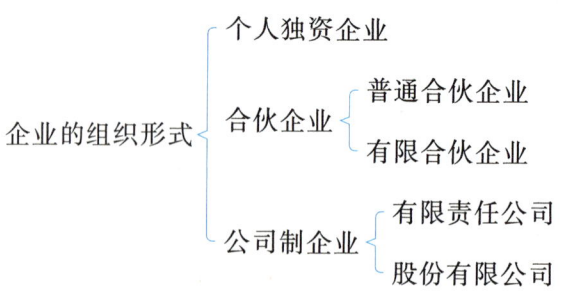

图1-1 企业的组织形式

1. 个人独资企业

个人独资企业是指由一个自然人投资经营的企业,即个人出资经营、归个人所有和控制、由个人承担经营风险和享有全部经营收益的企业。

1)个人独资企业的优点

(1)创立容易。

(2)经营管理灵活自由。

(3)不需要缴纳企业所得税。

2)个人独资企业的缺点

(1)投资人需要对企业债务承担无限责任,当企业的损失超过业主最初对企业的投资时,需要用业主的其他财产偿还。

(2)难以从外部进行大量融资。

(3)所有权的转移比较困难。

(4)企业的生命有限,将随着业主的死亡而自动消亡。

2. 合伙企业

合伙企业是指由两个或两个以上的自然人(有时也包括法人和其他组织)订立合伙协议,共同出资,共同经营,共享收益,共担风险的营利性组织。合伙企业分为普通合伙企业和有限合伙企业。

1)普通合伙企业

普通合伙企业由普通合伙人组成,合伙人对合伙企业债务承担无限连带责任。

2)有限合伙企业

有限合伙企业由普通合伙人和有限合伙人组成,普通合伙人对合伙企业债务承担无限连带责任,有限合伙人以其认缴的出资额为限对合伙企业债务承担责任。有限合伙企业至少应当有一个普通合伙人,由普通合伙人执行合伙事务,有限合伙人不执行合伙事务,不得对外代表有限合伙企业。

合伙企业无须缴纳企业所得税,其生产经营所得和其他所得由合伙人按照国家税收有关规定分别缴纳所得税。

3. 公司制企业

公司（或称公司制企业）是指由投资人（自然人或法人）依法出资组建，有独立法人财产，自主经营、自负盈亏的法人企业。公司是经政府注册的营利性法人组织，并且独立于股东和经营者。根据我国现行的公司法，其形式分为有限责任公司和股份有限公司两种。有限责任公司是指公司全体股东以各自认缴的出资额为限承担责任，公司以其全部财产为限对公司的债务承担责任的企业法人。设立有限责任公司的股东人数可以为1人或50人以下。股份有限公司是指将公司资本划分为等额股份，全体股东仅以各自持有的股份为限对公司债务承担责任，公司以其全部财产对公司的债务承担责任的企业法人。股份有限公司的发起人为2人以上200人以下。

1）公司制企业的优点

（1）容易转让所有权。公司的股东权益被划分为若干股权份额，每个份额可以单独转让。

（2）承担有限债务责任。公司债务是法人的债务，不是股东的债务。股东对公司承担的责任以其出资额为限。当公司资产不足以偿还其所欠债务时，股东无须承担连带清偿责任。

（3）可以无限存续。一个公司在最初的股东和经营者退出后仍然可以继续存在。

（4）融资渠道较多。公司制企业拥有多种筹资渠道，如发行债券、优先股、普通股等等，并且一次性可以筹集大量资金。

2）公司制企业的缺点

（1）组建公司的成本高。公司法对于设立公司的要求比设立个人独资或合伙企业复杂，并且设立公司需要提交一系列法律文件，花费的时间较长。公司成立后，政府对其监管比较严格，需要定期提交各种报告。

（2）存在代理问题。股东和经营者分开以后，股东成为委托人，经营者成为代理人，代理人可能为了自身利益而伤害委托人利益。

（3）双重课税。公司作为独立的法人，其利润需缴纳企业所得税；企业利润分配给股东后，股东还需缴纳个人所得税。

【例1】（单选·2022）下列选项中，不属于公司制企业缺点的是（　　）。

A.导致双重课税　　　　　　　　B.组建公司的成本高
C.存在代理问题　　　　　　　　D.股东须承担无限连带责任

【答案】D

【解析】公司制企业股东以出资额为限对公司承担责任。当公司资产不足以偿还其所欠债务时，股东无须承担连带清偿责任，选项D当选。

二、企业财务管理的内容

企业财务管理的主要内容包括筹资管理、投资管理、营运资金管理、成本管理、收入与分配管理，上述管理内容涉及预算与计划、决策与控制、财务分析等环节。

（一）筹资管理

资金筹集是指公司通过筹资渠道和资本市场，运用筹资方式，依法、经济有效地筹集其生产经营过程中所需要的资金。这些资金由于来源与方式的不同，其筹集的条件、筹集的成本和筹集的风险也不同。因此，公司财务管理活动中筹资管理的目标就是寻找、比较和选择对公司资金筹集条件最有利、资金筹集成本最低和资金筹集风险最小的资金来源。没有资金，企业将难以生存，也不可能发展，因此筹资管理是企业财务管理的一项重要内容。

（二）投资管理

这里所说的投资包括对外投资和对内投资两个方面。对内投资是指企业把筹集到的资金用于本企业的资产上，如购置固定资产、无形资产等。而对外投资是指企业把筹集到的资金用于购买股票、债券、出资组建新公司或与其他企业联营等。在投资管理中，不仅需要考虑投资项目的投资收益大小，也需要考虑投资风险的高低，企业应当在平衡收益和风险的基础上作出最佳的投资决策。

（三）营运资金管理

营运资金是企业流动资产总额减流动负债总额后的净额，即企业在经营中可供运用、周转的流动资金净额。营运资金管理是对企业流动资产及流动负债的管理。一个企业要维持正常的运转就必须要拥有适量的营运资金，因此，营运资金管理是企业财务管理的重要组成部分。营运资金管理主要涉及：现金持有计划的确定，应收账款的信用标准、信用条件和收款政策的确定，存货周期、存货数量、订货计划的确定，短期借款计划、商业信用筹资计划的确定等。企业进行营运资金管理，应保证合理的资金需求、提高资金使用效率、节约资金使用成本、保持足够的短期偿债能力。

（四）成本管理

成本管理涉及从成本预测、成本决策、成本计划、成本控制、成本核算、成本分析到成本考核的全部过程，涉及本量利分析、标准成本控制分析、作业成本管理、责任成本管理等管理方法。成本管理是企业日常经营管理的一项中心工作，它对于促进增产节支，加强经济核算，改进企业管理，提高企业整体管理水平具有重大意义。

（五）收入与分配管理

收入与分配管理是对企业收入与分配活动及其形成的财务关系的组织与调节，是企业进行销售预测和定价管理，并将一定时期内所创造的经营成果合理地在企业内、外部各利益相关者之间进行有效分配的过程。收入反映的是企业经济利益的来源，而分配反映的是企业经济利益的去向，两者共同构成企业经济利益流动的完整链条。通常情况下，收入在弥补企业各种费用、成本后形成利润，而利润分配则是对收入初次分配的结果进行再次分配。在对投资者进行利润分配时还需要结合后续的资金需求，确定合理的分配规模和结构，确保企业取得最大的长期利益。

第二节 财务管理目标

一、企业财务管理目标理论

财务管理目标是指企业进行财务活动所要达到的根本目的，它决定着企业财务管理的基本方向。财务管理目标是一切财务活动的出发点和归宿，是评价企业财务活动是否合理的基本标准。企业财务管理目标如图1-2所示。

企业财务管理目标 ├ 利润最大化
　　　　　　　　├ 股东财富最大化
　　　　　　　　├ 企业价值最大化
　　　　　　　　└ 相关者利益最大化

图1-2　企业财务管理目标

目前，财务管理目标有以下几种主流理论。

（一）利润最大化

利润最大化是指企业财务管理以实现最高利润为目标。利润最大化目标理论认为：利润代表了企业新创造的财富，利润越多则说明企业的财富增加得越多，越接近企业的目标。

1. 利润最大化目标的优点

企业追求利润最大化，必须要讲求经济核算，加强管理，改进技术，提高劳动生产率，降低产品成本。这些措施都有利于企业资源的合理配置，有利于企业整体经济效益的提高。

2. 利润最大化目标的缺点

（1）没有考虑利润实现时间和资金时间价值。

（2）没有考虑风险问题。

（3）没有反映创造的利润与投入资本之间的关系。

（4）可能导致企业财务决策短期倾向，影响企业长远发展。

每股收益最大化是利润最大化的另一种表现方式，每股收益最大化反映了企业所创造的利润与投入资本之间的关系，除此之外，每股收益最大化与利润最大化的缺陷基本相同。

（二）股东财富最大化

股东财富最大化是指企业财务管理以给股东带来最多的财富为目标。对于上市公司而言，股东财富等于其所拥有的股票数量与每股股价的乘积，当股票数量一定时，每股价格达到最高就等同于股东财富达到最大。

1. 股东财富最大化目标的优点

（1）考虑了风险因素。

（2）在一定程度上避免了企业短期行为，因为目前的利润和预期未来的利润都会影响公司的股价。

（3）对于上市公司而言，股东财富最大化目标比较容易量化，便于考核和奖惩。

2. 股东财富最大化目标的缺点

（1）该目标通常只适用于上市公司，非上市公司难以应用，因为非上市公司不容易准确地获得公司股价。

（2）股价受众多因素影响，特别是企业外部的因素，不能完全准确反映企业财务管理状况。

（3）对其他相关者的利益重视不够，主要强调股东利益。

（三）企业价值最大化

企业价值最大化是指采用最优的财务结构，充分考虑资金的时间价值以及风险与报酬的关系，使企业价值达到最大。企业价值不仅包含股东权益的市场价值，还包含债权人权益的市场价值。因此，企业价值最大化这一目标具有与利益相关者利益相一致的特点，能够保证企业发展战略的长期性。企业价值也可以理解成企业所能创造的预计未来现金流量的现值。未来现金流量现值这一概念包含了资金的时间价值和风险价值。

1. 企业价值最大化目标的优点

（1）考虑了取得报酬的时间，并用时间价值的原理对现金流量进行折现。

（2）考虑了风险与报酬的关系，风险体现在对现金流量的折现率上。

（3）着眼于企业长期、稳定的发展和持续获利能力，克服了企业仅追求利润的短期行为。

（4）用价值代替价格，避免了过多外界市场因素的干扰，有效地规避了企业的短期行为。

2. 企业价值最大化目标的缺点

（1）过于理论化，不易操作。

（2）对于非上市公司，只有对企业进行专门的评估才能确定其价值，而在评估企业的资产时，很难做到客观和准确。

（四）相关者利益最大化

相关者利益最大化目标认为：现代企业是一个由多个利益相关者组成的集合体，财务管理是正确组织财务活动、妥善处理财务关系的一项经济管理工作，财务管理应从更广泛、更长远的角度来找到一个更为合适的目标。

1. 相关者利益最大化目标的具体内容

（1）强调风险与报酬的均衡。

（2）强调股东的首要地位，并强调企业与股东之间的协调关系。

（3）强调对代理人即企业经营者的监督和控制。

（4）关心本企业普通职工的利益。

（5）不断加强与债权人的关系。

（6）关心客户的长期利益。

（7）加强与供应商的协作。

（8）保持与政府部门的良好关系。

2. 相关者利益最大化目标的优点

（1）有利于企业长期稳定发展，注重企业在发展过程中考虑并满足各利益相关者的利益关系。

(2) 体现了合作共赢的价值理念，有利于企业实现经济效益和社会效益的统一。
(3) 较好地兼顾了各利益主体的利益。
(4) 体现了前瞻性和现实性的统一。

【提示】利润最大化、企业价值最大化以及相关者利益最大化等各种财务管理目标，都以股东财富最大化为基础。

（五）不同财务管理目标的对比

表1-1对不同财务管理目标做了比较。

表1-1　　　　　　　　　　不同财务管理目标的对比

目标	利润的取得时间	风险因素	长短期效应	衡量难易度
利润最大化	未考虑	未考虑	短期行为	容易
股东财富最大化	考虑	考虑	长期行为	上市公司容易
企业价值最大化	考虑	考虑	长期行为	过于理论化，难以操作
相关者利益最大化	考虑	考虑	长期行为	难以操作

【例2】（多选·2021）关于企业价值最大化这一财务管理目标，下列说法正确的有（　　）。

A. 以股东财富最大化为基础
B. 有助于克服企业追求利润的短期行为
C. 考虑了收益的时间价值
D. 考虑了风险与收益的关系

【答案】ABCD

【解析】各种财务管理目标，都以股东财富最大化为基础。以企业价值最大化作为财务管理目标，具有以下优点：①考虑了取得报酬的时间，并用时间价值的原理对现金流量进行折现；②考虑了风险与报酬的关系，风险体现在现金流量的折现率上；③着眼于企业长期、稳定的发展和持续获利能力，克服了企业仅追求利润的短期行为；④用价值代替价格，避免了过多外界市场因素的干扰，有效地规避了企业的短期行为。选项A、B、C、D均当选。

二、财务管理目标与利益冲突

（一）委托代理问题与利益冲突

1.股东与管理层间的利益冲突与协调

在现代公司制度中，尤其是在股份有限公司中，为了确保公司的运营效果，大多数公司基本上都实行所有权与经营权分离的运营模式，即公司的股东通常不直接参与公司的经营管理，而是由股东聘请的职业经理人负责公司的运营工作。经理人与股东的目标不一致导致股东与管理层产生冲突。

1）主要利益冲突

经营者希望在创造财富的同时，能够获取更多的报酬、更多的享受，并避免各种风险；而股东希望以较小的代价（支付较少报酬）实现更多的财富。

2）协调措施

(1) 解聘。这是一种通过股东约束经营者的办法。如果经营者不认真工作，绩效不佳，股东就可以解聘经营者。

(2) 接收。这是一种通过市场约束经营者的方法。如果企业经营者经营不力，决策失误,企业被其他企业强行接收或吞并,经营者相应的也会被解聘。

(3) 激励。将经营者的报酬与其绩效直接挂钩,以使经营者自觉采取能提高股东财富的措施,如股票期权、绩效股。

2.大股东与中小股东间的利益冲突与协调

通常情况下,大股东指能对股东大会和董事会决议产生影响,能掌握公司的重大经营决策的持有公司大部分股份的股东。

1) 主要利益冲突

(1) 利用关联交易转移上市公司的资产。

(2) 非法占用上市公司巨额资金,或以上市公司的名义进行担保和恶意筹资。

(3) 通过发布虚假信息进行股份操纵,欺骗中小股东。

(4) 为大股东委派的高管支付不合理的报酬及特殊津贴。

(5) 采用不合理的股利政策,掠夺中小股东的既得利益。

2) 协调措施

(1) 完善上市公司的治理结构,使股东大会、董事会和监事会有效运行,形成相互制约的机制。

(2) 规范上市公司的信息披露制度,保证信息完整、真实、及时。

3.股东与债权人间的利益冲突与协调

1) 主要利益冲突

(1) 股东可能要求经营者改变举债资金的原定用途,将其用于风险更高的项目,这会增大企业的偿债风险,降低债权人的债权价值,造成债权人风险与收益的不对称。

(2) 股东可能未征得现有债权人同意,要求经营者举借新债,从而增大偿债风险,降低原有债权价值。

2) 协调措施

(1) 限制性借债。债权人事先规定借债用途、担保条款和信用条件。

(2) 收回借款或者停止借款。债权人发现企业有侵蚀其债权价值的意图时,收回债权或不再给予新借款。

【例3】(判断·2022) 如果某上市公司不存在控股股东,则该公司不存在股东与债权人之间的利益冲突。( )。

【答案】×

【解析】股东是公司的所有者,即使不存在控股股东,股东的目标也可能与债权人期望实现的目标发生矛盾,股东与债权人之间的利益冲突与股东是否控股无关。本题表述错误。

(二) 企业社会责任与利益冲突

企业的社会责任是指企业在谋求股东财富最大化之外所负有的维护和增进社会利益的义务,主要包括以下几个:

(1) 对员工的责任。企业除了向员工支付法律规定的报酬外,还负有为员工提供安全工作环境、职业教育等保障员工利益的责任。

(2) 对债权人的责任。债权人是企业的重要利益相关者,企业应依据合同的约定以及法律的规定对债权人承担相应的义务,保障债权人合法权益。

(3) 对消费者的责任。公司的价值实现在很大程度上取决于消费者的选择，企业理应重视产品的质量和相关服务，对消费者承担责任。

(4) 对社会公益的责任。企业需要积极参与社会的公益活动，维护社会的稳定，反过来稳定的社会将有利于企业的正常生产经营，企业对社会公益的责任主要涉及慈善、社区等。

(5) 对环境和资源的责任。企业对环境和资源的社会责任包括承担可持续发展、节约资源的责任和承担保护环境、维护自然和谐的责任。

第三节　财务管理原则

一、系统性原则

坚持系统性原则是财务管理工作的首要出发点。

二、风险权衡原则

风险权衡原则指风险与报酬间存在高风险高报酬、低风险低报酬的对应关系。决策者必须对风险与报酬作出权衡。

三、现金收支平衡原则

现金收支平衡原则指财务管理活动应做到现金收入与现金支出在数量上、时间上达到动态平衡。

四、成本收益权衡原则

成本收益权衡原则指财务管理各个环节都需要权衡成本与收益。

五、利益关系协调原则

企业财务管理是一个协调各种利益关系的过程。利益关系协调成功与否直接关系到财务管理目标的实现程度。

第四节　财务管理环节

一、财务预测

财务预测是企业在历史财务数据资料的基础上结合现实状况对企业未来财务活动作出较为具体的预计和测算的过程，预测方法包括定性预测与定量预测。

二、财务决策

财务决策是指利用专门的方法，按照财务战略目标的总体要求，对各种备选方案进行比较和分析，从中选出最佳方案的过程，是财务管理的核心。财务决策方法包括经验判断法和定量分析法。所谓经验判断法，是根据决策者的经验来判断选择，常用的方法有淘汰法、排队法、归类法等。常用的定量分析方法有优选对比法、数学微分法、线性规划法、概率决策法等。

三、财务计划

财务计划是企业根据整体战略目标和规划，结合财务预测的结果，对财务活动进行规划，并以指标形式落实到每一计划期间的过程。确定财务计划指标的方法包括平衡法、因素法、比例法和定额法等。

四、财务预算

财务预算是一系列专门反映企业未来一定期限内预计财务状况、经营成果以及现金收支等指标的各种预算的总称。按照不同的分类标准，预算编制方法包括固定预算与弹性预算，增量预算与零基预算，定期预算与滚动预算等。

五、财务控制

财务控制是指对企业的资金投入、收益过程和结果进行衡量与校正，目的是确保企业目标以及为达到此目标所制订的财务计划得以实现。财务控制的方法包括前馈控制、过程控制、反馈控制。

六、财务分析

财务分析是指依据企业财务报表等资料，采用专门方法，系统分析和评价企业财务状况、经营成果以及未来趋势的过程。财务分析方法包括比较分析法、比率分析法和因素分析法等。

七、财务考核

财务考核是指将报告期实际完成数与规定的考核指标进行对比，确定有关责任单位和个人完成任务的过程。财务考核的指标包括绝对指标、相对指标、完成百分比。财务考核也可以采用多种财务指标进行综合评价考核。

第五节　财务管理体制

财务管理体制是指存在于企业集团公司整体管理框架内，为实现企业集团公司总体财务目标而设计的财务管理模式、管理机构及组织分工等要素的有机结合，主要涉及母子公司之间重大财务决策权限的划分，包括融资决策权、投资决策权、资金管理权、资产处置权和收益分配权等。根据企业财权配置的不同方式，财务管理体制理论上分为"集权型财务管理体制""分权型财务管理体制"和"集权与分权相结合型财务管理体制"。

一、企业财务管理体制的一般模式及优缺点

（一）集权型财务管理体制

集权型财务管理体制是指企业集团的各种财务决策权均集中于企业总部，企业各所属单位没有财务决策权，要严格执行企业总部的各项指令。

1. 集权型财务管理体制的优点

（1）可充分展现一体化管理的优势，使决策的统一化、制度化得到有力的保障。

（2）有利于在整个企业内部优化资源配置，有利于实行内部调拨价格。

（3）有利于内部采取避税措施及防范汇率风险等。

2. 集权型财务管理体制的缺点

（1）集权过度会使所属单位缺乏主动性、积极性，丧失活力。

（2）可能因为决策程序复杂而失去适应市场的弹性，丧失市场机会。

【例4】（单选·2017）集权型财务管理体制可能导致的问题是（　）。

A. 削弱所属单位主动性　　　　　　B. 资金管理分散

C. 利润分配无序　　　　　　　　　D. 资金成本增大

【答案】A

【解析】集权过度会使各所属单位缺乏主动性、积极性，丧失活力，也可能因为决策程序相对复杂而失去适应市场的弹性，丧失市场机会。选项A当选。

（二）分权型财务管理体制

分权型财务管理体制是指企业将财务决策权与管理权完全下放到各所属单位，各所属单位只需将一些决策结果报请企业总部备案即可。

1. 分权型财务管理体制的优点

（1）有利于各所属单位针对本单位存在的问题及时作出有效决策，因地制宜地搞好各项业务。

（2）有利于分散经营风险，促进所属单位管理人员及财务人员的成长。

2. 分权型财务管理体制的缺点

各所属单位大多从本位利益出发安排财务活动，缺乏全局观念和整体意识，可能导致资金管理分散、资金成本增大、费用失控、利润分配无序。

（三）集权与分权相结合型财务管理体制

集权与分权相结合型财务管理体制介于集权型和分权型财务管理体制之间，企业对各所属单位在所有重大问题的决策与处理上实行高度集权，而各所属单位在日常经营活动中则具有较大的自主权。

集权与分权相结合型财务管理体制在吸收了集权型和分权型体制的优点的同时，又避免了两者各自的缺点，因而具有较大的优越性。

【提示】企业财务管理体制是明确企业各财务层级财务权限、责任和利益的制度，其核心问题是如何配置财务管理权限。

二、影响企业财务管理体制集权与分权选择的因素

影响企业财务管理体制集权与分权选择有各种各样的因素，常见的有以下几种。

（一）企业生命周期

企业的发展大致会经历五个阶段，即初创阶段、快速发展阶段、稳定增长阶段、成熟阶段和衰退阶段。由于企业在生命周期的各个阶段有不同的特点，因此财务管理体制的选择模式也会有所不同。例如，在初创阶段，企业经营风险较高，不确定性大，企业对最高层的个人判断依赖比较大，因此在初创阶段企业财务管理偏重集权模式。而在稳定增长期阶段，企业财务管理则更加偏重分权模式。

（二）企业战略

一般而言，企业战略的发展会经历数量扩大、地区开拓、纵向或横向联合发展和产品多样化这四个阶段。各阶段由于战略目标不同，需匹配不同的财务管理体制。各所属单位之间的业务联系越密切（如实施纵向一体化战略的企业），企业就越有必要采用相对集中的财务管理体制。

（三）企业所处市场环境

如果企业所处的市场环境复杂多变、不确定性大，企业为了能够生存，就要对市场环境变动产生快速的应变能力，分权使下层拥有更多的决策权力，从而可以对新变化作出更及时的反应，因此在市场环境复杂多变、不确定性大的情形下，企业常采用分权管理模式。相反，如果企业所处的市场环境是稳定的，对市场经营的影响不太显著，则企业财务管理更偏重集权模式。

（四）企业规模

当企业规模较小时，业务量小，财务管理的工作量相应也较小，财务组织制度也相对简单、集中，此时，企业财务管理更偏重于集权模式。而当企业规模较大时，财务管理工作量大，财务组织制度也相对复杂，此时，企业就需要重新设置、规划财务管理权限。

（五）企业管理层素质

如果企业管理层的素质高、能力强，则可以采用集权型财务管理体制。反之，分权可以调动所属单位的生产积极性、创造性和应变能力。

（六）信息网络系统

由于集权型财务管理体制下层级关系更加庞大复杂，所以企业在采用这种体制时要充分考虑企业内部是否拥有一个能及时、准确传递信息的网络系统，并能通过严格控制信息的传递过程来保障信息的质量。

【例5】(单选·2022) 关于企业财务管理体制的模式选择，下列说法错误的是（ ）。
A.若企业处于初创阶段，经营风险高，则更适合采用分权型财务管理体制
B.若企业管理者的素质高、能力强，则可以采用集权型财务管理体制
C.若企业面临的环境是稳定的、对生产经营的影响不显著，则更适合采用集权型财务管理体制
D.若企业规模小，财务管理工作量少，则更适合采用集权型财务管理体制
【答案】A
【解析】企业处于初创阶段，企业经营风险高，财务管理宜偏重集权模式，选项A当选。

三、常见的企业组织体制

企业的组织体制主要包括U型组织、H型组织和M型组织三种基本形式。

（一）U型组织

U型组织以职能化管理为核心，其最典型的特征是在管理分工下实行集权控制，由总部的职能部门直接控制各业务单元，子公司只拥有较小的自主权。

（二）H型组织

H型组织结构又称控股公司结构，是组织内实行分权治理的一种结构形式。控股公司下设若干子公司，每家子公司拥有独立的法人地位和比较完整的职能部门。H型组织的典型特征是过度分权，各子公司保持了较大的独立性，总部缺乏有效的监控约束力度。

需要注意的是，现代意义上的H型组织既可以分权管理，也可以集权管理。

（三）M型组织

M型组织亦称事业部制结构，即按照企业所经营的事业，包括按产品、按地区、按顾客（市场）等来划分部门，设立若干事业部。事业部在企业统一领导下，可以拥有一定的经营自主权，实行独立经营，独立核算，但它不是独立法人，不能够独立对外从事生产经营活动。从这一点来看，M型组织比H型组织的集权程度更高。

三种组织体制的比较如表1-2所示。

表1-2　　　　　　　　　　　三种组织体制的比较

企业组织体制	集权与分权程度	特点
U型（一元结构）	高度集权	职能化管理为核心，没有中间管理层，子公司的自主权较小
H型（控股公司体制）	高度分权	各子公司保持较大的独立性，总部缺乏有效的监控约束力度
M型（事业部体制）	比H型组织集权程度更高	事业部是总部设立的中间管理组织，不是独立法人，不能独立对外从事生产经营活动

四、企业财务管理体制的设计原则

在设计企业财务管理体制时要遵循以下几个原则：
（1）与现代企业制度的要求相适应的原则。
（2）明确企业对各所属单位管理中的决策权、执行权与监督权相互制衡原则。
（3）明确财务综合管理和分层管理思想的原则。

(4) 与企业组织体制相适应的原则。

五、集权与分权相结合型财务管理体制的实践

集权与分权相结合型财务管理体制的核心内容是企业总部应做到制度统一、资金集中、信息集成和人员委派。

在实践中，应集中管理的权力有：制度制定权、财务机构设置权、筹资权、融资权、投资权、用资权、担保权、固定资产购置权、收益分配权。应分散管理的权力有：经营自主权、人员管理权、业务定价权、费用开支审批权，具体如图1-3所示。

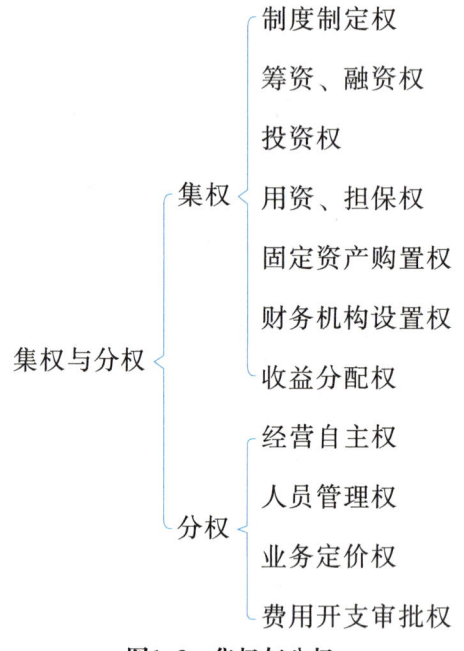

图1-3 集权与分权

【例6】（多选·2011）某企业集团选择集权与分权相结合型财务管理体制，下列各项中，通常应当集权的有（　　）。

　　A. 收益分配权　　　B. 财务机构设置权　　　C. 对外担保权　　　D. 子公司业务定价权

【答案】ABC

【解析】集权与分权相结合型财务管理体制具体应集中的事项包括：制度制定权、筹资、融资权、投资权、用资权、担保权（选项C）、固定资产购置权、财务机构设置权（选项B）、收益分配权（选项A）。应分散的事项包括：经营自主权、人员管理权、业务定价权、费用开支审批权。选项A、B、C当选。

第六节　财务管理环境

财务管理环境是指对企业财务活动和财务管理产生影响作用的企业内外各种条件的统称，主要包括技术环境、金融环境、经济环境、法律环境等。

一、技术环境

财务管理的技术环境是指财务管理得以实现的技术手段和技术条件,它决定着财务管理的效率和效果。

二、金融环境

(一)金融机构

金融机构是指从事金融业有关的金融中介机构,为金融体系的一部分。金融业包括银行、证券、保险、信托、基金等行业。

(二)金融工具

1. 金融工具的相关概念

金融工具是使一方形成金融资产,同时使另一方形成金融负债或权益工具的合约。金融工具包括基本金融工具和衍生金融工具。常见的基本金融工具有货币、债券、股票等。衍生金融工具也叫派生金融工具,是与基本金融工具相对应的一个概念,指建立在基础产品或基础变量之上,其价格随基础金融产品的价格(或数值)变动的派生金融产品,如远期合同、期货合同、互换合同和期权合同等。衍生金融工具具有高风险、高杠杆效应的特点。

2. 金融工具的特征

一般认为,金融工具具有以下特征:

(1)流动性。流动性是指金融工具在必要时迅速转换成现金,其价值不会蒙受损失的能力。

(2)风险性。风险性是购买金融工具的本金和预定收益遭受损失的可能性,一般包括信用风险和市场风险。

(3)收益性。收益性是指金融工具能定期或不定期给持有人带来收益的特性。

(三)金融市场

1. 金融市场的概念

金融市场是指资金供应者和资金需求者双方通过一定的金融工具进行交易进而融通资金的场所。在金融市场上,资金有直接转移和间接转移两种转移方式。

直接转移是指需要资金的企业或其他资金不足者直接将股票或债券出售给资金供应者,从而实现资金转移的一种方式。

间接转移是指需要资金的企业或其他资金不足者,通过金融中介机构将股票或债券出售给资金供应者;或者以他们自身所发行的证券来交换资金供应者手中的资金,再将资金转移到各种股票或债券的发行者(即资金需求者)手中,从而实现资金转移的一种方式。

2. 金融市场的分类

目前,金融市场有多种分类标准。

1)以期限为标准

以期限为标准,金融市场可分为货币市场和资本市场。

货币市场是指期限在1年以内的金融资产交易的市场,包括同业拆借市场、票据市场、大额定期存单市场和短期债券市场等。它的主要功能是调节短期资金融通。其主要特点有:

①期限短（一般为3~6个月，最长不超过1年）；②以解决短期资金周转问题为交易目的。③货币市场上的金融工具有较强的"货币性"，具有流动性强、价格平稳、风险较小等特性。

资本市场又称长期金融市场，是指进行中长期（1年以上）资金（或资产）借贷融通活动的市场，包括股票市场、债券市场、期货市场（包括商品期货市场和金融期货市场）和融资租赁市场等。它的主要功能是实现长期资本融通。其主要特点有：①融资期限长（至少1年以上）；②融资目的是解决长期投资性资本的需要，用于补充长期资本，扩大生产能力；③资本借贷量大；④收益较高但风险也较大。

商品期货是期货交易的起源种类。金融期货主要包括外汇期货、利率期货、股指期货。期货市场具有规避风险、发现价格、风险投资的功能。

2）以功能为标准

以功能为标准，金融市场可分为发行市场和流通市场。发行市场又称为一级市场，是资本需求者将证券首次出售给公众时形成的市场；流通市场又称为二级市场，它主要处理现有金融工具转让和变现的交易。

3）以融资对象为标准

以融资对象为标准，金融市场可分为资本市场、外汇市场和黄金市场。

4）以金融工具的属性为标准

按所交易金融工具的属性，金融市场可分为基础性金融市场与金融衍生品市场。

5）以地理范围为标准

以地理范围为标准，金融市场可分为地方性金融市场、全国性金融市场和国际性金融市场。

【例7】（单选·2022）金融市场按期限标准可划分为货币市场和资本市场。下列各项中，不属于资本市场的是（ ）。

A.短期债券市场　　B.股票市场　　C.期货市场　　D.融资租赁市场

【答案】A

【解析】资本市场主要包括债券市场、股票市场、融资租赁市场和期货市场。短期债券市场属于货币市场，选项A当选。

三、经济环境

经济环境包括经济体制、经济周期、经济发展水平、宏观经济政策及通货膨胀水平等。

(一)经济体制

经济体制包括计划经济体制和市场经济体制。在计划经济体制下，财务管理内容比较单一，方法比较简单；而在市场经济体制下，财务管理内容比较丰富，方法复杂多样。

(二)经济周期

经济周期一般是指经济活动沿着经济发展的总体趋势所经历的有规律的扩张和收缩。大体分为复苏、繁荣、衰退、萧条四个阶段。不同经济周期阶段需要采用不同的财务管理战略，具体如表1-3所示。

表1-3　　　　　　　　　　不同经济周期阶段采用的财务管理战略

项目		复苏	繁荣	衰退	萧条
固定资产（设备投资）		增加厂房设备，实行长期租赁	扩充厂房设备	停止扩张，出售多余设备	建立投资标准，放弃次要利益
流动资产	存货储备	建立存货储备	继续建立存货	削减存货，停止长期采购	削减存货
	产品策略	开发新产品	提高产品价格，开展营销规划	停产不利产品	保持市场份额，压缩管理费用
人力资源		增加劳动力	增加劳动力	停止扩招雇员	裁减雇员

（三）经济发展水平

财务管理的发展水平和经济发展水平是密切相关的，经济发展水平越高，财务管理水平也越高。

（四）宏观经济政策

不同的宏观经济政策，对财务管理影响不同。

（五）通货膨胀水平

通货膨胀对企业财务活动的影响通常表现在以下几个方面：

（1）引起资金占用的大量增加，从而增加企业的资金需求。

（2）引起企业利润虚增，造成企业资金由于利润分配而流失。

（3）引起利率上升，加大企业筹资成本。

（4）引起有价证券价格下降，增加企业的筹资难度。

（5）引起资金供应紧张，增加企业的筹资难度。

针对通货膨胀发生的不同阶段，企业需要采用不同的应对措施，具体如表1-4所示。

表1-4　　　　　　　　　　不同通货膨胀阶段采用的应对措施

阶段	通货膨胀初期	通货膨胀持续期
措施	（1）进行投资可避免风险，实现资本保值； （2）签订长期购货合同，减少物价上涨造成的损失； （3）取得长期负债，保持资本成本的稳定	（1）采用比较严格的信用条件，减少企业债权； （2）调整财务政策，防止和减少企业资本流失等

四、法律环境

法律环境是指企业与外部发生经济关系时应遵守的有关法律、法规和规章（简称法规），国家相关法律法规按照对财务管理内容的影响情况可以分如下几类：

（1）影响企业筹资的各种法律法规，主要有公司法、证券法、民法典等。

（2）影响企业投资的各种法规，主要有证券法、公司法、企业财务通则等。

（3）影响企业收益分配的各种法规，主要有税法、公司法、企业财务通则等。

扫一扫，提个小建议

图书勘误、评价建议，"微信"扫一扫。您的感受是我们最好的动力！助您奇兵制胜！

知识梳理

- 总论
  - 企业与企业财务管理
    - 企业及其组织形式
      - 个人独资企业
      - 合伙企业
      - 公司制企业
    - 企业财务管理的内容
  - 财务管理目标
    - 企业财务管理目标理论
      - 利润最大化
      - 股东财富最大化
      - 企业价值最大化
      - 相关者利益最大化
    - 财务管理目标与利益冲突
  - 财务管理原则
    - 系统性原则
    - 风险权衡原则
    - 现金收支平衡原则
    - 成本收益权衡原则
    - 利益关系协调原则
  - 财务管理环节
    - 财务预测
    - 财务决策
    - 财务计划
    - 财务预算
    - 财务控制
    - 财务分析
    - 财务考核
  - 财务管理体制
    - 企业财务管理体制的一般模式及优缺点
    - 影响企业财务管理体制集权与分权选择的因素
    - 常见的企业组织体制
    - 企业财务管理体制的设计原则
    - 集权与分权相结合型财务管理体制的实践
  - 财务管理环境
    - 技术环境
    - 金融环境
      - 金融机构
      - 金融工具
      - 金融市场
    - 经济环境
    - 法律环境

第二章 财务管理基础

本章概述

本章主要介绍货币的时间价值、风险与收益、成本性态分析三个方面的内容，其中详细阐述了货币时间价值。货币的时间价值理论作为财务管理的基本理论之一，其重要性不言而喻。在投资管理（第六章）中，货币时间价值理论的运用无处不在，无论是项目投资还是债券投资，抑或是股权投资，都运用了"折现"原理。第二节风险与收益中的资本资产定价模型，也是属于较为重要的内容，要求熟练掌握。

第一节 货币时间价值

一、货币时间价值的含义

货币时间价值，是指在没有风险和没有通货膨胀的情况下，货币经历一定时间的投资和再投资所增加的价值，也称为资金的时间价值。对货币时间价值进行理解时，需要注意以下两点：第一，并非所有的货币都具有时间价值。要形成货币时间价值，需要将货币作为资本投入生产经营过程使用，进而产生价值增值。第二，并非在生产经营中使用货币产生的所有价值增值都是货币时间价值。货币的时间价值是货币因生产经营使用产生的价值增值扣除风险报酬和通货膨胀贴水后的增值部分。

货币时间价值可以用相对数进行衡量，也可以使用绝对数进行衡量，用相对数表示的货币时间价值也称为纯粹利率（简称纯利率）。纯利率是指在没有风险和没有通货膨胀条件下的社会平均资金利率。没有通货膨胀时，短期国债利率可以视为纯利率。

由于货币随时间的延续而增值，不同时点单位货币的价值不相等。所以不同时点的货币不宜直接进行比较，需要把他们换算到相同的时点进行比较才有意义。例如，某人目前拥有货币资金10万元，并且可以按照每年10%的利率从某项投资中获益，那么1年后这笔货币资金将增值到11万元。由于时间的作用，目前的10万元在1年后可以变成11万元，可以说目前的10万元和1年以后的11万元是等价的，尽管从绝对数值上来看两者并不相同。

二、单利终值、现值和复利终值、现值

(一) 单利和复利的相关概念

单利计息是指只对本金计算利息，各期利息相等。复利计息是指既对本金计算利息，也对前期的利息计算利息，即"利滚利"。

单利终值是指采用单利计息形式得到的本利和，单利现值是指采用单利计息形式得到的本金。复利终值指现在的特定资金按复利计算方法折算到将来某一时点的价值；复利现值是指未来某一时点的特定资金按复利计算方法折算到现在的价值。

(二) 单利、复利的相关计算

1. 单利终值

$$F=P\times(1+i\times n)$$

上式中：F表示终值，P表示现值，i表示计息期利率，n表示计息期数。

【例1】张先生现在存入银行10000元，年利率为3%，采用单利计息，请问3年后张先生能取到本利和多少元？

$F=10000+10000\times3\%\times3=10000\times(1+3\%\times3)=10900$（元）

即在采用单利计息的情况下，3年后张先生能取到本利和10900元。

2. 单利现值

$$P=F/(1+i\times n)$$

3. 复利终值

$$F=P\times(1+i)^n=P\times(F/P,i,n)$$

上式中：$(1+i)^n$ 被称为复利终值系数，用符号 $(F/P,i,n)$ 表示。

【例2】张先生现在存入银行10000元，年利率为5%，采用复利计息，请问3年后张先生能取到本利和多少元？

$F=10000\times(1+5\%)^3=10000\times(F/P,5\%,3)=11576$（元）

即在采用复利计息的情况下，张先生3年后能取到本利和11576元。

4. 复利现值

$$P=F/(1+i)^n=F\times(1+i)^{-n}=F\times(P/F,i,n)$$

上式中：$(1+i)^{-n}$ 称为复利现值系数，用符号 $(P/F,i,n)$ 来表示。

【例3】张先生拟在3年后获得本利和11576元，假设存款年利率为5%，采用复利计息，他现在应存入多少元？

$P=F\times(P/F,i,n)=11576\times(P/F,5\%,3)=10000$（元）

通过上式可以看出，单利终值与单利现值的计算互为逆运算；复利终值和复利现值互为逆运算；复利终值系数 $(1+i)^n$ 和复利现值系数 $(1+i)^{-n}$ 互为倒数。

三、年金的终值和现值

年金是指间隔期相等的系列等额收付款项，年金具有等额性和连续性特点，但年金的间隔期不一定是1年，可以是任意相同的时间间隔。年金按照收付时点和方式的不同可以将年金分为普通年金、预付年金、递延年金和永续年金等形式。

(一)普通年金

普通年金是指从第一期起,在一定时期内每期期末收付等额款项的年金,也称后付年金。普通年金的现金流入或流出情况如图2-1所示。竖线上端字母A表示每次等额收付的金额。

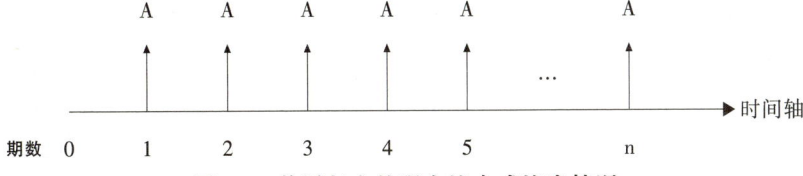

图2-1 普通年金的现金流入或流出情况

1.普通年金现值的计算

普通年金的现值是指普通年金中各期等额收付金额在第一期期初(即图2-1中,期数为"0"的时点)的复利现值之和,如果折现的利率为i,则普通年金的现值计算式为:

$$P=A/(1+i)^1 + A/(1+i)^2 + A/(1+i)^3 + A/(1+i)^4 + A/(1+i)^5 + \cdots + A/(1+i)^n$$

利用等比数列求和公式简化后得:

$$P=A\times\frac{1-(1+i)^{-n}}{i}$$

上式中,$\frac{1-(1+i)^{-n}}{i}$ 称为"年金现值系数",记作(P/A,i,n),所以普通年金的现值可以简写为:

$$P=A\times(P/A,i,n)$$

【例4】 甲公司为发展新业务需要一台设备,买价为1500万元,使用寿命为10年(不考虑报废时残值收入)。如通过租赁获得,则从第1年开始每年年末支付租金220万元,共计付款10次。假设市场利率为8%,请问该公司购买设备好还是租赁设备好?

P=A×(P/A,i,n)=220×(P/A,8%,10)=1476.22(万元)

由于1476.22万元<1500万元,所以甲公司应该租赁设备。

2.普通年金终值的计算

普通年金的终值是指普通年金中各期等额收付金额在最后一期期末(即图2-1中,期数为"n"的时点)的复利终值之和,如果折现的利率为i,则普通年金的终值计算式为:

$$F=A+A(1+i)^1+A(1+i)^2+A(1+i)^3+A(1+i)^4+A(1+i)^5+\cdots+A(1+i)^{n-1}$$

$$=A\times\frac{(1+i)^n-1}{i}$$

上式中,$\frac{(1+i)^n-1}{i}$ 称为"年金终值系数",记作(F/A,i,n),所以普通年金的终值可以简写为:

$$F=A\times(F/A,i,n)$$

【例5】 王某准备在5年后还清欠张某的100万元债务,他计划从现在起每年年底存入银行16万元,如果银行存款利率为10%,请问王某5年后能否靠这笔存款还清债务?

F=A×(F/A,i,n)=16×(F/A,10%,5)=97.68(万元)

由于97.68万元<100万元,因此王某不能靠这笔存款还清债务。

（二）预付年金

预付年金是指从第一期起，每期期初等额收付的系列款项，也称即付年金或先付年金。预付年金的现金流入或流出情况如图2-2所示。

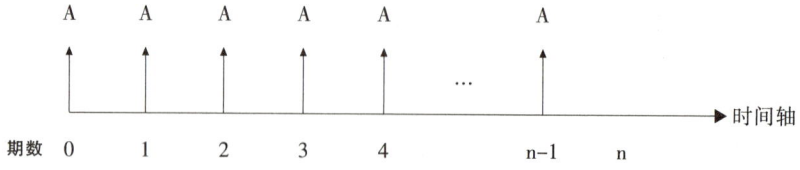

图2-2　预付年金的现金流入或流出情况

1.预付年金现值的计算

预付年金的现值可以在普通年金现值的基础上求得：

$$P=A\times(P/A,i,n)\times(1+i)=A\times(P/A,i,n-1)+A$$

【例6】甲公司为发展新业务需要一台设备，买价为1500万元，使用寿命为10年（不考虑报废时残值收入）。如果租赁，则从现在起，每年年初需支付租金220万元，共计付款10次。假设市场利率为8%，请问甲公司购买设备好还是租赁设备好？

$P=A\times(P/A,i,n)\times(1+i)=220\times(P/A,8\%,10)\times(1+8\%)=1594.32$（万元）

由于1594.32万元>1500万元，所以应该直接购买设备。

2.预付年金终值的计算

预付年金的终值可以在普通年金的终值的基础上求得：

$$F=A\times(F/A,i,n)\times(1+i)=A\times(F/A,i,n+1)-A$$

【例7】（单选·2022）某投资者从现在开始存入第一笔款项，随后每年存款一次，并存款10次，每次存款金额相等，利率为6%，复利计息，该投资者期望在10年后一次性取得100万元，则其每次存款金额的计算式为（　　）。

A.100/(F/A,6%,10)　　　　　　B.100/(F/P,6%,10)

C.100/[(F/A,6%,10)×(1+6%)]　　D.100/[(F/P,6%,10)×(1+6%)]

【答案】C

【解析】每年存一笔，故使用年金系数而不是复利系数，选项B、D排除。从现在开始存入说明是预付年金系数，设每次存款金额为A，则有A×(F/A,6%,10)×(1+6%)=100。则其每次存款金额的计算式为100/[(F/A,6%,10)×(1+6%)]。选项C当选。

（三）递延年金

递延年金是指第一次收付款项发生时间不在第一期期末，而是隔若干期后才开始发生的系列等额收付款项。它是普通年金的特殊形式。递延年金的现金流入或流出情况如图2-3所示。

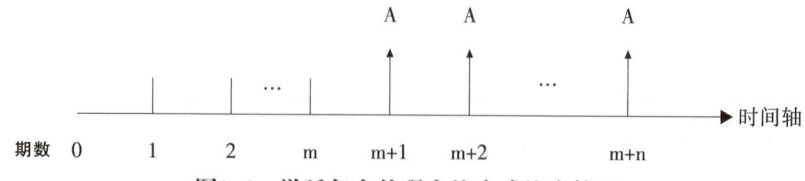

图2-3　递延年金的现金流入或流出情况

1.递延年金现值的计算

递延年金现值的计算可以使用普通年金的求解公式与复利现值的求解公式结合求得：

$$P=A×(P/A,i,n)×(P/F,i,m)=A×[(P/A,i,m+n)-(P/A,i,m)]$$

其中，n表示等额收付的次数（即A的个数），A×(P/A,i,n)表示第m期期末的复利现值之和。由于从第m期期末复利折现到第一期期初需要复利折现m期，所以递延年金现值P=A×(P/A,i,n)×(P/F,i,m)。也可以先求出"m+n"期年金现值，再减去m期年金现值得到递延年金在"0"点的现值。

【例8】（单选·2021）某公司预存一笔资金，年利率为i，从第六年开始连续10年可在每年年初支取现金200万元，则预存金额的计算正确的是（　　）。

A.200×(P/A, i, 10)×(P/F, i, 5) 　　　B.200×(P/A, i, 10)×[(P/F, i, 4)+1)]

C.200×(P/A, i, 10)×(P/F, i, 4) 　　　D.200×(P/A, i, 10)×[(P/F, i, 5)-1)]

【答案】C

【解析】从第六年开始每年年初支取200万元，也就是第五年年末每年年末支取200万元，所以递延期m是4期。连续10年，n=10。所以P=200×(P/A, i, 10)×(P/F, i, 4)。选项C当选。

2.递延年金终值的计算

递延年金终值的计算相比递延年金现值的计算更为简单，仅需要使用普通年金的求解公式即可求得，具体计算公式如下：

$$F=A×(F/A,i,n)$$

其中，"n"表示A的个数，由公式可以看出递延年金终值与递延期无关。

（四）永续年金

永续年金是指无限期等额收付的年金，可视为普通年金的特殊形式。例如，存本取息的利息、无限期附息债券的利息。永续年金的现金流入或流出情况如图2-4所示。

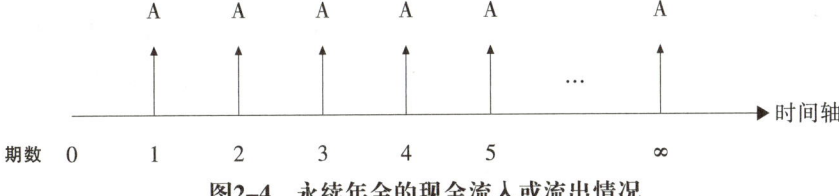

图2-4　永续年金的现金流入或流出情况

永续年金的终值无法求解，永续年金的现值是以期数无限大的普通年金求极限得出的，其计算式为：

$$P(n→∞)=A\frac{1-(1+i)^{-n}}{i}=\frac{A}{i}$$

【例9】王先生拟为母校的贫困大学生设立奖学基金，该基金每年为100名优秀贫困生总共发放200万元奖学金。假设奖学金的基金保存在中国银行某支行。银行一年的定期存款利率为5%，则王先生需投资多少钱作为奖励基金？

由于每年都要拿出200万元，因此奖学金实质上是一项永续年金，其现值应为：

200/5%=4000（万元）

也就是说，王先生要存入4000万元作为基金，才能保证这一奖学金的成功运行。

【例10】（单选·2019）某公司设立一项偿债基金项目，连续10年于每年年末存入500万元，第十年年末可以一次性获取9000万元，已知（F/A,8%,10）=14.487，（F/A,10%,10）=

15.937，(F/A,12%,10)=17.549，(F/A,14%,10)=19.337，(F/A,16%,10)=21.321，则该基金的收益率介于（ ）。

A. 12%~14%　　　　B. 10%~12%　　　　C. 14%~16%　　　　D. 8%~10%

【答案】A

【解析】假设该基金的收益率为i，则500×(F/A,i,10)=9000，解得：(F/A,i,10)=18；同时，(F/A,12%,10)=17.549，(F/A,14%,10)=19.337，所以，12%<i<14%。选项A当选。

四、年偿债基金和年资本回收额

年偿债基金是指为了在约定的未来某一时点清偿某笔债务或积聚一定数额的资金（实际上等于年金终值F）而必须分次等额提取的存款准备金（等于年金A）。其计算公式为：

$$年偿债基金=F/(F/A,i,n)$$

$\dfrac{1}{(F/A,i,n)}$被称作偿债基金系数，偿债基金系数和普通年金终值系数互为倒数。

年资本回收额是指在约定年限内等额回收初始投入资本的金额。其计算公式为：

$$年资本回收额=P/(P/A,i,n)$$

$\dfrac{1}{(P/A,i,n)}$被称为资本回收系数，普通年金现值系数与资本回收系数互为倒数。

【例11】王先生准备在5年后还清欠张先生的100万元债务，他计划从现在起每年年底存入一笔款项，如果银行存款利率为10%，请问王先生每年需要存入多少钱？

A=F/(F/A,i,n)=100/(F/A,10%,5)=16.38（万元）

即王先生每年需存入银行16.38万元。

【例12】甲公司为发展新业务需要使用某种设备，该设备的市场售价为1500万元，使用寿命为10年。除直接购买以外，甲公司也可采用租赁形式，租赁公司要求每年年末支付租金，共计支付10年，假设租金总额的现值与买价相等。如果市场利率为8%，甲公司采用租赁形式，则每年应当支付多少租金？

A=P/(P/A,i,n)=1500/(P/A,8%,10)=223.54（万元）

即甲公司每年需支付租金223.54万元。

【例13】（单选·2021）某项银行贷款本金为100万元，期限为10年、利率为8%，每年年末等额偿还本息，则每年偿还额的计算式为（ ）。

A.100÷（F/A,8%,10）　　　　　　　B.100×（1+8%）÷（F/A,8%,10）

C.100×（1+8%）÷（P/A,8%,10）　　D.100÷（P/A,8%,10）

【答案】D

【解析】本题相当于已知现值求年金，A×（P/A,8%,10）=100，A=100÷（P/A,8%,10）。选项D当选。

五、利率的计算

（一）现值或终值系数的利率计算

1.查表法

查阅相应的系数表，如果能在表中查到相应的数值，则对应的利率就是所求的利率。

2.插值法

如果在系数表中无法查到相应的数值,则可以使用内插法(插值法)计算,计算方法如【例14】所示。

【例14】已知10×(P/A,i,5)+110×(P/F,i,5)=132,求i为多少?

通过查阅年金现值系数表和复利现值系数表试误:

当i=4%时,Y=10×4.4518+110×0.8219=134.93;

当i=5%时,Y=10×4.3295+110×0.7835=129.48。

使用插值法列出如下方程:

(4%−i)/(4%−5%)=(134.93−132)/(134.93−129.48)

求得:i=4.54%。

(二)实际利率的计算

1. 一年多次计息的实际利率与名义利率

一年多次计息时,给出的年利率为名义利率,按照复利计算的年利息与本金的比值为实际利率。实际利率与名义利率的换算公式为:

$$i=(1+\frac{r}{m})^m-1$$

其中,i为实际利率;r为名义利率;m为每年复利计息次数。

该公式的推算如下:

$$本金\times(1+i)=本金\times(1+\frac{r}{m})^m$$

整理后即可得到实际利率与名义利率的换算公式。

若每年计息多次,则实际利率会大于名义利率。此外,在名义利率相同的情况下,一年计息次数越多,实际利率越大。

【例15】甲企业向银行贷款,银行要求的贷款年利率为8%,并且每季按复利计息,那么甲企业贷款的实际利率是多少?

$$实际利率=(1+\frac{r}{m})^m-1=(1+\frac{8\%}{4})^4-1=8.24\%$$

2. 通货膨胀情况下的名义利率与实际利率

1)定义

在通货膨胀的情况下,央行或其他提供资金借贷的机构所公布的利率是未调整通货膨胀因素的名义利率,即名义利率中包括通货膨胀率。实际利率是指剔除通货膨胀率后储户或投资者得到利息回报的真实利率。

2)关系公式

$$1+名义利率=(1+实际利率)\times(1+通货膨胀率)$$

$$实际利率=\frac{1+名义利率}{1+通货膨胀率}-1$$

从公式中可以看出:如果通货膨胀率>名义利率,则实际利率<0。

【例16】已知银行存款利率为3%,通货膨胀为1%,则实际利率是多少?

实际利率=(1+名义利率)/(1+通货膨胀率)−1=(1+3%)/(1+1%)−1=1.98%。

第二节 收益与风险

一、资产收益与收益率

（一）资产收益的含义

资产的收益是指资产的价值在一定时期的增值。其衡量方式有两种，如表2-1所示。

表2-1　　　　　　　　　　　资产收益的衡量

衡量方式	衡量指标	增值来源
金额表示（绝对数）	资产的收益额	（1）期限内资产的现金净收入，如利息、红利或股息收益； （2）期末资产价值的升值，如资本利得
百分比表示（相对数）	资产的收益率或报酬率	（1）利（股）息的收益率； （2）资本利得的收益率

以金额表示的收益是一个绝对数指标，不利于不同规模资产之间收益的比较，而以百分数表示的收益则是一个相对指标，便于不同规模下资产收益的比较和分析。

收益率的大小会受到计算期限的影响，因此通常需要把不同计算期限转化为年收益率。如某项资产的月收益率为1%，而另一项资产的年收益率为13%，此时无法就两者收益率的大小直接作出判断，要将月收益率转化为年收益率再进行比较。如果不作特殊说明，则资产的收益指的就是资产的年收益率，又称资产的报酬率。

（二）资产收益率的类型

1. 实际收益率

实际收益率表示已经实现或者确定可以实现的资产收益率，当存在通货膨胀时，还应当扣除通货膨胀率的影响，剩余的才是真实的收益率。

$$实际收益率=利息（股息）率+资本利得收益率-通货膨胀率$$

2. 预期收益率

预期收益率也称为期望收益率，是指在不确定的条件下，预测的某种资产未来可能实现的收益率。预期收益率是通过各种不同预期情形下计算出来的加权平均数，其公式如下：

$$预期收益率=\sum_{i=1}^{n}(R_i \times P_i)$$

其中：R_i 表示情况i下的收益率；P_i 表示情况i出现的概率。

【例17】有甲、乙两只股票，其投资收益率的概率分布如表2-2所示，请计算两只股票的期望收益率。

表2-2　　　　　　　　　甲股票和乙股票投资收益率的概率分布

经济情况	概率	甲股票收益率	乙股票收益率
繁荣	0.4	30%	50%

续表

经济情况	概率	甲股票收益率	乙股票收益率
一般	0.5	20%	30%
萧条	0.1	−10%	−20%

甲股票的期望收益率=0.4×30%+0.5×20%+0.1×(−10%)=21%

乙股票的期望收益率=0.4×50%+0.5×30%+0.1×(−20%)=33%

3. 必要收益率

必要收益率又叫最低报酬率或最低要求的收益率，表示投资者对某资产合理要求的最低收益率。必要收益率由无风险收益率和风险收益率两部分构成。

必要收益率=无风险收益率+风险收益率

=纯利率+通货膨胀补偿率+风险收益率

1）无风险收益率

无风险收益率是指把资金投资于一个没有任何风险的投资，投资对象所能得到的收益率，它的大小由纯粹利率（资金的时间价值）和通货膨胀补偿率两部分组成。通常用短期国债的利率近似代替无风险收益率。其计算公式如下：

无风险收益率=纯粹利率(资金的时间价值)+通货膨胀补偿率

2）风险收益率

风险收益率是指某资产持有者因承担该资产的风险而要求的超过无风险利率的额外收益。风险大小和投资者对风险的偏好程度决定了风险收益率的高低。

二、资产的风险及其衡量

(一) 风险的概念

风险是指收益的不确定性。从财务管理的角度看，风险是企业在各项财务活动过程中，由于各种难以预料或无法控制的因素作用，实际收益与预计收益发生背离，从而蒙受经济损失的可能性。

(二) 风险衡量

衡量风险的指标主要有收益率的方差、标准差和标准差率等，如表2-3所示。

表2-3　　　　　　　　　　　风险衡量指标

指标	公式	说明
方差σ^2	$\sigma^2=\sum_{i=1}^{n}(X_i-\overline{E})^2 \times P_i$	在期望值相同的情况下，方差越大，风险越大
标准差σ	$\sigma=\sqrt{\sum_{i=1}^{n}(X_i-\overline{E})^2 \times P_i}$	在期望值相同的情况下，标准差越大，风险越大
标准差率V	$V=\dfrac{\sigma}{E}\times 100\%$	在期望值不同的情况下，标准差率越大，风险越大

上式中，X_i表示第i种情况可能出现的结果，P_i表示第i种情况可能出现的概率。

$\overline{E}=\sum_{i=1}^{n}(X_i \times P_i)$，$\overline{E}$是预期收益的期望值，反映预计收益的平均化，不能直接用来衡量风险。

方差和标准差作为绝对数，只适用于期望值相同的决策方案风险程度的比较。对于期望值不同的决策方案，评价和比较其各自的风险程度只能借助标准差率这一相对数值。

虽然使用标准差率可以进行不同方案的收益风险分析，但并不意味着在决策时应该选择标准差率小的方案，还需要考虑决策者对风险的态度，因为高收益往往伴有高风险，对风险比较反感的人可能会选择期望收益较低、风险也较低的方案，喜欢冒风险的人则可能选择风险虽高但同时收益也高的方案。

【例18】引用 [例17] 中的资料，分别计算甲、乙两只股票收益率的方差、标准差和标准差率，并比较投资甲、乙两只股票的风险大小。

甲股票收益率的方差=$(30\%-21\%)^2 \times 0.4+(20\%-21\%)^2 \times 0.5+(-10\%-21\%)^2 \times 0.1 =0.0129$

乙股票收益率的方差=$(50\%-33\%)^2 \times 0.4+(30\%-33\%)^2 \times 0.5+(-20\%-33\%)^2 \times 0.1=0.0401$

甲股票收益率的标准差=$\sqrt{(30\%-21\%)^2 \times 0.4+(20\%-21\%)^2 \times 0.5+(-10\%-21\%)^2 \times 0.1}=11.36\%$

乙股票收益率的标准差=$\sqrt{(50\%-33\%)^2 \times 0.4+(30\%-33\%)^2 \times 0.5+(-20\%-33\%)^2 \times 0.1}=20.02\%$

甲股票收益率的标准差率=11.36%/21%=0.54

乙股票收益率的标准差率=20.02%/33%=0.61

甲股票的标准差率小于乙股票的标准差率，所以甲股票的风险比乙股票的风险小。

【提示】该案例只说明了甲股票的风险比乙股票的风险小，即乙股票收益率的标准差率大于甲股票收益率的标准差率，并没有直接说明在决策时甲、乙两种方案哪种更加优异。

(三) 风险矩阵

1.定义

风险矩阵，是指按照风险发生的可能性和风险发生后果的严重程度，将风险绘制在矩阵图中，展示风险及其重要性等级的风险管理工具方法。其基本原理是根据企业的风险偏好，判断并度量风险发生的可能性和风险发生后造成后果的严重程度，计算风险值，并以此作为主要根据在矩阵中描绘出风险重要性等级。图2-5是一个风险矩阵坐标图，纵坐标表示风险后果严重程度（影响程度），横坐标表示风险发生可能性（发生概率）。

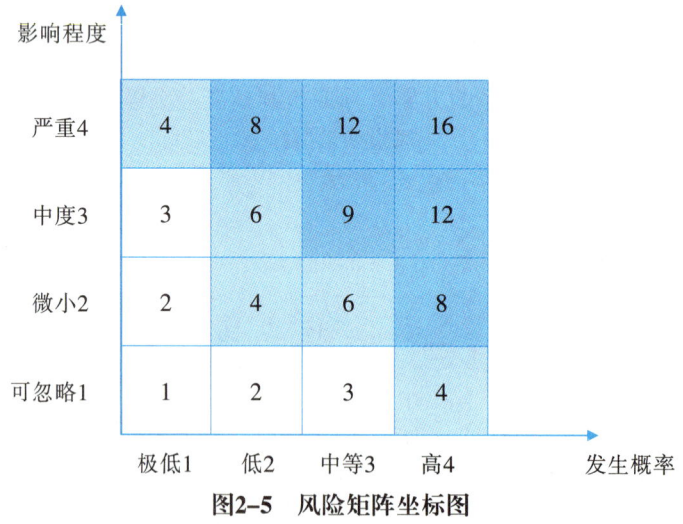

图2-5 风险矩阵坐标图

2.优缺点

风险矩阵的优点：为企业确定各项风险重要性等级提供了可视化的工具。

风险矩阵的缺点：①需要对风险重要性等级标准、风险发生可能性、后果严重程度等作出主观判断，可能影响使用的准确性；②应用风险矩阵所确定的风险重要性等级是通过相互比较确定的，因而无法基于列示的个别风险重要性等级通过数学运算得到总体风险的重要性等级。

三、风险管理

（一）风险管理的概念

风险管理是指项目或者企业在一个有风险的环境里把风险及其可能造成的不良影响降至最低的管理过程。风险管理过程包括对风险的量度、评估和制定策略。

（二）风险管理原则

风险管理一般遵循五个原则，如表2-4所示。

表2-4　　　　　　　　　　　风险管理原则

战略性原则	风险管理主要运用于企业战略管理层面，站在战略层面整合和管理企业层面风险是全面风险管理的价值所在
全员性原则	只有将风险意识转化为全体员工的共同认识和自觉行动，才能确保风险管理目标的实现
专业性原则	要求风险管理的专业人才实施专业化管理
二重性原则	损失最小化管理、不确定性管理和绩效最优化管理
系统性原则	全面风险管理必须拥有一套系统的、规范的方法，建立健全全面风险管理体系

（三）风险对策

风险应对策略就是对已经识别的风险进行定性分析、定量分析和风险排序，从而制定相应的应对措施和整体策略。风险对策如表2-5所示。

表2-5　　　　　　　　　　　风险对策

对策	定义	具体方法
风险规避	风险规避是指企业回避、停止或退出蕴含某一风险的商业活动或商业环境，避免成为风险的所有人	退出某一市场以避免激烈竞争；拒绝与信用不好的交易对手进行交易；禁止各业务单位在金融市场上进行投机
风险承担	风险承担是指企业对所面临的风险采取接受的态度，从而承担风险带来的后果	对未能辨识出的风险，企业只能采用风险承担；对于辨识出的风险，企业可能由于缺乏能力进行主动管理、没有其他备选方案等因素而选择风险承担；对于企业的重大风险，企业一般不采用风险承担
风险转移	风险转移是指企业通过合同将风险转移到第三方，企业对转移后的风险不再拥有所有权。转移风险不会降低其可能的严重程度，只是从一方移除后转移到另一方	购买保险；采取合营方式实现风险共担
风险转换	风险转换是指企业通过战略调整等手段将企业面临的风险转换成另一个风险，其简单形式就是在减少某一风险的同时增加另一风险	通过放松交易客户信用标准增加了应收账款，但扩大了销售

续表

对策	定义	具体方法
风险对冲	风险对冲是指引入多个风险因素或承担多个风险，使这些风险能互相冲抵。风险对冲不是针对单一风险，而是涉及风险组合	使用资产组合、使用多种外币结算和在战略上进行多种经营
风险补偿	风险补偿是指企业对风险可能造成的损失采取适当的措施进行补偿，形式包括财务补偿、人力补偿、物资补偿	常见的财务补偿包括企业自身的风险准备金或应急资本等
风险控制	风险控制是指控制风险事件发生的动因、环境、条件等，来达到减轻风险事件发生时的损失或降低风险事件发生概率的目的	风险控制对象一般是可控风险，包括多数运营风险，如质量、安全和环境风险以及法律风险中的合规性风险

四、证券资产组合的收益与风险

资产组合是指两个或两个以上资产所构成的集合。如果资产组合中的资产均为有价证券，则该资产组合也称为证券资产组合或证券组合。

（一）证券资产组合的预期收益率

证券资产组合的预期收益率是组成证券资产组合的各种资产收益率的加权平均数，其权数为各种资产在组合中的价值比例。

组合收益率的影响因素来自投资比重和个别资产收益率，将资金100%投资于资产收益率最高的资产，则可获得最高组合收益率；不论投资组合中两项资产之间的相关系数如何，只要投资比例不变，各项资产的期望收益率不变，则该资产组合的期望收益率就不变。

【例19】某证券资产组合中各项证券的预期收益率和比重如表2-6所示，请计算该证券组合的预期收益率。

表2-6　　　　　　　　　　预期收益率和比重

股票	预期收益率	组合中的比重
A股票	15%	40%
B股票	12%	25%
C股票	18%	35%

该组合的预期收益率为：15%×40%+12%×25%+18%×35%=15.3%

（二）证券资产组合的风险及其衡量

证券资产组合的标准差并不是单个证券标准差的简单加权平均。证券组合的风险不仅取决于组合内的各证券的风险，还取决于各个证券之间的关系，通常使用相关系数 ρ 衡量两个证券之间的这种关系。

1. 两种证券的组合

1）两种证券组合的收益的方差

$$\sigma_p^2 = w_1^2 \sigma_1^2 + w_2^2 \sigma_2^2 + 2w_1 w_2 \rho_{1,2} \sigma_1 \sigma_2$$

2）两种证券组合的收益的标准差

$$\sigma_p = \sqrt{w_1^2 \sigma_1^2 + w_2^2 \sigma_2^2 + 2w_1 w_2 \rho_{1,2} \sigma_1 \sigma_2}$$

式中，σ_p 表示证券组合的标准差，它衡量的是证券资产组合的风险；σ_1 和 σ_2 分别表示组合中两项资产收益率的标准差;w_1和w_2分别表示组合中两项资产所占的价值比例;$\rho_{1,2}$反映两项资产收益率的相关程度,称为相关系数,它介于区间 [-1,1] 内。

3)相关系数ρ

相关系数ρ的取值及代表的组合风险分散情况如表2-7所示。

表2-7　　　　　　　　　　　　　相关系数ρ

ρ的取值	组合的风险分散情况
ρ=1	完全正相关,收益率变化方向和变化幅度完全相同;此时,$\sigma_p^2=(w_1\sigma_1+w_2\sigma_2)^2$,即资产组合不能降低任何风险
-1<ρ<1	资产组合可以分散部分风险
ρ=-1	完全负相关,收益率变化方向相反,变化幅度相同;此时,$\sigma_p^2=(w_1\sigma_1-w_2\sigma_2)^2$,即资产组合可以充分地相互抵销,甚至完全消除,能够最大限度地降低风险

【提示】(1)在实务中,相关系数ρ通常不等于1或者-1,因为两种证券之间几乎不可能完全正相关或者完全负相关。(2)在证券资产组合中,能够随着资产种类增加而降低直至消除的风险,被称为非系统性风险;不能随着资产种类增加而分散的风险,被称为系统性风险。(3)在资产组合中资产数目较低时,增加资产的个数,分散风险的效应会比较明显,但资产数目增加到一定程度时,风险分散的效应就会逐渐减弱。

2.非系统风险

非系统风险亦称可分散风险、特有风险,是指发生于个别公司的特有事件造成的风险。这类事件是非预期的、随机发生的,只影响一个或少数公司,不会对整个市场产生太大影响。

非系统风险是由特殊因素引起的。例如,一家公司的工人罢工、新产品开发失败、失去重要的销售合同、诉讼失败,或者宣告发现新矿藏、取得一个重要合同等。由于非系统风险是某一企业特有的风险,所以只影响某些股票的收益。它可通过分散投资来减少,随着资产组合数量的不断增加,分散风险的效应会逐渐减弱。经验数据表明,组合中不同行业的资产个数达到20个时,绝大多数非系统风险均已被消除掉。此时,如果继续增加资产数目,对分散风险已经没有多大的实际意义,只会增加管理成本。

3.系统风险

1)系统风险的概念

系统风险亦称不可分散风险、市场风险,这种风险是影响所有资产的、不能通过资产组合而消除的风险。系统风险是由那些影响整个市场的风险因素所引起的,如宏观经济形势的变动、国家经济政策的变化、税制改革、企业会计准则改革、世界能源状况、政治因素等。

2)单项资产的β系数

不同资产的系统风险不同,为了对系统风险进行量化,通常使用β系数衡量系统风险的大小。某资产的β系数告诉我们,相对于市场组合而言,特定资产的系统风险是多少。

市场组合是指由市场上所有资产组成的组合,由于市场组合的资产数量众多,因此它的非系统风险已被消除,所以市场组合的风险就是市场风险或系统风险。

由于无风险资产没有风险,所以无风险资产的β系数等于零。绝大多数资产的β系数为正数,表明这些资产的收益率与市场平均收益率的变化方向一致,只是变化幅度不同。单项资产不同β值表示的意义如表2-8所示。

表2-8　　　　　　　　　　单项资产不同β值表示的意义

β的取值	说明
β=1	该资产的收益率与市场平均收益率呈同方向、同比例的变化，即该资产所含的系统风险与市场组合的系统风险一致
β>1	该资产收益率与市场平均收益率呈同方向变化，且变动幅度大于市场组合收益率的变动幅度，即该资产所含的系统风险大于市场组合的系统风险
0<β<1	该资产收益率与市场平均收益率呈同方向变化，且变动幅度小于市场组合收益率的变动幅度，即该资产所含的系统风险小于市场组合的系统风险
β=0	说明该资产为无风险资产
β<0	该资产的收益率与市场平均收益率呈反方向变化

【提示】请注意β系数与相关系数ρ概念的区别，β系数反映的是该资产收益率波动与整个市场报酬率波动之间的相关性及程度，理论上取值范围为 $(-\infty,+\infty)$；相关系数ρ衡量的是两项资产之间的相关程度，取值范围为 $[-1,+1]$。

3）投资组合的β系数

证券资产组合的β系数是组合内各项资产β系数的加权平均值，权数为各种资产在证券资产组合中所占的价值比例，即：

$$\beta_p = \sum_{i=1}^{n}(W_i \times \beta_i)$$

式中，β_p表示证券资产组合的β系数；W_i表示第i项资产在组合中所占的价值比例；β_i表示第i项资产的β系数。

该公式表明：

（1）组合的系统风险是组合内各资产系统风险的加权平均值——系统风险无法被分散。

（2）替换组合中的资产或改变不同资产在组合中的价值比例可以改变资产组合的系统风险。

【例20】甲公司原持有由A、B、C三种股票构成证券组合，A、B、C三种股票所占比重分别为60%、30%和10%，它们的β系数分别为2.0、1.5和1.0。甲公司为了降低风险，售出部分A股票，并且买入部分C股票，于是A、B、C三种股票在证券组合中所占比重变为20%、30%和50%。则：

原证券组合的β系数=60%×2.0+30%×1.5+10%×1=1.75

新证券组合的β系数=20%×2.0+30%×1.5+50%×1=1.35

五、资本资产定价模型

（一）资本资产定价模型的基本原理

资本资产定价模型主要研究证券市场中资产的预期收益率与风险资产之间的关系，以及均衡价格是如何形成的，是现代金融市场价格理论的支柱，广泛应用于投资决策和公司理财领域。

资本资产定价模型依据"必要报酬率=无风险收益率+风险收益率"，将必要报酬率拆分成无风险收益率和风险收益率两个部分。具体表达式如下：

$$R = \text{无风险收益率} + \text{风险收益率} = R_f + \beta \times (R_m - R_f)$$

式中：R是某资产的必要收益率；R_f是无风险收益率（通常以短期国债的利率作为无风险收益率）；R_m是市场组合收益率；$(R_m - R_f)$称为市场风险溢酬，是投资者为补偿承担超过无风险收益的平均风险而要求的额外收益，还可以表述为平均风险的风险收益率。如果市场整体对风险越是厌恶和回避，要求的补偿就越高，则市场风险溢酬的数值越大。

【提示】资本资产定价模型没有考虑资产的非系统风险，因为资本资产主要运用于资产组合，在资产数量众多的组合中，每个资产的非系统风险已经被相互抵消。

【例21】引用 [例20] 的资料和计算结果，已知市场上所有股票的平均收益率为12%，无风险收益率为10%。计算新证券组合的必要收益率。

根据资本资产定价模型，有：

新证券组合的必要收益率=10%+1.35×(12%-10%)=12.7%

(二) 资本资产定价模型的有效性和局限性

1. 资本资产定价模型的有效性

资本资产定价模型最大的贡献在于提供了对风险和收益之间关系的一种实质性的表述，资本资产定价模型首次将"高收益伴随着高风险"这样的认识用表达式表达出来。

2. 资本资产定价模型的局限性

(1) 资本资产定价模型的一些假设与实际情况有较大偏差。

(2) 某些资产或企业的β值难以估计，特别是对于一些缺乏历史数据的新兴行业的资产和企业来说。

(3) 经济环境的不确定性和不断变化使依据历史数据估算出来的β值对未来的指导作用必然要打折扣。

第三节 成本性态分析

成本性态又称成本习性，是指成本与业务量之间的依存关系。成本按其性态不同通常可以分为固定成本、变动成本和混合成本，成本分类如图2-6所示。

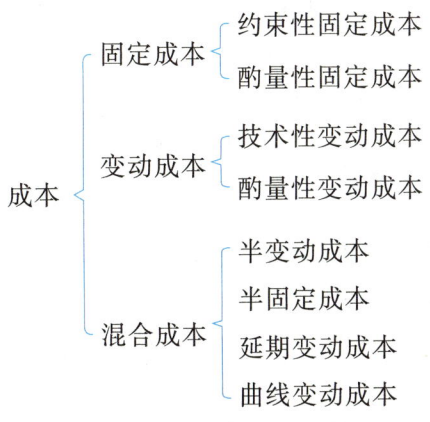

图2-6 成本分类

一、固定成本

(一) 固定成本的含义

固定成本是指成本总额在一定时期和一定业务量范围内,不受业务量增减变动影响、保持相对稳定的成本。

(二) 固定成本的基本特征

(1) 固定成本总额在一定时期及一定业务量范围内不随业务量变动,表现为一个固定金额。

(2) 单位业务量负担的固定成本(即单位固定成本)随业务量的增减变动呈反向变动。

(三) 固定成本的分类

固定成本通常可区分为约束性固定成本和酌量性固定成本,详细信息如表2-9所示。

表2-9　　　　　　　　　　　　固定成本的分类

类别	概念	示例	降低措施
约束性固定成本	管理当局的短期经营决策行动不能改变其具体数额的固定成本;是企业的生产能力一经形成就必然要发生的最低支出,是维护企业正常生产经营必不可少的成本	房屋租金、固定资产的设备折旧、管理人员的基本工资、车辆交强险等	合理利用企业现有的生产能力,提高生产效率,以取得更大的经济效益
酌量性固定成本	管理当局的短期经营决策行动能改变其具体数额的固定成本	广告费、职工培训费、新产品研究开发费用等	厉行节约、精打细算,编制出积极可行的费用预算并严格执行,防止浪费和过度投资等

【提示】新产品研究开发费用包括:研发活动中支出的技术图书资料费、资料翻译费、会议费、差旅费、办公费、外事费、研发人员培训费、培养费、专家咨询费、高新科技研发保险费用等。

二、变动成本

(一) 变动成本的含义

变动成本是指在特定的业务量范围内总额会随业务量的变动而呈正比例变动的成本。

(二) 变动成本的基本特征

(1) 在特定的业务量范围内,成本总额随业务量的变动而呈正比例变动。

(2) 单位变动成本(单位业务量负担的变动成本)不变。

(三) 变动成本的分类

变动成本的分类如表2-10所示。

表2-10　　　　　　　　　　　　变动成本的分类

类别	概念	示例
技术性变动成本(约束性变动成本)	由技术或设计关系所决定的变动成本,通常表现为产品的直接物耗成本。管理人员不能决定这种成本的发生额	直接材料,如生产一台汽车需要耗用一台引擎、一个底盘和若干轮胎等
酌量性变动成本	可通过企业管理当局决策加以改变的变动成本	按销售收入的一定百分比支付的销售佣金、新产品研制费、技术转让费等

三、混合成本

（一）混合成本的含义

混合成本是介于固定成本和变动成本之间的一种成本，兼有固定成本和变动成本的性质。

（二）混合成本的基本特征

成本总额随业务量的变化而变化，但不能与其变化保持纯粹的正比例关系。

（三）混合成本的分类

混合成本与业务量之间的关系比较复杂，按照混合成本变动趋势的不同，混合成本可以分为半变动成本、半固定成本、延期变动成本和曲线变动成本。混合成本的分类如表2-11所示。

表2-11 混合成本的分类

名称	含义	图示	举例
半变动成本	在有一定初始量的基础上，随着业务量的变化而呈正比例变动的成本		固定电话费：月租固定，每分钟通话按一定价格收取费用的电话费
半固定成本（阶梯式变动成本）	其总额会随业务量呈阶梯式变动的成本		企业管理员、质检员、运货员等人员的工资等
延期变动成本	在一定业务量范围内总额保持稳定，超过特定业务量则开始随业务量呈正比例变动的成本		在正常工作时间情况下给员工支付固定月工资，当工作时间超过正常水平后则需支付加班费
曲线变动成本	有一个初始量，一般不变，相当于固定成本；在这个初始量的基础上，成本随业务量变动但并不存在线性关系，在坐标图上表现为一条抛物线		价格折扣或优惠条件下的水、电费成本

续表

名称	含义	图示	举例
曲线变动成本	有一个初始量，一般不变，相当于固定成本；在这个初始量的基础上，成本随业务量变动但并不存在线性关系，在坐标图上表现为一条抛物线	递增曲线成本图示	累进计件工资、违约金

【例22】（单选·2014年）某公司电梯维修合同规定，当每年上门维修不超过3次时，年维修费用为5万元，当超过3次时，则在此基础上按每次2万元付费。根据成本性态分析，该项维修费用属于（　　）。

A. 半变动成本　　B. 半固定成本　　C. 延期变动成本　　D. 曲线变动成本

【答案】C

【解析】延期变动成本在一定的业务量范围内有一个固定不变的基数，当业务量增长超出了这个范围，它就与业务量的增长呈正比例变动，选项C当选。

四、混合成本的分解

无论哪一类混合成本都可以直接或间接地用一条直线方程y=a+bx（总成本=固定成本总额+单位变动成本×业务量）去模拟它，这就为成本性态分析中采用一定方法进行混合成本分解提供了数学依据。常见的分解方法有高低点法、回归直线法、账户分析法、工业工程法、合同确认法等。

（一）高低点法

高低点法是以过去某一会计期间的总成本和业务量资料为依据，从中选取业务量最高点和业务量最低点，将总成本进行分解，得出成本性态的模型，如图2-7所示。

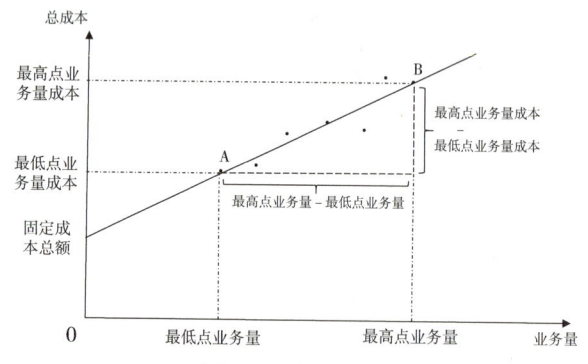

图2-7　高低点法

图2-7是高低点法确定的总成本与业务量的函数关系图像，A、B两点是最低点业务量与最高点业务量，其余的则是其他业务量下对应的点。通过A、B两点的直线即总成本与业务量的函数关系图像。直线方程斜率即单位变动成本，其计算公式为：

$$单位变动成本 = \frac{最高点业务量成本 - 最低点业务量成本}{最高点业务量 - 最低点业务量}$$

直线与纵坐标轴的交点距离横坐标的数值即为固定成本总额，其计算式为：

固定成本总额=最高点业务量成本-单位变动成本×最高点业务量

也可使用最低点业务量计算固定成本总额：

固定成本总额=最低点业务量成本-单位变动成本×最低点业务量

【例23】甲公司是一家研发生产汽车变速器的公司，2021年每季度该公司变速箱产量与电能费用如表2-12所示。

表2-12　　　　　　　　　　　　甲公司产量与电能费用

季度	一	二	三	四
产量（万台）	20	21	20.5	22
电能费用（万元）	2100	2300	2080	2260

利用高低点法计算得出：

单位变动成本 = $\dfrac{2260-2100}{22-20}$ = 80（元）

固定成本总额=2260-80×22=500（万元）

在此案例中，最高点和最低点应该是产量的最高点（22,2260）和最低点（20,2100），而不是电能费用的最高点（21,2300）和最低点（20.5,2080）。

（二）回归直线法

回归直线法指利用数据统计原理，对大量统计数据进行数学处理，并确定因变量与某些自变量的相关关系，建立一个相关性较好的回归方程（函数表达式），并加以外推，用于预测今后的因变量的变化的分析方法。

（三）账户分析法

账户分析法又称会计分析法，它根据有关成本账户及其明细账的内容，结合其与业务量的依存关系，判断其比较接近哪一类成本，就视其为哪一类成本。

（四）工业工程法

工业工程法是根据生产过程中各种材料和人工成本消耗量的技术测定来划分固定成本和变动成本的方法。

（五）合同确认法

合同确认法是根据企业订立的经济合同或协议中关于支付费用的规定确认并估算哪些项目属于变动成本、哪些项目属于固定成本的方法。

以上五种混合成本的分解方法，各自有不同的特点，具体如表2-13所示。

表2-13　　　　　　　　　　　　各成本分解方法的特点

分解方法	特点
高低点法	计算简便，但代表性较差；需要有历史成本资料，对新产品可能不适用
回归直线法	相较于高低点法更为精确，但需要有历史成本资料，对新产品可能不适用
账户分析法	简便易行，但比较粗糙且带有主观判断
工业工程法	通常适用于投入成本与产出数量之间有规律性联系的成本分解，可以在没有历史成本数据的情况下使用
合同确认法	要配合账户分析法使用

【提示】在将混合成本分解成为固定成本和变动成本之后，就可以求得总成本的计算公式：总成本=固定成本总额+变动成本总额=固定成本总额+单位变动成本×业务量。

中级会计资格·财务管理

扫一扫，提个小建议

图书勘误、评价建议，"微信"扫一扫。您的感受是我们最好的动力！助您奇兵制胜！

知识梳理

- 财务管理基础
  - 货币时间价值
    - 货币时间价值的含义
    - 单利终值、现值和复利终值、现值
    - 年金的终值和现值
      - 普通年金
      - 预付年金
      - 递延年金
      - 永续年金
    - 年偿债基金和年资本回收额
    - 利率的计算
  - 收益与风险
    - 资产收益与收益率
      - 实际收益率
      - 预期收益率
      - 必要收益率
    - 资产的风险及其衡量
      - 期望值
      - 方差
      - 标准差
      - 标准差率
    - 风险管理
    - 证券资产组合的收益与风险
    - 资本资产定价模型
  - 成本性态分析
    - 固定成本
    - 变动成本
    - 混合成本
      - 半变动成本
      - 半固定成本
      - 延期变动成本
      - 曲线变动成本
    - 混合成本的分解

第三章　预算管理

本章概述

本章主要介绍预算管理的概述、预算管理的编制方法与程序、预算编制和预算的执行与考核等内容。本章难度不大，学习起来相对容易。在学习的过程中要注重记忆与理解相结合。侧重记忆的部分主要集中在各种预算编制的方法上，需要把握其观点、优点和缺点；侧重计算的部分主要体现在预算的编制上，尤其是销售预算、直接材料预算和资金预算。

第一节　预算管理概述

一、预算管理的概念和原则

预算管理，是指企业在战略目标的指导下，对未来的经营活动和相应财务结果进行充分、全面的预测和筹划，科学、合理配置企业各项财务和非财务资源，并通过对执行过程的监控，将实际完成情况与预算目标不断进行对照和分析，从而及时指导经营活动的改善和调整，以帮助管理者更加有效地管理企业，进而最大限度地实现战略目标。

企业在进行预算管理时一般应当遵循的原则包括：战略导向原则、过程控制原则、融合性原则、平衡管理原则、权变性原则。

二、预算的特征与作用

（一）预算的特征

预算是企业在预测、决策的基础上，用数量和金额以表格的形式反映企业未来一定时期内经营、投资、筹资等活动的具体计划，是企业为实现目标而对各种资源和企业活动所做的详细安排，预算是实现企业战略导向预定目标的有力工具。预算具有以下两个特征：

（1）预算与企业的战略目标保持一致。
（2）预算可以量化并且有可行性。

（二）预算的作用

预算主要有以下三个方面的作用：

（1）预算通过规划、控制和引导经济活动，使企业经营达到预期目标。

(2) 预算可以实现企业内部各个部门之间的协调。
(3) 预算是业绩考核的重要依据。

【例1】（多选·2016）企业预算最主要的特征有（　　）。

A. 数量化　　　　B. 表格化　　　　C. 可伸缩性　　　　D. 可执行性

【答案】AD

【解析】数量化和可执行性是预算最主要的特征。选项A、D当选。

三、预算的体系和分类

（一）预算的体系

一般将由经营预算、专门决策预算和财务预算构成的整个预算体系，称为全面预算体系（图3-1）。其中，财务预算包括资金预算和预计财务报表两个部分，预计财务报表又包括预计利润表和预计资产负债表。

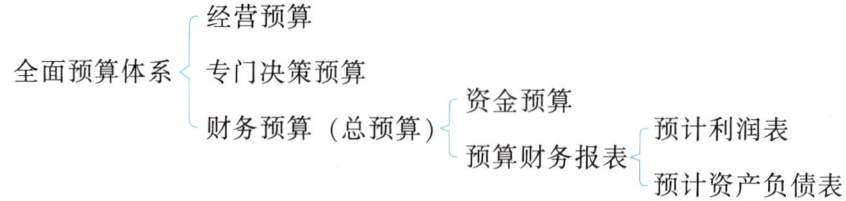

图3-1　全面预算体系

（二）预算的分类

1. 按预算内容的不同分类

根据预算内容，预算可分为三种，具体内容如表3-1所示。

表3-1　预算的分类

类别	含义	举例
经营预算 （业务预算）	与企业日常业务直接相关的一系列预算	销售预算、生产预算、采购预算、费用预算、人力资源预算等
专门决策预算	企业重大的或不经常发生的、需要根据特定决策编制的预算，直接反映相关决策的结果，是已选方案的进一步规划	投融资决策预算
财务预算	集中反映未来一定期间（预算年度）资金收支、经营成果和财务状况的预算	资金预算、预计利润表和预计资产负债表

财务预算作为全面预算体系的最后环节，它从价值方面总括地反映企业经营预算与专门决策预算的结果，也称为总预算，其他预算则称为辅助预算或分预算。

2. 按预算覆盖的时间长短分类

根据预算覆盖的时间长短，预算可分为两种，具体内容如表3-2所示。

表3-2　短期预算和长期预算

分类	含义	举例
短期预算	预算期≤1年	经营预算、财务预算
长期预算	预算期>1年	专门决策预算

【例2】（多选·2022）下列各项中，属于总预算内容的有（　　）。

A.管理费用预算　　　　B.预计利润表　　　　C.生产预算　　　　D.资金预算

【答案】BD

【解析】财务预算是指与企业资金收支、财务状况或经营成果等有关的预算，包括资金预算、预计资产负债表、预计利润表等。财务预算作为全面预算体系的最后环节，它是从价值方面总括地反映企业经营预算与专门决策预算的结果，故也称为总预算。选项B、D当选。

四、预算管理工作的组织

我国公司法规定，公司的年度财务预算方案、决算方案由公司董事会制订，经股东会审议批准后方可执行。预算工作的组织包括决策层、管理层、执行层和考核层。预算工作各负责机构及其职责如表3-3所示。

表3-3　　　　　　　　　　预算工作各负责机构及其职责

负责机构	职责
董事会或类似机构	企业董事会或类似机构应当对企业预算的管理工作负总责；企业董事会或经理办公会可以根据情况设立预算管理委员会或指定财务管理部门负责预算管理事宜，并对企业法定代表人负责
预算管理委员会	审批公司预算管理制度、政策，审议年度预算草案或预算调整草案并报董事会等机构审批，监控、考核本单位的预算执行情况并向董事会报告，协调预算编制、预算调整及预算执行中的有关问题等
企业财务管理部门	负责企业预算的跟踪管理，监督预算的执行情况，分析预算与实际执行的差异及原因，提出改进管理的意见与建议
内部各职能部门	负责本部门业务涉及的预算编制、执行、分析等工作，并配合预算管理委员会或财务管理部门做好企业总预算的综合平衡、协调、分析、控制与考核等工作，其主要负责人参与企业预算管理委员会的工作，并对本部门预算执行结果承担责任
所属基层单位（预算的基本单位）	在企业财务管理部门的指导下，负责本单位现金流量、经营成果和各项成本费用预算的编制、控制、分析工作，接受企业的检查、考核，其主要负责人对本单位财务预算的执行结果承担责任

【例3】（单选·2013）下列各项中，对企业预算的管理工作负总责的组织是（　　）。

A.财务部　　　　B.董事会　　　　C.监事会　　　　D.股东会

【答案】B

【解析】企业董事会或类似机构应当对企业预算的管理工作负总责。选项B当选。

第二节　预算的编制方法与程序

一、预算的编制方法

根据不同的分类标准，常见的预算编制方法分类如图3-2所示。

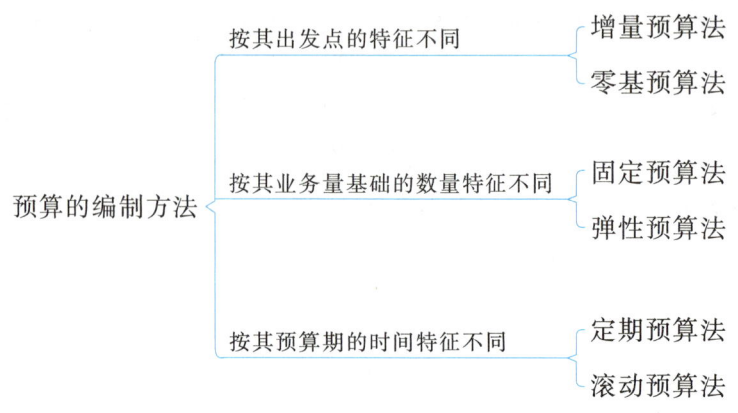

图3-2 预算的编制方法

（一）增量预算法与零基预算法

1. 增量预算法

增量预算方法，是指以基期成本费用水平为基础，结合预算期业务量水平及有关影响成本因素的未来变动情况，通过调整有关原有费用项目而编制预算的一种方法。

1）增量预算法的假设条件

增量预算法的编制遵循如下假设：

（1）企业现有业务活动是合理的，不需要进行调整。

（2）企业现有各项业务的开支水平是合理的，在预算期保持不变。

（3）以现有业务活动和各项活动的开支水平，确定预算期各项活动的预算数。

2）增量预算法的优缺点

由于是在过去业务活动的基础上进行调整，因此增量预算法的工作量较小。

增量预算法的缺点在于可能无法有效地控制无效的费用开支，使不必要的开支合理化，造成预算上的浪费。

2. 零基预算法

零基预算法的全称是"以零为基础编制计划和预算的方法"，这种方法以零为起点，不考虑以往情况如何，从实际需要出发分析预算期经济活动的合理性，经综合平衡进行预算编制。零基预算法适用于企业各项预算的编制，特别是预算编制基础变化较大的预算项目或不经常发生的预算项目。

1）编制程序

零基预算法通常按照以下程序进行编制：明确预算编制标准→制订业务计划→编制预算草案→审定预算方案。

2）零基预算法的优缺点

零基预算法的优点体现在：

（1）以零为起点编制预算，不会受到历史期经济活动中不合理因素的影响，能够灵活应对内外环境的变化，预算编制更贴近预算期企业经济活动需要。

（2）有助于增加预算编制透明度，有利于进行预算控制。

零基预算法的缺点体现在：

（1）预算编制工作量较大，成本较高。

(2）预算编制的准确性受企业管理水平和相关数据标准准确性影响较大。

（二）固定预算法与弹性预算法

1. 固定预算法

固定预算法又称静态预算法，是指以预算期内正常的、最可能实现的某一业务量（诸如企业产量、销售量、作业量等与预算项目相关的弹性变量）水平为固定基础，不考虑可能发生的变动的预算编制方法。

固定预算法的优点是编制相对简单，也容易使管理者理解。但由于预算不能根据实际情况进行灵活调整，固定预算法存在适应性差和可比性差的缺点。固定预算法适用于经营业务稳定的企业，也可用于编制固定费用预算。

2. 弹性预算法

弹性预算法又称动态预算法，是指企业在分析业务量与预算项目之间数量依存关系的基础上，分别确定不同业务量及其相应预算项目所消耗资源的预算编制方法。实务中，弹性预算法一般适用于与预算执行单位业务量有关的成本费用、利润等预算项目。

1）弹性预算法的优缺点

弹性预算法的优点是考虑了预算期可能的不同业务量水平，更贴近企业经营管理实际情况。

弹性预算法的缺点在于编制工作量大。除此之外，市场及其变动趋势预测的准确性、预算项目与业务量之间依存关系的判断水平等也会对弹性预算的合理性造成较大影响。

2）弹性预算的编制方法

弹性预算的编制，可以采用公式法，也可以采用列表法，具体如表3-4所示。

表3-4　　　　　　　　　　　弹性预算的编制方法

方法	编制方法	优点	缺点
公式法	预算成本总额=成本中的固定基数+与业务量相关的弹性定额×预计业务量，用公式表示为y=a+bx	便于在一定范围内计算任何业务量的预算成本，可比性和适应性强，编制预算的工作量相对较小	（1）按公式进行成本分解比较麻烦，对每个费用子项目甚至细目逐一进行成本分解，工作量很大；（2）对于阶梯成本和曲线成本只能先用数学方法修正为直线，才能应用公式法；（3）相关弹性定额可能仅适用于一定业务量范围
列表法	通过列表的方式，在业务量范围内依据已划分出的若干个不同等级，分别计算并列示该预算项目与业务量相关的不同可能预算方案的方法	不管实际业务量多少，不必经过计算即可找到与业务量相近的预算成本；混合成本中的阶梯成本和曲线成本，可按总成本性态模型计算填列，不必用数学方法将其修正为近似的直线成本	在评价和考核实际成本时，往往需要使用插值法来计算"实际业务量的预算成本"，比较麻烦

3）弹性预算业务量的选择

（1）编制弹性预算时，要选用一个最能代表生产经营活动水平的业务量计量单位。例如，以手工操作为主的车间，就应选用人工工时；制造单一产品或零件的部门，可以选用实物数量；修理部门可以选用直接修理工时等。

（2）一定要使实际业务量不至于超出相关的业务量范围。正常情况下，以历史上最高业务量和最低业务量为其上下限或定在生产能力的70%~110%。

【提示】成本形态分析的可靠性很大程度上决定了弹性预算编制的准确性。

【例4】（多选·2022）某公司采用弹性预算法编制制造费用预算，制造费用与工时密切相关，若业务量为500工时，制造费用预算为18000元，若业务量为300工时，制造费用预算为15000元，则下列说法中，正确的有（　　）。

A.若业务量为0工时，则制造费为0元　　B.若业务量为320工时，则制造费用为15300元
C.制造费用中固定部分为10500元　　D.单位变动制造费用预算为15元/工时

【答案】BCD

【解析】本题采用公式法，$18000=a+500\times b$，$15000=a+300\times b$，解得$a=10500$、$b=15$，因此关系式为$y=10500+15x$。业务量为0时，制造费用是10500元；业务量为320时，制造费用是$10500+320\times15=15300$元。选项B、C、D当选。

（三）定期预算法与滚动预算法

1. 定期预算法

定期预算法是以固定不变的会计期间作为预算期间的一种预算编制方法。

定期预算法的优点在于能够使预算期间与会计期间相对应，便于将实际数与预算数进行对比，也有利于对预算执行情况进行分析和评价。

定期预算法的缺点在于以固定不变的会计期间（如1年）为预算期，往往容易使管理层只关注剩下时间的业务量，缺乏长期打算，导致短期行为的产生。

2. 滚动预算法

滚动预算法是指企业根据上一期预算执行情况和新的预测结果，按既定的预算编制周期和滚动频率对原有的预算方案进行调整和补充、逐期滚动、持续推进的预算编制方案。

滚动预算的主要优点体现在通过持续滚动预算编制、逐期滚动管理，实现动态反映市场、建立跨期综合平衡，从而有效指导企业营运，强化预算的决策与控制职能。

滚动预算的主要缺点体现在：①预算滚动的频率越高，对预算沟通的要求越高，预算编制的工作量越大；②过高的滚动频率容易增加管理层的不稳定感，导致预算执行者无所适从。

按照滚动的时间单位不同可将滚动预算分为逐月滚动、逐季滚动和混合滚动，具体如表3-5所示。

表3-5　　　　　　　　　　滚动预算的分类

分类	含义	特点
逐月滚动	逐月滚动是指在预算编制过程中，以月份为预算的编制和滚动单位，每个月调整一次预算的方法	编制的预算比较精确，但工作量较大
逐季滚动	逐季滚动是指在预算编制过程中，以季度为预算的编制和滚动单位，每个季度调整一次预算的方法	比逐月滚动的工作量小，但精确度较差
混合滚动	混合滚动是指在预算编制过程中，同时以月份和季度作为预算的编制和滚动单位的方法【提示】混合滚动的理论依据是：人们对未来的了解程度具有对近期的预计把握较大、对远期的预计把握较小的特征	有利于结合企业短期目标和长期目标，考虑未来业务活动。除此之外还能使预算与企业实际情况更加适应，有利于充分发挥预算的指导和控制作用

现以逐月滚动为例，说明滚动预算的编制原理。如果某公司的预算周期为12个月，那么在执行今年1~12月预算的过程中，就需要在1月末根据当月预算的执行情况重新制定下一个周期为12个月的预算（即从今年2月初到明年1月末）。如图3-3所示，预算（一）表示现在正在执行的预算，覆盖的时间是今年的1~12月，预算（二）覆盖的时间是今年的2月直至下一年的1月，时间长度与预算（一）相同，以后的预算像这样依次类推。

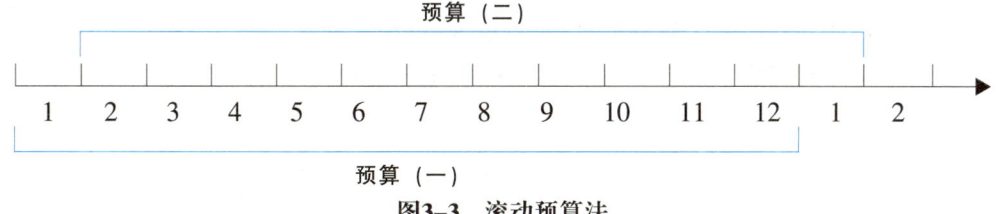

图3-3 滚动预算法

二、预算的编制程序

企业预算编制一般应按照"分级编制、逐级汇总"的方式，具体流程如下：下达目标→编制上报→审查平衡→审议批准→下达执行。

【例5】（单选·2020）相对于增量预算，下列关于零基预算的表述中，错误的是（ ）。
A.预算编制成本相对较高
B.预算编制工作量相对较少
C.以零为起点编制预算
D.不受历史期不合理因素的影响

【答案】B

【解析】零基预算法的优点表现在：①以零为起点编制预算，不受历史期经济活动中不合理因素的影响，能够灵活应对内外环境的变化，预算编制更贴近预算期企业经济活动需要，选项C、D正确。②有助于增加预算编制透明度，有利于进行预算控制。其缺点主要体现在：①预算编制工作量较大、成本较高，选项A正确，选项B错误。②预算编制的准确性受企业管理水平和相关数据标准准确性影响较大。选项B当选。

第三节 预算编制

一、经营预算的编制

经营预算的内容如图3-4所示。

```
              ┌ 销售预算
              │ 生产预算
              │ 直接材料预算
              │ 直接人工预算        ┌ 固定制造费用预算
  经营预算 ───┤ 制造费用预算 ──────┤
              │                     └ 变动制造费用预算
              │ 产品成本预算
              └ 销售及管理费用预算
```

图3-4 经营预算的内容

（一）销售预算

销售预算是指在销售预测的基础上编制的，用于规划预算期销售活动的一种经营预算。它是整个预算的编制起点，是其他预算编制的基础。比如，销售预算可以为资金预算提供现金收入数据，为销售及管理费用预算提供预测依据。销售预算的主要内容是销售数量、销售单价和销售收入，三者的关系如下：

$$销售收入=销售单价\times销售数量$$

【例6】甲公司预计每季度销售收入中有60%在本季度收到现金，40%于下一季度收到现金，不存在坏账。2021年年末应收账款余额为5000万元。假设不考虑增值税及其他事项。甲公司2022年销售预算如表3-6所示。

表3-6　　　　　　　　　　　甲公司2022年销售预算

季度	一	二	三	四	全年
预计销售量（万件）	500	600	650	700	2450
预计单价（元/件）	20	20	20	20	20
预计销售收入（万元）	10000	12000	13000	14000	49000
预计现金收入合计	11000	11200	12600	13600	48400

（二）生产预算

生产预算是为规划预算期生产规模而编制的一种经营预算，它是在销售预算的基础上编制的，可以作为编制直接材料预算和产品成本预算的依据。

在生产预算中<u>只涉及实物量指标</u>（生产数量），<u>不涉及价值量指标</u>（金额），不直接为资金预算提供资料。相关计算公式如下：

$$预计期初产成品存货=上期期末产成品存货$$
$$预计期末产成品存货=下期销售量\times期末产成品存货数量占下期销量百分比$$
$$预计生产量=预计销售量+预计期末产成品存货-预计期初产成品存货$$

【例7】甲公司在编制生产预算时，2021年第四季度末存货量为10万件，预计每季度末存货量占下季度销售量的10%，假设年初有产成品存货10万件，年末留存20万件，甲公司2022年生产预算如表3-7所示。

表3-7　　　　　　　　　　　甲公司2022年生产预算　　　　　　　　　单位：万件

项目	第一季度	第二季度	第三季度	第四季度	全年
预计销售量	100	130	160	210	600
加：预计期末产成品存货	13	16	21	20	20
合计	113	146	181	230	620
减：预计期初产成品存货	10	13	16	21	10
预计生产量	103	133	165	209	610

现在以第二季度为例，说明各项目计算过程。

(1) 第二季度预计期末产成品存货=第三季度预计销售量×10%=160×10%=16（万件）

(2) 第二季度预计期初产成品存货=第一季度预计期末产成品存货=13（万件）

(3) 第二季度预计生产量=第二季度预计销售量+第二季度预计期末产成品存货-第二季度预计期初产成品存货=130+16-13=133（万件）

（三）直接材料预算

直接材料预算是为了规划预算期直接材料采购金额而进行的一种经营预算。直接材料预算以生产预算为编制基础，同时要考虑原材料存货水平。

直接材料预算的主要内容有材料的单位产品用量、生产需用量、期初和期末存量等。相关计算公式如下：

预计材料采购量=生产需用量+期末材料存量−期初材料存量

生产需用量=单位产品材料用量×预计生产量

【例8】（单选·2021改编）企业在编制直接材料预算时，一般不需要考虑的项目是（　　）。

A.预计生产量　　　　　　　　B.预计期末材料存量
C.预计生产成本　　　　　　　D.预计期初材料存量

【答案】C

【解析】直接材料预算以生产预算为基础编制，同时要考虑原材料存货水平，其主要内容有材料的单位产品用量、生产需用量、期初和期末材料存量等。选项C当选。

（四）直接人工预算

直接人工预算是一种既反映预算期内人工工时消耗水平，又规划人工成本开支的经营预算。直接人工预算也是以生产预算为基础编制的。

直接人工预算的主要内容有预计产量、单位产品工时、人工总工时、每小时人工成本和人工总成本。相关计算公式如下：

人工总工时=预计产量×单位产品工时

人工总成本=人工总工时×单位工时工资率

【提示】由于人工工资都需要使用现金支付，因此不需要另外预计现金支出，可直接参加资金预算的汇总。

（五）制造费用预算

制造费用预算通常分为固定制造费用预算和变动制造费用预算两部分。固定制造费用需要逐项进行预计，通常与本期产量无关。变动制造费用预算以生产预算为基础编制，如表3-8所示。

表3-8　　变动制造费用预算的编制方法

有无完善的标准成本资料	变动制造费用预算的编制方法
有	预算金额=标准成本×预计产量
无	逐项预计计划产量需要的各项制造费用

编制产品成本预算需要计算小时费用率，相关计算如下：

变动制造费用小时费用率=全年变动制造费用总额/全年人工总工时

固定制造费用小时费用率=全年固定制造费用总额/全年人工总工时

为了方便以后编制资金预算，需要预计现金支出：

制造费用的现金支出=制造费用数额−折旧费

【例9】甲公司2022年第一季度预计生产量为200万件，单位变动制造费用为2元/件，固定制造费用总额为20万元（含折旧费3万元），除折旧费外，其余均为付现费用，则2022年第一季度制造费用的现金支出预算=200×2+20-3=417（万元）。

（六）产品成本预算

产品成本预算，是销售预算、生产预算、直接材料预算、直接人工预算、制造费用预算的汇总，其主要内容是产品的单位成本和总成本。

（七）销售及管理费用预算

销售费用预算，是指为了实现销售预算所需支付的费用预算。销售费用一般包括销售人员工资、广告费、包装费、运输费、保管费和相关折旧等费用。管理费用是指企业行政管理部门为组织和管理生产经营活动而发生的各种费用，如管理人员工资、福利费、保险费、办公费和相关折旧等。管理费用一般属于固定成本，所以通常以过去的实际开支为基础，按预算期的可预见变化来调整。

销售费用预算以销售预算为基础，根据费用计划进行编制。

【例10】（单选·2020）某公司按弹性预算法编制销售费用预算。已知预计业务量为5万小时，单位变动销售费用为1.5元/小时，固定销售费用总额为30万元，则按预计业务量的80%编制的销售费用预算总额为（　　）万元。

A.30　　　　　　　B.7.5　　　　　　　C.36　　　　　　　D.37.5

【答案】C

【解析】销售费用预算总额=30+1.5×5×80%=36（万元）。选项C当选。

二、专门决策预算的编制

专门决策预算主要是长期投资预算，又称资本支出预算，通常是指与项目投资决策相关的专门预算，它往往涉及长期建设项目的资金投放（投资支出预算）与筹集（长期借款），并经常跨越多个年度。项目财务可行性分析资料和企业筹资决策资料是编制专门决策预算的依据。

专门决策预算的要点是准确反映项目资金投资支出与筹资计划，它同时也是编制资金预算和预计资产负债表的依据。

三、财务预算的编制

（一）资金预算的编制

资金预算是以经营预算和专门决策预算为依据编制的，专门反映预算期内预计现金收入与现金支出，以及为实现理想现金余额而进行筹资或归还借款等的预算。资金预算的主要内容包括可供使用现金、现金支出、现金余缺以及现金筹措与运用四个部分。相关公式如下：

可供使用现金=期初现金余额+现金收入

现金余缺=可供使用现金-现金支出

期末现金余额=现金余缺+现金筹措-现金运用

【例11】（单选·2018）根据企业2018年的资金预算，第1季度至第4季度期初现金余额分别为1万元、2万元、1.7万元、1.5万元，第4季度现金收入为20万元，现金支出为19万元，不考虑其他因素，则该企业2018年年末的预计资产负债表中，货币资金年末数为（　　）万元。

A.2.7　　　　　　　B.7.2　　　　　　　C.4.2　　　　　　　D.2.5

【答案】D

【解析】货币资金年末余额=第4季度期末现金余额=第4季度期初现金余额+本期现金收入−本期现金支出=1.5+20−19=2.5（万元）。选项D当选。

（二）预计利润表的编制

预计利润表用来综合反映企业在计划期的预计经营成果，是企业最主要的财务预算表之一。通过编制预计利润表，可以了解企业预期的盈利水平。编制预计利润表的依据是各经营预算、专门决策预算和资金预算。

【例12】甲公司2022年预计利润表如表3-9所示。

表3-9　　　　　　　　　　　　甲公司2022年预计利润表　　　　　　　　　　　　单位：元

项目	金额
销售收入	5390000
销售成本	3250000
毛利	2140000
销售及管理费用	685000
利息	250000
利润总额	1205000
所得税费用	673800
净利润	531200

表3-9中，"销售收入"项目的数据来自销售预算；"销售成本"项目的数据来自产品成本预算；"毛利"等于销售收入减去销售成本；"销售及管理费用"项目的数据来自销售及管理费用预算；"利息"项目的数据来自资金预算。

另外，"所得税费用"项目是在利润规划时估计的，并已列入资金预算。因为有诸多纳税调整的事项存在，所得税费用通常不是根据"利润总额"和所得税税率计算出来的。

（三）预计资产负债表的编制

预计资产负债表用来反映企业在计划期末预计的财务状况。编制预计资产负债表的目的在于判断预算反映的财务状况的稳定性和流动性。资产负债表是编制全面预算的终点。企业在编制预计资产负债表时，需以计划期开始日的资产负债表为基础，结合计划期间各项经营预算、专门决策预算、资金预算和预计利润表进行编制。

【例13】甲公司2022年预计资产负债表简表如表3-10所示。

表3-10　　　　　　　　　　　甲公司2022年预计资产负债表简表　　　　　　　　　　单位：万元

资产	年初余额	年末余额	负债与股东权益	年初余额	年末余额
流动资产：			流动负债：		
货币资金	50	65	短期借款	612	632
应收账款	530	850	应付账款	360	450
存货	545	430	流动负债合计	972	1082
流动资产合计	1125	1345	长期负债	450	309
			负债合计	1422	1391
固定资产净额	1836	1675	股东权益	1539	1629
资产总计	2961	3020	负债与股东权益总计	2961	3020

表3-10中,"货币资金"来源于资金预算表;"应收账款"来源于销售预算;"存货"包括直接材料和产成品;"短期借款"来源于资金预算;"应付账款"来源于直接材料预算;"长期负债"来源于专门决策预算。

第四节 预算的执行与考核

一、预算的执行

在编制好预算后,企业需要批复并下达预算指标,各个下属部门执行预算。预算执行一般按照预算控制、预算调整等程序展开。

(一)预算控制

预算控制是指企业根据预算规定的收入与支出标准,检查和监督各个部门的生产经营活动。其作用是保证各种活动或各个部门在充分达成既定目标、实现利润的过程中对经营资源的利用,使费用支出受到严格有效的约束。

对于预算内的资金拨付,按照授权审批程序执行;对于预算外的项目支出,应当按预算管理制度规范支付程序;对于无合同、无凭证、无手续的项目支出,不予支付。

(二)预算调整

年度预算经批准后,原则上不作调整。企业应在制度中严格明确预算调整的条件、主体、权限和程序等事宜,当内外战略环境发生重大变化或突发重大事件等导致预算编制的基本假设发生重大变化时,可进行预算调整。

对于预算执行单位提出的预算调整事项,企业进行决策时,一般应当遵循以下要求:

(1)预算调整事项不能偏离企业发展战略;

(2)预算调整方案应当在经济上能够实现最优化;

(3)预算调整重点应当放在预算执行中出现的重要的、非正常的、不符合常规的关键性差异方面。

二、预算的分析与考核

企业应当建立预算分析制度,由预算管理委员会定期召开预算执行分析会议,全面掌握预算的执行情况,研究、解决预算执行中存在的问题,纠正预算的执行偏差。

预算考核是对企业内部各级责任部门或责任中心预算执行结果进行的考核和评价,是管理者对执行者实行的一种有效的激励和约束形式。预算年度终了,预算管理委员会应当向董事会或者经理办公会报告预算执行情况,并依据预算完成情况和预算审计情况对预算执行单位进行考核。

预算考核主要针对定量指标进行考核,考核时应坚持上级考核下级、逐级考核、预算执行与预算考核职务相分离的原则。

第三章 预算管理

扫一扫，提个小建议

图书勘误、评价建议，"微信"扫一扫。您的感受是我们最好的动力！助您奇兵制胜！

 知识梳理

预算管理
- 预算管理概述
  - 预算管理的概念和原则
  - 预算的特征与作用
  - 预算的体系和分类
    - 按内容划分
      - 经营预算
      - 专门决策预算
      - 财务预算
    - 按时间长短划分
      - 短期预算
      - 长期预算
  - 预算管理工作的组织
- 预算的编制方法与程序
  - 预算的编制方法
    - 增量预算法与零基预算法
    - 固定预算法与弹性预算法
    - 定期预算法与滚动预算法
  - 预算的编制程序
- 预算编制
  - 经营预算的编制
  - 专门决策预算的编制
  - 财务预算的编制
    - 资金预算
    - 预计利润表
    - 预计资产负债表
- 预算的执行与考核
  - 预算的执行
  - 预算的分析与考核

第四章 筹资管理（上）

本章概述

本章与第五章共同讲解了企业获取资本的方式。本章内容主要包括筹资管理概述，债务筹资、股权筹资和衍生工具筹资三类筹资方式的具体形式、内容、特点、优缺点等基础知识，筹资实务创新。本章内容以理解为主，整体难度不大。建议在本章的学习中采用"既掌握共性，又了解个性"的学习方法，在比较中进行总结与理解。

第一节 筹资管理概述

一、企业筹资的动机

企业筹资，是指企业为了满足其经营活动、投资活动、资本结构管理和其他需要，运用一定的筹资方式，通过一定的筹资渠道，筹措和获取所需资金的一种财务行为。

根据筹资原因的不同，企业的筹资动机可以大致归纳为五类：创立性筹资动机、支付性筹资动机、扩张性筹资动机、调整性筹资动机、混合性筹资动机。

（一）创立性筹资动机

创立性筹资动机是指企业设立时，为取得资本金并形成开展经营活动的基本条件而产生的筹资动机。

（二）支付性筹资动机

支付性筹资动机是指企业为了满足经营业务活动的正常波动所形成的支付需要而产生的筹资动机，如原材料购买的大额支付、员工工资的集中发放、银行借款的偿还、股东股利的发放等。

（三）扩张性筹资动机

扩张性筹资动机是指企业因扩大经营规模或满足对外投资需要而产生的筹资动机，其直接结果往往是企业资产总规模的增加和资本结构的明显变化。

（四）调整性筹资动机

调整性筹资动机是指企业因调整资本结构而产生的筹资动机，其目的在于降低资本成本，控制财务风险，提升企业价值。产生调整性筹资动机的原因包括：

(1) 优化资本结构，合理利用财务杠杆效应。

(2) 偿还到期债务，债务结构内部调整。

(五) 混合性筹资动机

企业通过追加筹资，既满足了经营活动、投资活动的资金需要，又达到了调整资本结构的目的，相应的动机称为混合性筹资动机。

混合性筹资动机一般是基于企业规模扩张和调整资本结构两种目的，兼具扩张性筹资动机和调整性筹资动机的特性，同时增加了企业的资产总额和资本总额，也导致企业的资产结构和资本结构同时变化。

【例1】（多选·2020改编）下列各项中，属于资本成本中筹资费用的有（　　）。

A.股票发行费　　　　　　　　　B.借款手续费
C.证券印刷费　　　　　　　　　D.股利支出

【答案】ABC

【解析】在资金筹集过程中，发生的股票发行费、借款手续费、证券印刷费、公证费、律师费等费用属于筹资费用。选项D属于用资费用。选项A、B、C当选。

二、筹资管理的内容

筹资活动是企业资金流转运动的起点，筹资管理的内容包括科学预计资金需要量，合理安排筹资渠道、选择筹资方式，降低资本成本、控制财务风险。下面主要介绍合理安排筹资渠道、选择筹资方式，降低资本成本、控制财务风险两方面的内容。

(一) 合理安排筹资渠道、选择筹资方式

1. 筹资渠道

直接筹资和间接筹资是企业最基本的两条筹资渠道。直接筹资指企业不借助银行等金融机构，而是通过与投资者签订协议或通过发行股票、债券等方式直接从社会取得资金。间接筹资指企业通过银行等金融机构以信贷关系间接从社会取得资金。

2. 筹资方式

对于不同渠道的资金，企业可以通过不同的筹资方式取得。企业的筹资方式可分为内部筹资和外部筹资两种。内部筹资主要依靠企业的利润留存积累。外部筹资是企业从外部筹措资金，包含股权筹资（吸收直接投资、发行股票等）和债务筹资（银行借款、发行债券、商业信用、租赁等）。

(二) 降低资本成本、控制财务风险

资本成本是企业筹集和使用资金所付出的代价，包括筹资费用和用资费用。

筹资费用是指因为资金的筹集而发生的主要支付给第三方的费用，如股票发行费、借款手续费、证券印刷费、公证费、律师费等。

用资费用是指企业因使用筹集的资金而支付给资金出借人的费用，如利息支出、股利支出、租赁的资金利息等。

一般情况下，债务资金比股权资金的资本成本要低，而且其资本成本在签订债务合同时就已确定，与企业的经营业绩和盈亏状况无关。但由于债务资金有固定的还款期限，因此企业需承担较大的财务风险。

【例2】（单选·2017改编）下列各项中，属于用资费用的是（　　）。
A. 债券利息费　　　　B. 借款手续费　　　　C. 借款公证费　　　　D. 债券发行费
【答案】A
【解析】债务的手续费、公证费、发行费属于资金筹集费用，债券利息费属于用资费用。选项A当选。

三、筹资方式

一般来说，企业最基本的筹资方式有股权筹资和债务筹资两种，具体如图4-1所示。

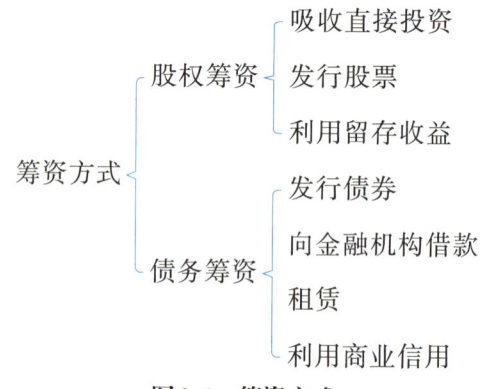

图4-1　筹资方式

（一）吸收直接投资

吸收直接投资是指企业按照"共同投资、共同经营、共担风险、共享利润"的原则，以投资合同、协议等形式定向地筹集资金，其种类包含吸收国家投资、吸收法人投资、吸收外商直接投资和吸收社会公众投资等。

（二）发行股票

发行股票是指企业以发售股票的方式取得资金的筹资方式。

（三）发行债券

发行债券是指企业以发售公司债券的方式取得资金的筹资方式。

（四）向金融机构借款

向金融机构借款指企业根据借款合同从银行或非银行金融机构取得资金。

（五）租赁

租赁是指在一定期间内出租人将资产的使用权让与承租人以获取对价的合同。

（六）利用商业信用

商业信用指企业之间在买卖商品或进行劳务交易时，由于延期付款或延期交货所形成的借贷信用关系，具体形式包括应付账款、应付票据、预收账款等。

（七）利用留存收益

留存收益是指企业将当年利润转化为股东对企业追加投资的过程。

（八）发行可转换债券

发行可转换债券是指企业以发售可转换债券的方式取得资金的筹资方式。

（九）发行优先股股票

发行优先股股票是指企业以发售优先股股票的方式取得资金的筹资方式。

四、筹资的分类

按照不同的分类标准，可将企业的筹资方式分为不同的类别。

（一）根据取得资金的权益特性分类

按企业所取得资金的权益特性不同，企业筹资可分为股权筹资、债务筹资及衍生工具筹资三种类型，如表4-1所示。

表4-1　　　　　　　　　　股权筹资、债务筹资和衍生工具筹资

类型	方式	特征
股权筹资	吸收直接投资、发行股票、内部积累（留存收益）	形成所有者权益——永久性资本；财务风险较小；资本成本较高
债务筹资	向金融机构借款、发行债券、租赁、利用商业信用	需要到期还本付息，财务风险较大；资本成本较低
衍生工具筹资	可转换债券（混合融资）、认股权证（其他衍生工具融资）	兼具股权与债务特性

【提示】永续债是一种没有明确到期日或者期限非常长，投资者不能在一个确定的时间点得到本金，但是可以定期获取利息的债券。永续债实质是一种介于债权和股权之间的融资工具。永续债是分类为权益工具还是金融负债，应把"是否能无条件避免交付现金或其他金融资产的合同义务"作为判断的关键。

（二）根据是否借助金融机构为媒介分类

按是否借助金融机构为媒介来获取社会资金，企业筹资可分为直接筹资和间接筹资两种类型，如表4-2所示。

表4-2　　　　　　　　　　直接筹资和间接筹资

类型	方式	特征
直接筹资	企业直接与资金供应者协商（不需要通过金融机构）融通资本的一种筹资活动，包括吸收直接投资、发行股票、发行债券等	(1) 可以筹集股权资金或债务资金； (2) 筹资领域广阔，能够直接利用社会资金，有利于提高企业知名度与资信度； (3) 手续比较复杂，筹资费用较高
间接筹资	企业借助银行和非银行金融机构来筹集资金，包括银行借款、租赁等	(1) 主要形成债务资金，满足企业资金周转的需要； (2) 手续简便，筹资效率高，筹资费用较低； (3) 容易受金融政策的制约和影响

【例3】（多选·2022）下列各项中，属于间接筹资方式的有（　　）。
A.发行股票　　　　B.杠杆租赁　　　　C.发行债券　　　　D.银行借款
【答案】BD
【解析】发行股票、发行债券属于直接筹资，选项A、C不当选。间接筹资指企业借助银行和非银行金融机构而筹集资金，包括银行借款、租赁等，选项B、D当选。

(三)根据资金来源范围分类

按资金的来源范围不同,企业筹资可分为内部筹资和外部筹资两种类型,如表4-3所示。

表4-3　　　　　　　　　　内部筹资和外部筹资

类型	方式	特征
内部筹资	企业通过利润留存	(1)筹资额主要取决于企业可分配利润的多少和利润分配政策(股利政策); (2)一般无筹资费用,从而降低了资本成本
外部筹资	企业向外部筹措资金,如发行股票、发行债券、取得商业信用、向银行借款等	大多需要花费一定的筹资费用,从而提高了筹资成本

(四)根据筹集资金的使用期限分类

按所筹集资金的使用期限不同,企业筹资可分为长期筹资和短期筹资两种类型,如表4-4所示。

表4-4　　　　　　　　　　长期筹资和短期筹资

类型	方式	特征
长期筹资	指企业筹集使用期限在1年以上的资金,包括吸收直接投资、发行股票、发行债券、长期借款、租赁等	主要用于形成和更新(或扩大)企业的生产经营能力,可以是股权资金,也可以是债务资金
短期筹资	指企业筹集使用期限在1年以内的资金,包括利用商业信用、短期借款、保理业务等	形成流动负债,主要用于企业的流动资产和资金日常周转,一般在短期内需要偿还

五、筹资管理的原则

(一)筹措合法

企业的筹资活动必须遵循国家的相关法律法规,依法履行法律法规和投资合同约定的责任,合法合规筹资,依法披露信息,维护各方的合法权益。

(二)规模适当

企业要根据生产经营及其发展的需要,合理预测资金的需要量。筹资规模与资金需要量应当匹配一致。

(三)取得及时

企业筹集资金,要根据资金需求的具体情况,合理安排资金的筹集到位时间,使筹资与用资在时间上相衔接。

(四)来源经济

企业应当在考虑筹资难易程度的基础上,针对不同来源资金的成本,认真选择筹资渠道,并选择经济、可行的筹资方式,力求降低筹资成本。

(五)结构合理

企业筹资要综合考虑股权资本与债务资本的关系、长期资本与短期资本的关系、内部筹资与外部筹资的关系,合理安排资本结构,保持适当偿债能力,防范企业财务危机。

第二节 债务筹资

一、银行借款

（一）银行借款的种类

银行借款是指企业向银行或其他非银行金融机构借入的、需要还本付息的款项。根据分类标准的不同，银行借款可以分为不同的类别，如图4-2所示。

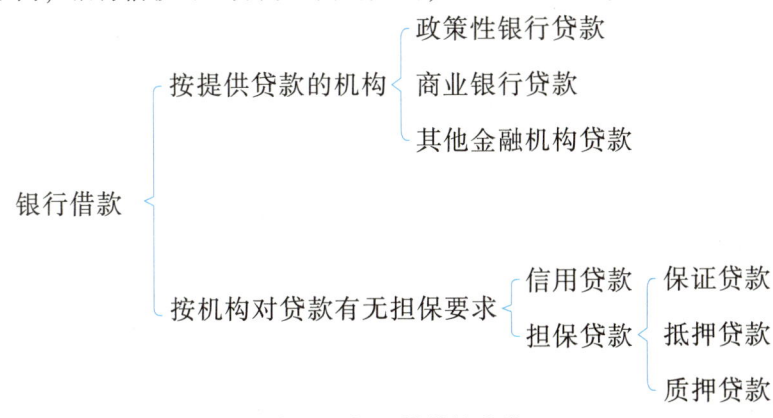

图4-2 银行借款的分类

1. 按提供贷款的机构划分

（1）政策性银行贷款，通常为长期贷款。

（2）商业银行贷款，包括短期贷款和长期贷款。

（3）其他金融机构贷款。

2. 按机构对贷款有无担保要求划分

（1）信用贷款。

（2）担保贷款。

担保贷款是指由借款人或第三方依法提供担保或获得的贷款。按担保方式不同可分为保证贷款、抵押贷款、质押贷款三种类型。

抵押品和质押品的区别如表4-5所示。

表4-5　　　　　　　　　　抵押品和质押品的区别

类别	举例
可为贷款担保的抵押品	①不动产、机器设备、交通运输工具等实物资产；②依法有权处分的土地使用权；③股票、债券等有价证券等； 【提示】抵押品必须是能够变现的资产
可为贷款担保的质押品	①汇票、支票、债券、存款单、提单等信用凭证；②依法可以转让的股份、股票等有价证券；③依法可转让的商标专用权、专利权、著作权中的财产权等

【例4】（单选·2014）（单选·2022）企业可以将某些资产作为质押品向商业银行申请质押贷款，下列各项中，不可以作为质押品的是（　　）。

A.依法可以转让的股票　　　　　　B.依法可以转让的商标专用权
C.依法可以转让的厂房　　　　　　D.依法可以转让的债券

【答案】C

【解析】作为贷款担保的质押品，可以是汇票、支票、债券、存款单、提单等信用凭证，可以是依法可转让的股份、股票等有价证券，也可以是依法可转让的商标专用权、专利权、著作权中的财产权等。不动产不能用于质押，但可以用作抵押，选项C当选。

（二）银行借款的程序

（1）提出申请，银行审批。银行在对借款企业进行信用审查时，需要调查公司的信用情况、盈利情况、财务情况、发展前景（或投资项目可行性）以及担保情况等。

（2）签订合同，取得借款。

（三）长期借款的保护性条款

由于长期借款的金额高、期限长、风险大，企业通常对借款企业提出一些有助于保证贷款按时足额偿还的条件。这些条件写进贷款合同中，形成了合同的保护性条款，如表4-6所示。

表4-6　　　　　　　　　　　长期借款的保护性条款

类别	具体内容	目的
例行性保护条款（大多数合同中都会出现）	（1）定期提供财务报表； （2）保持存货储备量（不准在正常情况下出售较多的非产成品存货）； （3）及时清偿债务； （4）禁止以资产用作其他担保或抵押； （5）禁止贴现应收票据或出售应收账款	（1）债权人可以随时掌握公司财务状况和经营成果； （2）保持企业正常生产经营能力； （3）以防被罚款造成现金流失； （4）避免或有负债
一般性保护条款（应用于大多数合同）	（1）保持企业资产流动性，要求企业持有最低额度的货币资金及其他流动资产； （2）限制非经营性支出，如限制支付现金股利、购入股票和职工加薪的数额规模； （3）限制企业资本支出规模； （4）限制再举债规模； （5）限制长期投资	（1）保持企业资产的流动性和偿债能力； （2）减少企业资金的过度外流； （3）控制长期性资产的比例，以减少公司日后不得不变卖固定资产以偿还贷款的可能； （4）防止其他债权人取得对公司资产的优先索偿权； （5）防止短期内不能收回资金
特殊性保护条款（部分借款合同中会出现）	如要求公司的主要领导人购买人身保险、借款的用途不得改变、违约惩罚条款等	

（四）银行借款的筹资特点

1. 银行借款筹资的优点

1) 筹资速度快

与发行公司债券、租赁等其他债务筹资方式相比，银行借款的程序相对简单，筹资所需时间较短。

2) 资本成本较低

与发行公司债券、租赁相比，银行借款筹资负担的利息较低，且无须支付证券发行费用、租赁手续费等筹资费用。

3) 筹资弹性较大

无论是借款之前还是借款期间，借款人都可根据实际情况与债权人协商借款的数量、时间和条件，灵活性较大。

2. 银行借款筹资的缺点

1) 限制条款多

与发行公司债券相比，银行借款的保护性条款较多。一般而言，银行借款合同会明确规定借款用途，合同中的保护性条款会约束借款企业的资本支出额度、再筹资、股利支付等行为，从而影响公司后续的生产经营活动和财务政策。

2) 筹资数额有限

与发行公司债券、股票筹资等方式相比，银行借款数额由于受到贷款机构资本实力的制约，往往无法满足公司大规模筹资的需要。

二、发行公司债券

公司债券，是公司依照法定程序发行的、约定在一定期限内还本付息的有价证券。

（一）发行债券的条件

在我国，根据《证券法》规定，公开发行公司债券，应当符合下列条件：

（1）具备健全且运行良好的组织机构。

（2）最近3年平均可分配利润足以支付公司债券1年的利息。

（3）国务院规定的其他条件。

公开发行公司债券筹集的资金，必须按照公司债券募集办法所列资金用途使用；改变资金用途，必须由债券持有人会议作出决议。公开发行债券筹措的资金，不得用于弥补亏损和非生产性支出。

（二）公司债券的种类

根据划分标准的不同，公司债券可分为不同类型，如表4-7所示。

表4-7 公司债券的种类

划分标准	分类	含义
按是否记名分类	记名债券	是指公司债券存根簿上记载公司债券持有人的姓名或者名称等信息的债券
	无记名债券	是指在公司债券存根簿上不需注明债权人姓名
按是否能转换成公司股权分类	可转换债券	债券持有者可以在规定的时间内按规定的价格转换为股票。发行主体是上市公司
	不可转换债券	不能转换为发债公司股票的债券
按有无特定财产担保分类	担保债券	是指以抵押方式担保发行人按期还本付息的债券，主要是指抵押债券。抵押债券按其抵押品的不同，又分为不动产抵押债券、动产抵押债券和证券信托抵押债券
	信用债券	即无担保债券，仅凭公司自身的信用发行
按是否公开发行分类	公开发行债券	是指资信状况符合规定的公司向公众投资者公开发行的债券。公开发行债券也可以自主选择仅向合格投资者公开发行
	非公开发行债券	是指未达到规定标准的仅能面向专业投资者发行的债券

（三）债券的偿还

图4-3展示了几种债券偿还方式。

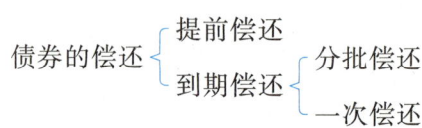

图4-3 债券的偿还

1. 提前偿还

提前偿还是指公司在债券尚未到期之前就予以偿还。只有公司发行债券的契约中明确规定了有关允许提前偿还的条款，公司才可以进行此项操作。提前偿还支付的价格一般要高于债券的面值，并随到期日的临近而逐渐下降。具有提前偿还条款的债券可使公司筹资有较大的弹性。当企业存在以下情况时，可提前偿还：

（1）当公司资金有结余时，可提前赎回债券。

（2）当公司预测利率下降时，也可提前赎回债券，而后以较低的利率来发行新债券。

2. 到期分批偿还

到期分批偿还债券是指公司在发行同一种债券的当时，为不同编号或不同发行对象的债券规定了不同到期日的债券。到期分批偿还债券有以下特点：

（1）发行费用较高。因为各批债券的到期日不同，它们各自的发行价格和票面利率也可能不相同，从而导致发行费较高。

（2）这种债券便于投资人选择最合适的到期日，所以便于发行。

3. 到期一次偿还

到期一次偿还是指发行债券的公司在到期日一次性还本付息，是最常见的债券偿还方式。

（四）发行公司债券的筹资特点

1. 发行债券筹资的优点

1）一次筹资数额大

与银行借款、租赁等筹资方式相比，发行公司债券能够筹集大额的资金，满足公司大规模筹资的需要。

2）募集资金的使用限制条件少

与银行借款相比，发行债券募集的资金期限较长、额度较大，在使用上具有相对的灵活性和自主性。

3）有利于提高公司的社会声誉

随债券的发行及上市交易，其经济实力将进一步提高，从而使公司信誉提高。

【提示】公司债券的利率相对固定，在预计市场利率持续上升的金融市场环境下，利用发行债券筹资能够锁定资本成本。

2. 发行债券筹资的缺点

与银行借款相比，发行债券筹资资本成本负担较高，发行债券的利息负担和筹资费用都比较高。

【例5】（多选·2022）与银行借款相比，公司发行债券筹资的特点有（　　）。

A.一次性筹资数额较大　　　　　　B.资本成本较低

C.降低了公司财务杠杆水平　　　　D.筹集资金的使用具有相对的自主性

【答案】AD

【解析】与银行借款相比，发行公司债券的利息负担和筹资费用都比较高，因此资本成本较高，选项B不当选；银行借款与发行公司债券都可以提高财务杠杆水平，选项C不当选。

三、租赁

租赁是指通过签订资产出让合同的方式，出租人将资产使用权让与承租人以获取租金的行为。承租方通过得到所需资产的使用权完成筹资行为。

2018年12月7日，财政部修订发布了《企业会计准则第21号——租赁》，根据该准则，承租人应当将短期租赁和低价值资产租赁的租赁付款额，在租赁期内各个期间按照直线法或其他系统合理的方法计入相关资产成本或当期损益。除此以外，对其他所有租赁均确认使用权资产和租赁负债。

使用权资产，是指承租人可在租赁期内使用租赁资产的权利。使用权资产应当按照成本进行初始计量。该成本包括：①租赁负债的初始计量金额。②在租赁期开始日或之前支付的租赁付款额，存在租赁激励的，扣除已享受的租赁激励相关金额。③承租人发生的初始直接费用。④承租人为拆卸及移除租赁资产、复原租赁资产所在场地或将租赁资产恢复至租赁条款约定状态预计将发生的成本。

租赁负债当按照租赁期开始日尚未支付的租赁付款额的现值进行初始计量。在计算租赁付款额的现值时，首选租赁内含利率，租赁内含利率无法确定时，采用承租人增量借款利率。租赁内含利率，是指在租赁开始日，使最低租赁收款额的现值与未担保余值的现值之和等于租赁资产公允价值与出租人的初始直接费用之和的折现率。承租人增量借款利率，是指承租人在类似经济环境下为获得与使用权资产价值接近的资产，在类似期间以类似抵押条件借入资金须支付的利率。

（一）租赁的基本特征

1. 所有权与使用权相分离

在租赁期内，设备的所有权归出租人，使用权归承租人。

2. 融资与融物相结合

与一般的借钱还钱、借物还物的信用形式不同的是，租赁采取的是借物还钱、分期支付租金的方式。因此租赁具有融资与融物的双重性质，是银行信贷与财产信贷的结合。

3. 租金的分期支付

在租金的偿还方式上，承租方采取的是分期支付方式，但可以提前获得资产的使用价值。

（二）租赁的基本形式

1. 直接租赁

直接租赁是指出租方根据承租方的租赁申请及要求选购设备，再出租给承租方的一种租赁形式。

2. 售后回租

售后回租是指承租方由于急需资金等各种原因将自己的资产售给出租方，然后以租赁的形式从出租方原封不动地租回资产的使用权。

3. 杠杆租赁

杠杆租赁是指涉及承租人、出租人和资金出借人三方的租赁业务。通常出租人仅提供其中20%~40%的资金，贷款人则提供60%~80%的资金。租赁公司既是出租人又是借资人，既要收取租金又要支付债务。

【例6】（单选·2022）某企业年初从租赁公司租入一套设备，价值40万元，租期5年，租赁期满时预计残值为5万元，归租赁公司所有。租金每年末等额支付，年利率8%，租赁年手续费率为2%.有关货币时间价值系数如下：（P/F，8%，5）=0.6806；（P/F，10%，5）=0.6209；（P/A，8%，5）=3.9927；（P/A，10%，5）=3.7906。则每年的租金为（　　）。

A.10.55万元　　　B.10.02万元　　　C.9.17万元　　　D.9.73万元

【答案】D

【解析】计算租金应使用的折现率=8%+2%=10%。该企业每年租金=[40-5×（P/F，10%，5）]/（P/A，10%，5）=（40-5×0.6209）/3.7906=9.73（万元），选项D当选。

（三）租赁的租金计算

1. 租金的构成

租赁的租金受到以下几项因素的影响：

（1）设备原价及预计残值，包括设备买价、运输费、安装调试费、保险费等，以及该设备租赁期满后出售可得的收入。

（2）利息，租赁公司购置设备垫付资金所应支付的利息。

（3）租赁手续费和利润，其中，手续费是指租赁公司承办租赁设备所发生的业务费用，包括业务人员工资、办公费、差旅费等。

2. 租金的支付方式

（1）根据支付间隔期长短的不同，租金的支付分为年付、半年付、季付和月付等方式。

（2）按在期初还是期末支付，分为先付和后付。

（3）根据每次支付额是否相同，分为等额支付和不等额支付。

3. 租金的计算

租金的计算大多采用等额年金法，通常要根据利率和租赁手续费率确定一个租费率作为折现率。

【例7】甲公司计划于2022年1月1日从租赁公司租入一台设备。该设备价值为1000万元，租期为5年，租赁期满时预计净残值为100万元，归租赁公司所有。年利率为8%，年租赁手续费率为2%，租金每年末支付1次。则：

折现率=8%+2%=10%

每年租金=[1000-100×（P/F,10%,5）]÷（P/A,10%,5）

=（1000-100×0.6209）÷3.7908

=247.42（万元）

甲公司的租金摊销计划表如表4-8所示。

表4-8　　　　　　　　　　甲公司的租金摊销计划　　　　　　　　　　单位：万元

年份	期初本金	支付租金	应计租费	本金偿还额	本金余额
2022	1000	247.42	100	147.42	852.58
2023	852.58	247.42	85.26	162.16	690.42
2024	690.42	247.42	69.04	178.38	512.04
2025	512.04	247.42	51.20	196.22	315.82
2026	315.82	247.42	31.58	215.84	99.98*

注：99.98*即为残值，0.02是计算过程中四舍五入的误差导致的。

【提示】若租金改为每年年初支付1次，则该设备的每年租金（预付年金）=247.42÷（1+10%）=224.93（万元）。

(四)租赁的筹资特点

1. 租赁筹资的优点

(1) 无须大量资金就能迅速获得资产。租赁集"融资"与"融物"于一身。企业(尤其是中小企业、新创企业)在资金短缺的情况下,通过租赁即可获得资产的使用权。

(2) 财务风险小,财务优势明显。与一次性支付相比,租赁的租金是分期支付,企业无须一次筹集大量资金偿还。

(3) 筹资的限制条件较少。相比较股票、债券、长期借款等筹资方式,租赁筹资的限制条件较少。

(4) 能延长资金融通的期限。通常设备贷款的借款期限比该设备的物理寿命要短得多,而租赁的期限却能接近其全部使用寿命期限。

2. 租赁筹资的缺点

租赁的资本成本负担较大,租赁的租金通常比银行借款或发行债券所负担的利息要高得多。

四、债务筹资的优缺点

与股权筹资相比,债务筹资的优缺点如表4-9所示。

表4-9　　　　　　　　　　债务筹资的优缺点

项目	内容	说明
优点	筹资速度快	与股权筹资相比,债务筹资(如银行存款、租赁)无须复杂的审批手续和证券发行程序
	筹资弹性大	债务筹资无永久性资本成本负担且可以灵活商定债务条件,能控制筹资数量和安排取得资金时间
	资本成本负担较轻	债务筹资的筹资费用低;用资费用低于股权资本;利息等资本成本可以在税前支付
	可以利用财务杠杆	当企业的资本收益率(息税前利润率)高于债务利率时,债务筹资会增加普通股股东的每股收益,提高净资产收益率,提升企业价值
	稳定公司的控制权	债权人无权参加企业的经营管理,利用债务筹资不会改变和分散股东对公司的控制权
缺点	不能形成企业稳定的资本基础	债务资本有固定的到期日,到期需偿还
	财务风险较大	债务资本有固定的到期日、固定的债息负担
	筹资数额有限	除发行债券外,筹资数额往往受到贷款机构资本实力的制约

第三节　股权筹资

一、吸收直接投资

吸收直接投资,是指企业按照"共同投资、共同经营、共担风险、共享收益"的原则,直接吸收国家、法人、个人和外商投入资金的一种筹资方式。

【提示】非股份制企业筹集权益资本的基本方式是吸收直接投资。股份制企业筹集权益资本的基本方式是发行普通股。

（一）吸收直接投资的种类

吸收直接投资的种类如表4-10所示。

表4-10 吸收直接投资的种类

分类	特点
吸收国家投资	①产权归属于国家；②资金的运用和处置受国家约束较大；③在国有公司中采用比较广泛
吸收法人投资	①发生在法人单位之间；②以参与公司利润分配或控制为目的；③出资方式灵活多样
吸收外商投资	由外国的自然人、企业或者其他组织（以下称外国投资者）直接或间接在中国境内进行的投资
吸收社会公众投资	①参加投资的人员较多；②每人投资的数额相对较少；③以参与公司利润分配为目的

（二）吸收直接投资的出资方式

（1）以货币资产出资。以货币出资是吸收直接投资中最重要的出资方式。

（2）以实物资产出资。实物出资是指投资者以房屋、设备等固定资产和原材料产品等流动资产进行出资。

（3）以土地使用权出资。

（4）以知识产权出资。知识产权通常是指专有技术、商标权、专利权、非专利技术等无形资产。吸收知识产权等无形资产出资的风险较大。因为以知识产权投资，实际上是把技术转化为资本，使技术的价值固定化了，而技术具有强烈的时效性，其实际价值会因不断老化落后而不断减少甚至完全丧失。

【提示】以实物资产、土地使用权和工业产权出资时，都应当满足一个共性的条件：作价公平合理。

（5）以特定债权出资。特定债权，指企业依法发行的可转换债券以及按照国家有关规定可以转作股权的债权。企业可以将特定债券转换为股权的情形包括：①上市公司依法发行的可转换债券；②金融资产管理公司持有的国有及国有控股企业债权；③企业实行公司制改建时，经银行以外的其他债权人协商同意，按照相关规定将其债权转为股权；④外国投资者持有国有企业债权，企业通过债转股改组为外商投资企业；⑤国有企业改制时，欠发职工工资部分以及未退还职工的集资款也可以转股。

（三）吸收直接投资的筹资特点

1. 优点

（1）能够尽快形成生产能力。吸收直接投资能够直接获得企业发展所需的先进设备和技术。

（2）容易进行信息沟通。吸收直接投资的投资者比较单一，投资者甚至会担任公司管理层职务，公司与投资者易于沟通。

2. 缺点

（1）资本成本较高。吸收直接投资的资本成本比股票筹资更高，当企业经营状况良好时尤为明显，此时支付给投资者的报酬会随之升高。

（2）公司控制权集中，不利于公司治理。吸收直接投资方式筹资，投资者一般会要求获得与投资数额相匹配的经营管理权。如果某个投资者的投资额比例较大，则该投资者对企业的经营管理会有相当大的控制权，从而损害到其他投资者的利益。

（3）不易进行产权交易。吸收直接投资由于没有证券为媒介，不利于产权交易。

二、发行普通股股票

股票是股份公司发行的所有权凭证，是股份公司为筹集资金而发行给各个股东作为持股凭证并借以取得股息和红利的一种有价证券。

（一）股票的特征与股东的权利

1. 股票的特点

（1）永久性。股权资金属于公司的长期自有资金，没有期限，无须归还。

（2）流通性。股票可以流通、继承、赠送或抵押，其流动性很强。

（3）风险性。风险的表现形式包括股票价格的波动性、红利的不确定性、破产清算时股东处于剩余财产分配的最后顺序等。

（4）参与性。股东拥有参与企业管理的权利以及承担有限责任和遵守公司章程的义务。

2. 股东的权利

（1）公司管理权。股东对公司的管理权体现为重大决策参与权、经营者选择权、财务监控权、公司经营的建议和质询权、股东大会召集权等。

（2）收益分享权。股东有权通过股利方式获取公司的税后利润。

（3）股份转让权。股东有权出售或转让其持有的股权。

（4）优先认股权。原有股东有权优先认购本公司增发的股票。

（5）剩余财产要求权。公司解散、清算时股东对清偿债务、清偿优先股股东以后的剩余财产具有索取权。

（二）股票的种类

股票的种类如表4-11所示。

表4-11　　　　　　　　　　　　　股票的种类

分类标准	股票种类
按股东权利和义务	（1）普通股：股东享有平等的权利、义务，不加特别限制，股利不固定的股票； （2）优先股：公司发行的享有优先分配股利和优先分取剩余财产的权利的股票。 【提示】优先股股东在股东大会上无表决权，在参与公司管理上受到一定限制，仅对涉及优先股股利的问题有表决权
按票面是否记名	（1）记名股票； （2）无记名股票。 【提示】公司向发起人、法人发行的股票为记名股票，向社会公众发行的股票可以为记名股票也可以为无记名股票
按发行对象和上市地点	（1）A股：我国境内公司发行，以人民币认购和交易的股票； （2）B股：我国境内公司发行，以外币认购和交易的股票； （3）H股：注册地在内地，在中国香港上市的股票； （4）N股：在纽约上市的股票； （5）S股：在新加坡上市的股票

(三)我国证券交易所概况与股份有限公司的设立

1.我国证券交易所概况

我国大陆地区有三家证券交易所,即上海证券交易所、深圳证券交易所和北京证券交易所。

2.股份有限公司的设立

1)设立条件

设立股份有限公司,应有2人以上200人以下的发起人,且其中须有半数以上的发起人在中国境内有住所。

2)设立方式

(1)发起设立,是指由发起人认购公司应发行的全部股份而设立公司。

(2)募集设立,是指由发起人认购公司应发行股份的一部分(≥35%),其余股份向社会公众公开募集或者向特定对象募集而设立公司。

(四)首次公开发行股票的条件

根据《证券法》规定,公司首次公开发行新股,应当符合下列条件:(1)具备健全且运行良好的组织机构;(2)具有持续经营能力;(3)最近3年财务会计报告被出具无保留意见审计报告;(4)发行人及其控股股东、实际控制人最近3年不存在贪污、贿赂、侵占财产、挪用财产或者破坏社会主义市场经济秩序的刑事犯罪;(5)经国务院批准的国务院证券监督管理机构规定的其他条件。

(五)股票的发行方式

我国证券市场曾经采用和正在采用的新股发行方式主要包括:认购发行、储蓄存单发行、上网竞价发行、上网定价发行、全额预缴款发行、上网发行与配售以及网下发行共七种发行方式。

(六)股票的发行程序

股票的发行程序如图4-4所示。

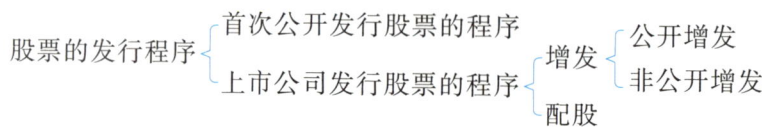

图4-4 上市公司的股票发行程序

上市公司定向增发(即非公开增发)主要有以下优势:

(1)有利于引入战略投资者和机构投资者。

(2)有利于利用上市公司的市场化估值溢价,将母公司资产通过资本市场放大,从而提升母公司的资产价值。

(3)定向增发是一种主要的并购手段,特别是资产并购型定向增发,有利于集团企业整体上市,并同时减轻并购的现金流压力。

(七)引入战略投资者

1.战略投资者的概念

战略投资者是指符合国家法律、法规和规定要求与发行人具有合作关系或合作意向和潜力,并且与发行公司业务联系紧密且欲长期持有发行公司股票的法人。

2. 战略投资者的基本要求

(1) 与发行公司业务联系紧密，拥有促进发行公司业务发展的实力。

(2) 长期稳定持股。战略投资者持股年限长，追求长期投资利益。

(3) 具有相当的资金实力。

(4) 持股量大。

3. 引入战略投资者的作用

战略投资者一般具有资金、技术、管理、市场、人才优势，能够增强企业核心竞争力和创新能力，拓展企业产品市场占有率。具体来讲，引入战略投资者具有以下作用：

(1) 提升公司形象，提高资本市场认同度。

(2) 优化股权结构，健全公司法人治理。

(3) 提高公司资源整合能力，增强公司的核心竞争力。

(4) 达到阶段性的融资目标，加快实现公司上市融资的进程。

(八) 股票的上市交易与退市

1. 股票上市的目的

(1) 便于筹措新资金。股票上市会增强社会公众对公司的信赖，容易吸引社会资本投资者。

(2) 促进股权流通和转让。股票上市后便于投资者购买，提高了股票的流动性和变现力。

(3) 便于确定公司价值。股票上市后，公司股价有市价可循，便于确定公司的价值，有利于实现公司财富最大化。

2. 股票上市的不利影响

(1) 上市成本较高，手续复杂严格。

(2) 公司将负担较高的信息披露成本。

(3) 信息公开的要求可能会暴露公司商业机密。

(4) 股价有时会歪曲公司的实际情况，影响公司声誉。

(5) 可能会分散公司的控制权，造成管理上的困难。

3. 股票上市的条件

公司公开发行的股票进入证券交易所交易，必须受到严格的条件限制。我国《证券法》规定，申请证券上市交易，应当符合证券交易所上市规则规定的上市条件。证券交易所上市规则规定的上市条件，应当对发行人的经营年限、财务状况、最低公开发行比例和公司治理、诚信记录等提出要求。公司首次公开发行新股，应当符合下列条件：

(1) 具备健全且运行良好的组织机构。

(2) 具有持续经营能力。

(3) 最近3年财务会计报告被出具无保留意见审计报告。

(4) 发行人及其控股股东、实际控制人最近3年不存在贪污、贿赂、侵占财产、挪用财产或者破坏社会主义市场经济秩序的刑事犯罪。

(5) 经国务院批准的国务院证券监督管理机构规定的其他条件。

上市公司发行新股，应当符合经国务院批准的国务院证券监督管理机构规定的条件，具体管理办法由国务院证券监督管理机构规定。

4.股票退市风险警示与退市

当上市公司出现经营情况恶化、存在重大违法违规行为或其他原因导致不符合上市条件时,就可能受到退市风险警示或退市。

(九)发行普通股股票的筹资特点

1.优点

(1)两权分离,有利于公司自主经营管理。公司通过发行普通股股票,使所有权与经营权相分离,有利于公司自主管理,自主经营。

(2)有利于增强公司的社会声誉,促进股权流通和转让。

2.缺点

(1)资本成本较高。从投资者的角度讲,投资于普通股风险较高,相应地要求有较高的投资收益率。对于筹资公司来讲,普通股股利从税后利润中支付,不像债券利息那样作为费用从税前支付,因而不具抵税作用。所以股票筹资的资本成本较高。

(2)不易及时形成生产能力。相对于吸收直接投资来说,普通股筹资吸收的一般是货币资金,不易及时形成生产能力。

三、留存收益

留存收益是指企业从历年实现的利润中提取或形成的留存于企业的内部积累,包括盈余公积和未分配利润两类。《公司法》规定,企业每年的税后利润必须提取10%的法定公积金。公司法定公积金累计额为公司注册资本的50%以上的,可以不再提取。利用留存收益进行筹资有以下特点:

(1)不用发生筹资费用。与普通股筹资相比,留存收益筹资不需要发生筹资费用,资本成本较低。

(2)维持公司的控制权分布。公司利用留存收益筹资,不用对外发行新股或吸收新投资者,由此增加的权益资本不会改变公司的股权结构,不会稀释原有股东的控制权。

(3)筹资数额有限。利用留存收益筹资,能筹到的最大的数额就是当期的净利润。如果企业当年发生亏损,则没有利润留存。

四、股权筹资的优缺点

1.股权筹资的优点

(1)股权筹资是企业稳定的资本基础。

(2)股权筹资是企业良好的信誉基础。

(3)企业的财务风险较小,没有还本付息的压力。

2.股权筹资的缺点

(1)资本成本负担较重。股权投资风险较高,投资者要求的收益率较高;股息红利从税后利润中支付,无抵税效应;普通股发行、上市费用较高。

(2)控制权变更可能影响企业长期稳定发展。

(3) 信息沟通与披露成本较大。上市公司股东众多，公司需通过公开披露信息使其了解公司状况，甚至需要专设部门。

第四节　衍生工具筹资

一、可转换债券

(一) 可转换债券的含义和分类

可转换债券是指持有者可以在一定时期内按一定比例或价格，自由地选择是否转换为公司普通股的债券。可转换债券包含以下两种类型：

(1) 可分离的可转换债券。可分离的可转换债券是指发行上市后，公司认股权证与债券各自独立流通、交易的可转换债券。

(2) 不可分离的可转换债券。不可分离的可转换债券是指转股权与债券不可分离的债券，债券持有者直接按照债券面额和约定的转股价格在规定的期限内将债券转换为股票。

(二) 可转换债券的基本性质

1. 证券期权性

可转换债券在发行时就明确约定，债券持有人可按照发行时约定的价格将债券转换成公司的普通股票。如果债券持有人不想转换，则可以继续持有债券，直到偿还期满时收取本金和利息，或者在流通市场出售变现。因此，可转换债券赋予了债券持有者未来的选择权，它实质上是一种未来的买入期权。

2. 资本转换性

可转换债券在正常持有期属于债权性质；转换成股票后，属于股权性质。资本双重性的转换，取决于投资者是否行权。

3. 赎回与回售

可转换债券一般会有赎回条款与回售条款。赎回条款是指发债公司在可转换债券转换前，可以按一定条件赎回债券的条件规定。回售条款是指公司股票价格在一段时期内连续低于转股价格达到某一幅度时，债券持有人可按事先约定的价格将所持有债券回售给发行公司的条件规定。

(三) 可转换债券的基本要素

可转换债券的基本要素如表4-12所示。

表4-12　可转换债券的基本要素

要素	说明
标的股票	一般是发行公司自己的普通股票
票面利率	一般会低于相同条件下普通债券的票面利率，有时甚至还低于同期银行存款利率
转换价格	指可转换债券在转换期间内据以转换为普通股的折算价格

续表

要素	说明
转换比率	指一定面额可转换债券在既定的转换价格下可转换成普通股票的数量 转换比率=债券面值/转换价格
转换期	指可转换债券持有人能够行使转换权的有效期限。可转换债券的转换期可以与债券的期限相同，也可以短于债券的期限
赎回条款	赎回一般发生在公司股票价格在一段时间内<u>连续高于转股价格达到某一幅度</u>时。赎回条款最主要的功能是强制债券持有者积极行使转股权，因此又被称为<u>加速条款</u>。同时也能使发债公司避免在市场利率下降后继续向债券持有人按照较高的票面利率支付利息所蒙受的损失（<u>有利于发债公司</u>）
回售条款	回售一般发生在公司股票价格在一段时期内<u>连续低于转股价格达到某一幅度</u>时。回售对于投资者而言实际上是一种卖权，有利于降低投资者的持券风险（<u>有利于债券持有者</u>）
强制性转换条款	指在某些条件具备之后，债券持有人必须将可转换债券转换为股票，无权要求偿还债券本金的规定条款

【例8】（单选·2022）某可转换债券面值为100元，转换价格为20元/股，当前标的股票的市价为25元/股，则该可转换债券的转换比率为（　　）。

A.5　　　　　　　B.1.25　　　　　　　C.0.8　　　　　　　D.4

【答案】A

【解析】可转换债券的转换比率=债券面值/转换价格=100/20=5，选项A当选。

(四) 可转换债券筹资的发行条件

上市公司发行可转换债券，除了应当符合增发股票的一般条件之外，还应当符合以下条件：

(1) 最近3个会计年度加权平均净资产收益率平均不低于6%，扣除非经常性损益后的净利润与扣除前的净利润相比，以低者作为加权平均净资产收益率的计算依据。

(2) 本次发行后累计公司债券余额不超过最近一期期末净资产额的40%。

(3) 最近3个会计年度实现的年均可分配利润不少于公司债券1年的利息。

(五) 可转换债券的筹资特点

1. 可转换债券的优点

(1) 筹资灵活。可转换债券筹集兼具股权筹资与债券筹资的功能，筹资性质和时间上具有灵活性。

(2) 资本成本较低。与相同条件下普通债券相比，可转换债券的利率较低，能够降低公司的筹资成本。此外，在可转换债券转换为普通股时，公司无须另外支付筹资费用，能够节约发行股票的筹资成本。

(3) 筹资效率较高。可转换债券在发行时，规定的转换价格往往高于当时公司的股票价格。如果这些债券将来都转换成了股权，这相当于在债券发行之际，就以高于当时股票市价的价格新发行了股票，以较少的股份代价筹集了更多的股份资金。

2. 可转换债券筹资的缺点

(1) 存在不转换的财务压力。转换期内股价低迷，持有者到期不会转股，公司会面临集中支付债券本金的财务压力。

（2）存在回售的财务压力。股价长期低迷，若设计有回售条款，投资者集中在一段时间内将债券回售给发行公司，公司会面临财务支付的压力。

【例9】甲公司是一家上市公司，2021年年末公司总股份为10亿股，当年实现净利润为4亿元。公司计划投资一条新生产线，总投资额为8亿元，经过论证，该项目具有可行性。为了筹集新生产线的投资资金，财务部制订了发行可分离交易的可转换公司债券的融资计划。经有关部门批准，公司发行可转换公司债券8亿元，每张面值100元，规定的转换价格为每股10元，债券期限为5年，年利率为2.5%（如果单独按面值发行一般公司债券，票面年利率需要设定为5.5%），可转换日为自该可转换公司债券发行结束之日（2022年1月25日）起满1年后的第一个交易日（2023年1月25日）。如果预计在转换期公司市盈率将维持在20倍的水平（以2022年的每股收益计算），则甲公司2022年的净利润至少需要达到什么水平才能促使可转换债券持有人转换股票？

根据上述资料，计算分析如下：

若进入转换期后能够实现转股，股价应高于转股价格，即达到每股10元以上，则：

2022年预期每股收益应达到的水平=10÷20=0.5（元/股）

2022年预期净利润应达到的水平=0.5×10=5（亿元）

如果转换期内公司的每股收益小于0.5元/股，那么在保持20倍市盈率不变的情况下，股价会小于转换价格，可转换债券的持有人将不会转换债券而是选择兑付债券本金，从而给甲公司带来财务压力，加大公司的财务风险。

二、认股权证

认股权证是由股份有限公司发行的可认购其股票的一种买入期权。它赋予持有者在一定期限内以事先约定的价格购买发行公司一定股份的权利。

【提示】广义的权证是一种期权。按买或卖的不同权利，可分为认购权证和认沽权证，又称为看涨期权和看跌期权。认股权证，属于认购权证。

（一）认股权证的基本性质

1. 认股权证的期权性

认股权证本质上属于股票期权，没有普通股的红利收入和投票权，具有实现融资和股票期权激励的双重功能。

2. 认股权证是一种投资工具

通过购买认股权证，投资者获得的收益是认购时股票市场价与认购价之间的差额。

【提示】认股权证只是一项权利，如果只持有认股权证而没有行使这项权利，即不持有普通股，也就没有普通股对应的投票权和红利收入。因此，认股权证本身没有红利收入，只有持有人行权，转换为股票之后才有红利收入。

（二）认股权证的筹资特点

（1）认股权证是一种融资促进工具。它能促使公司在规定的期限内完成股票发行计划，顺利实现融资。

（2）有助于改善上市公司的治理结构。在认股权证有效期间，上市公司管理层及其大股东任何有损公司价值的行为，都可能降低上市公司的股价，从而降低投资者执行认股权证的可能性。因此，认股权证将有效约束上市公司的败德行为，并激励他们更加努力地提升上市公司的市场价值。

（3）有利于推进上市公司的股权激励机制。认股权证是常用的员工激励工具，公司通过给予管理者和重要员工一定的认股权证，可以把管理者和员工的利益与企业价值成长紧密联系在一起。

【例10】（判断·2022）认股权证本质上是一种股票期权，公司可通过发行认股权证实现融资和股票期权激励双重功能。（　　）。

【答案】√

【解析】认股权证本质上是一种股票期权，公司可通过发行认股权证实现融资和股票期权激励双重功能。

三、优先股

优先股是指股份有限公司发行的具有优先权利、相对优先于一般普通股的股份种类。其优先权利体现在利润分配及剩余财产清偿分配方面。

（一）优先股的基本性质

1. 约定股息

与普通股相比，优先股的股息是事先约定、相对固定的，一般不会因公司经营情况而变化。此外，优先股一般也不再参与普通股的利润分红。

【提示】优先股的固定股息率各年可以不同，另外，优先股也可以采用浮动股息率分配利润。

2. 权利优先

相对于普通股而言，优先股在利润分配及财产清偿方面具有优先权。

【提示】优先股的优先权利与公司债权人不同，优先股股东不可以要求经营成果不佳无法分配股利的公司支付固定股息，也不可以要求无法支付股息的公司进入破产程序，不能向人民法院提出企业重整、和解或者破产清算申请。

3. 权利范围小

优先股股东一般没有选举权和被选举权，对股份公司的重大经营事项无表决权。仅在股东大会表决与优先股股东自身利益直接相关的特定事项时，具有有限表决权。

（二）优先股的种类

优先股的种类如表4-13所示。

表4-13　　　　　　　　　　　　优先股的种类

分类标准	分类	特点
股息率在股权存续期内是否调整	固定股息率优先股	优先股股息率在股权存续期内不作调整
	浮动股息率优先股	优先股股息率根据约定的计算方法进行调整
分红是否具有强制性	强制分红优先股	公司在章程中规定，在有可分配税后利润时，必须向优先股股东分配利润
	非强制分红优先股	在有可分配税后利润时，可以不向优先股股东分配利润

续表

分类标准	分类	特点
所欠股息是否累积	累积优先股	公司在某一年所获盈利不足,导致当年可分配利润不足以支付优先股股息时,可将应付股息累积到次年或以后某一年盈利时,盈利当年公司在普通股的股息发放之前,连同本年优先股股息一并发放
	非累积优先股	指公司不足以支付优先股的全部股息时,对所欠股息部分,优先股股东不能要求公司在以后年度补发
是否有权同普通股股东一起参加剩余税后利润分配	参与优先股	持有人除可按照规定的股息率优先获取股息外,还可与普通股股东分享公司的剩余收益的优先股
	非参与优先股	持有人只能获取一定股息而不能参加公司额外分红的优先股
是否可以转换成普通股	可转换优先股	是指在规定的时间内,优先股股东或发行人可以按照一定的转换比率把优先股换成该公司普通股
	不可转换优先股	不能转换成普通股的优先股
是否享有要求公司回购优先股的权利	可回购优先股	是指允许发行公司按发行价加上一定比例的补偿收益回购的优先股
	不可回购优先股	不附有回购条款的优先股

(三)我国发行优先股的相关规定

根据规定,我国发行的优先股,每股票面金额为100元,上市公司不得发行可转换为普通股的优先股,但商业银行可根据规定,非公开发行在触发事件发生时强制转换为普通股的优先股。上市公司公开发行的优先股,应当在公司章程中规定以下事项:

(1)采取固定股息率。

(2)在有可分配税后利润的情况下必须向优先股股东分配股息。

(3)未向优先股股东足额派发股息的差额部分应当累积到下一会计年度。

(4)优先股股东按照约定的股息率分配股息后,不再同普通股股东一起参加剩余利润分配。

(四)优先股筹资的特点

优先股属于混合性筹资,兼具股权筹资和债务筹资的性质。

1. 优先股筹资的优点

(1)有利于丰富资本市场的投资结构。

(2)有利于股份公司股权资本结构的调整。

(3)有利于保障普通股收益和控制权。

(4)有利于降低公司财务风险(与债务筹资相比)。

2. 优先股筹资的缺点

优先股筹资可能给股份公司带来一定的财务压力,具体体现在:

(1)与债务筹资相比,优先股的资本成本较高。

(2)与普通股筹资相比,优先股的股利支付相对固定,会增加公司的财务风险。

第五节　筹资实务创新

随着经济的发展，传统的融资方式越来越难以满足现代企业的筹资需求。随着金融政策的完善，一大批创新的企业筹资方式和筹资渠道不断涌现，呈现多元化趋势。现介绍以下几种较为流行的新兴筹资方式。

一、非公开定向债务融资工具

非公开定向债务融资工具是指在银行间债券市场以非公开定向发行方式发行的债务融资工具 (private placement note, PPN)。非公开定向债务融资工具是具有法人资格的非金融企业向银行间市场特定机构投资人发行债务融资工具取得资金的筹资方式，是一种债务筹资创新方式。

非公开定向债务融资工具的特点：①简化的信息披露要求。②发行规模没有明确限制。③发行方案灵活。④融资工具有限度流通。⑤发行价格存在流动性溢价。

二、私募股权投资

私募股权投资 (private equity, PE) 是指通过私募基金对非上市公司进行的权益性投资。非上市公司获得私募股权投资，是一种股权筹资方式。

私募股权投资的主要特点：①在资金募集上，主要通过非公开方式面向少数机构投资者或高净值个人募集，它的销售和赎回都是基金管理人通过私下与投资者协商进行的。②多采取权益型投资方式，极少涉及债权投资。③投资的企业一般是非上市企业，投资比较偏向于已形成一定规模和产生稳定现金流的成形企业。④投资期限较长，一般可达3~5年或更长，属于中长期投资。⑤流动性差，没有现成的市场供非上市公司的股权出让方与购买方直接达成交易。⑥是被投资企业的重要股权筹资方式。

三、产业基金

产业基金一般指产业投资基金 (industry investment fund)，向具有高增长潜力的未上市企业进行股权或准股权投资，并参与被投资企业的经营管理，以期所投资企业发育成熟后通过股权转让实现资本增值。政府出资产业投资基金是我国产业基金的主要形式。企业获得产业投资基金投资，是一种股权筹资方式。

四、商业票据融资

商业票据融资是指通过商业票据进行融通资金。商业票据是一种商业信用工具，指由债务人向债权人开出的、承诺在一定时期内支付一定款项的支付保证书，即由无担保、可转让的短期期票组成。

商业票据融资有以下两个特点：

(1) 商业票据融资融资成本较低，其成本通常要低于银行短期贷款利率。

（2）商业票据融资灵活方便。只要发行人和交易商达成书面协议，在约定时期内，发行人可不限次数、不定期发行，以满足自身短期资金的需求。

五、中期票据融资

中期票据是指具有法人资格的非金融类企业在银行间债券市场按计划分期发行的、约定在一定期限还本付息的债务融资工具。

中期票据具有如下特点：

（1）发行机制灵活。中期票据发行采用注册制，一次注册通过后两年内可分次发行；可选择固定利率或浮动利率，到期还本付息；付息可选择按年或季等。

（2）用款方式灵活。中期票据可用于中长期流动资金、置换银行借款、项目建设等。

（3）融资额度大。企业申请发行中期票据，发行额度最多可达企业净资产的40%。

（4）使用期限长。中期票据的发行期限在1年以上，一般3到5年，最长可达10年。

（5）成本较低。根据企业信用评级和当时市场利率，中期票据利率较中长期贷款等融资方式往往低20%至30%。

（6）无须担保抵押。发行中期票据，主要依靠企业自身信用，无须担保和抵押。

六、股权众筹融资

股权众筹融资主要是指通过互联网形式进行公开小额股权融资的活动。在我国，股权众筹融资必须通过股权众筹融资中介机构平台（互联网网站或其他类似的电子媒介）进行。股权众筹融资方应为小微企业，应通过股权众筹融资中介机构向投资人如实披露企业的商业模式、经营管理、财务、资金使用等关键信息。

七、企业应收账款证券化

企业应收账款资产支持证券，是指证券公司、基金管理公司子公司作为管理人，通过设立资产支持专项计划开展资产证券化业务，以企业应收账款债权为基础资产或基础资产现金流来源所发行的资产支持证券。企业应收账款证券化是企业拓宽融资渠道、降低融资成本、盘活存量资产、提高资产使用效率的重要途径。

八、融资租赁债权资产证券化

融资租赁债权资产支持证券是指证券公司、基金管理公司子公司作为管理人，通过设立资产支持专项计划开展资产证券化业务，以融资租赁债权为基础资产或基础资产现金流来源所发行的资产支持证券。融资租赁债权资产证券化和企业应收账款证券化在原理上比较相似，只不过前者是以融资租赁债权为基础资产发行证券，而后者是以应收账款债权为基础资产发行证券。

九、商圈融资

商圈融资模式包括商圈担保融资、供应链融资、商铺经营权、租赁权质押、仓单质押、存货质押、动产质押、企业集合债券等。发展商圈融资是缓解中小商贸企业融资困难的重大举措。

十、供应链融资

供应链融资是把供应链上的核心企业及其相关的上下游配套企业作为一个整体,根据供应链中企业的交易关系和行业特点制定基于货权及现金流控制的整体金融解决方案的一种融资模式。供应链融资解决了上下游企业融资难、担保难的问题,而且通过打通上下游融资瓶颈,还可以降低供应链条融资成本,提高核心企业及配套企业的竞争力。

十一、绿色信贷

绿色信贷是指银行业金融机构为支持环保产业、倡导绿色文明、发展绿色经济而提供的信贷融资。绿色信贷重点支持节能环保、清洁生产、清洁能源、生态环境、基础设施绿色升级和绿色服务六大类产业。

十二、能效信贷

能效信贷,是指银行业金融机构为支持用能单位提高能源利用效率,降低能源消耗而提供的信贷融资。

能效信贷业务的重点服务领域包括:①工业节能,主要涉及电力、煤炭、钢铁、有色金属、石油石化、化工、建材、造纸、纺织、印染、食品加工、照明等重点行业;②建筑节能,建筑集中供热、供冷系统节能设备及系统优化,可再生能源建筑应用等;③交通运输节能;④与节能项目、服务、技术和设备有关的其他重要领域。

能效信贷包括用能单位能效项目信贷和节能服务公司合同能源管理信贷两种方式。

(1) 用能单位能效项目信贷,是指银行业金融机构向用能单位投资的能效项目提供的信贷融资。用能单位是项目的投资人和借款人。

(2) 合同能源管理信贷,是指银行业金融机构向节能服务公司实施的合同能源管理项目提供的信贷融资。节能服务公司是项目的投资人和借款人。

合同能源管理是指节能服务公司与用能单位以合同形式约定节能项目的节能目标,节能服务公司为实现节能目标向用能单位提供必要的服务,用能单位以节能效益支付节能服务公司的投入及其合理利润的节能服务机制。合同能源管理包括节能效益分享型、节能量保证型、能源费用托管型、融资租赁型和混合型等类型。

扫一扫,提个小建议

图书勘误、评价建议,"微信"扫一扫。您的感受是我们最好的动力!助您奇兵制胜!

知识梳理

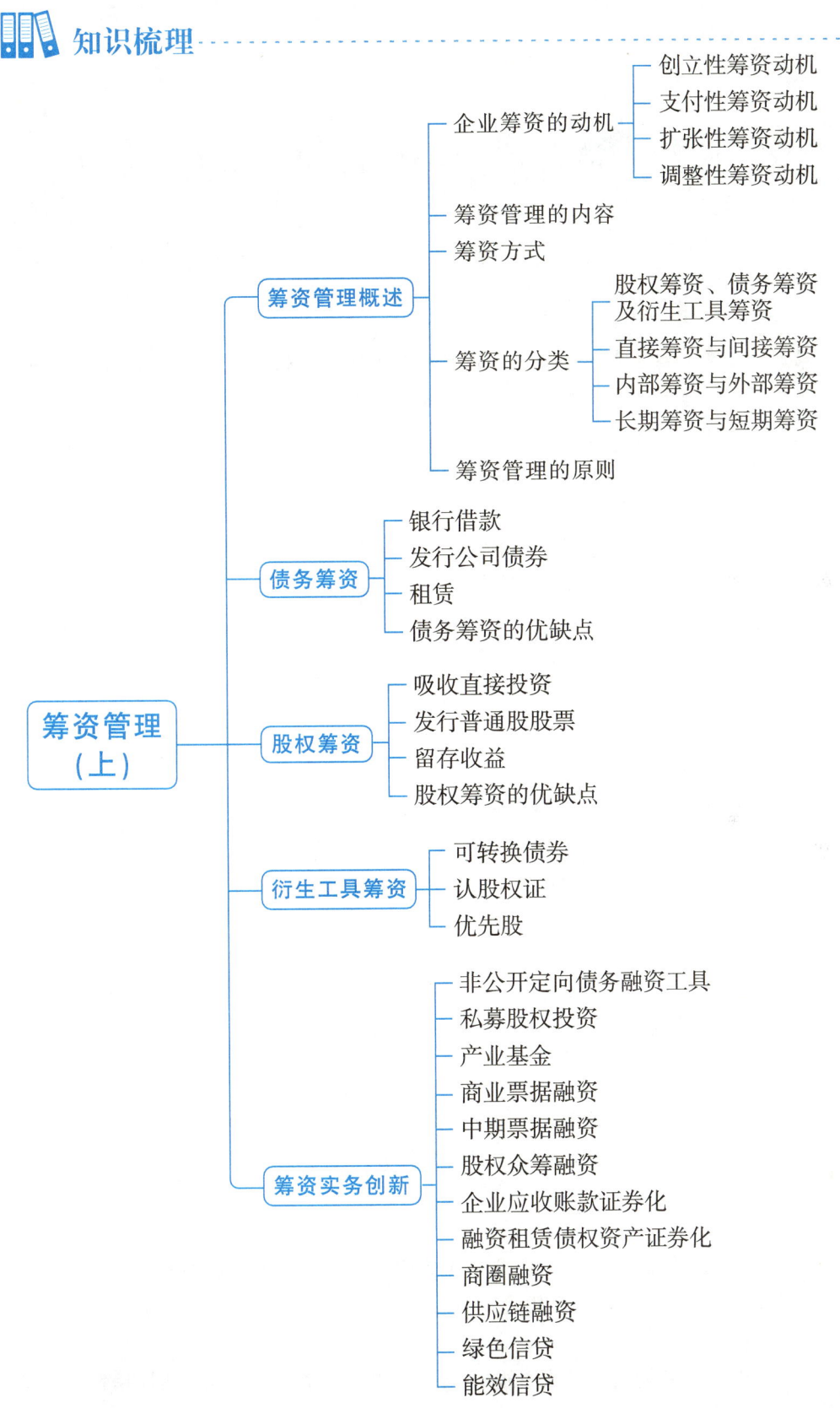

第五章 筹资管理（下）

本章概述

第四章主要介绍了各种筹资方式的概念及其特点，本章将继续介绍筹资管理的相关内容，包括资金需求预测、资本成本、杠杆效应和资本结构。第一节主要介绍三种预测资金的方法，需要重点把握销售百分比法的原理和使用。作为筹资管理重要内容之一的资本成本将在第二节展开讨论，主要涉及各种债务融资和股权融资成本的计算问题，以及项目资本成本和金融工具的估值。第三节讨论资产结构和融资结构带来的杠杆效应及其衡量系数。资本结构是一个较为复杂的问题，本章最后将简要介绍几种重要的关于资本结构的理论及优化方式，以及双重股权结构的优缺点。

第一节 资金需要量预测

资金需要量的预测方法如图5-1所示。

资金需要量预测 { 因素分析法 / 销售百分比法 / 资金习性预测法

图5-1 资金需要量的预测方法

一、因素分析法

（一）含义

因素分析法又称分析调整法，是以有关项目基期年度的平均资金需要量为基础，根据预测年度的生产经营任务和资金周转加速的要求，进行分析调整，来预测资金需要量的一种方法。

（二）特点

因素分析法计算简便，容易掌握，但预测结果不太精确。通常情况下，因素分析法适用于品种繁多、规格复杂、资金用量较小的项目。

（三）计算公式

资金需要量=(基期资金平均占用额−不合理资金占用额)×(1+预测期销售增长率)÷(1+

预测期资金周转速度增长率)

【提示】资金需求量与预期销售增长率呈同向变动关系，与预测期资金周转速度增长率呈反向变动关系。

【例1】甲公司2021年资金平均占用额为4500万元，其中不合理部分占15%，预计2022年销售增长率为20%，资金周转速度不变，则根据因素分析法，预测甲公司2022年度的资金需要量=(4500−4500×15%)×(1+20%)÷(1+0)=4590（万元）。

二、销售百分比法

（一）基本原理

销售百分比法是指假设某些资产和负债与销售额之间存在稳定的百分比关系，并根据这一假设预计外部资金需要量的一种方法。

在销售百分比法的假设下，随着销售额的增长，某些资产的需求总量会与销售收入同比例地增长，而有些资产的需求总量则与销售收入没有明显的相关性，这部分会随销售收入同步变化的资产被称为敏感性资产，而不随销售收入发生变化的那部分资产被称为非敏感性资产；同理，负债也可以根据是否与销售收入同步变化划分为敏感性负债和非敏感性负债。

（二）使用销售百分比法的基本步骤

1. 确定随销售额变动而变动的资产和负债项目

在销售百分比法的假设下，某些资产及负债与销售收入存在稳定不变的比例关系，销售收入增加，意味着这些资产和负债也同比例地增加。我们把这部分随收入变动的资产、负债称为敏感性资产、敏感性负债。通常，与经营活动相关的资产项目，如库存现金、应收账款、存货等属于敏感性资产；与经营活动相关的负债项目，如应付票据、应付账款等属于敏感负债（短期借款、短期融资券、长期负债等筹资性负债与融资相关，一般不随销售收入的增加而变化）。

2. 确定有关项目与销售额的稳定比例关系

如果企业资金周转的营运效率保持不变，经营性资产项目与经营性负债项目将会与销售额保持稳定的百分比关系。有时候可能需要剔除一些不合理的资金占用，寻找与销售额的稳定百分比关系。

3. 确定融资总需求

融资总需求=增加的敏感性资产−增加的敏感性负债

增加的敏感性资产=销售增加额×基期敏感性资产占基期销售额的百分比

增加的敏感性负债=销售增加额×基期敏感性负债占基期销售额的百分比

4. 确定外部融资需求的数量

预计由于销售增长而需要的资金需求增长额扣除利润留存后即为所需要的外部筹资额。

外部融资需求量=融资总需求−留存收益的增加

=增加的敏感性资产−增加的敏感性负债−留存收益的增加

$$= \frac{\text{基期敏感性资产}}{\text{基期销售额}} \times \text{销售增加额} - \frac{\text{基期敏感性负债}}{\text{基期销售额}} \times \text{销售增加额} - \text{预期销售额} \times \text{销售净利率} \times \text{利润留存率}$$

【提示】如果预计非敏感性资产将增加（如预计会购买某项固定资产），则在计算外部融资需求量时，还需要考虑增加的非敏感性资产。

（三）销售百分比法的特点

销售百分比法能为筹资管理提供短期预计的财务报表，以适应外部筹资的需要，且易于使用。但在有关因素发生变动的情况下，必须相应地调整原有的销售百分比。

【例2】甲公司是一家精密电子器件制造商，其2021年销售额为40000万元，销售净利率为10%，利润留存率为40%。预计2022年销售额增长率为30%，销售净利率和利润留存率保持不变。请计算甲公司2022年外部融资需求量。甲公司2021年资产负债表简表如表5-1所示。

表5-1　　　　　　　　　　甲公司2021年资产负债表简表　　　　　　　　　单位：万元

资产	金额	占销售额百分比	负债与权益	金额	占销售额百分比
现金	1000	2.5%	短期借款	5000	N
应收票据	8000	20.0%	应付票据	2000	5.0%
应收账款	5000	12.5%	应付账款	8000	20.0%
存货	4000	10.0%	应付债券	6000	N
其他流动资产	4500	N	实收资本	20000	N
固定资产	23500	N	留存收益	5000	N
合计	46000	45.0%	合计	46000	25.0%

注：在表5-1中，N表示该项目不随销售的变化而变化。

(1) 计算增加的敏感性资产：

增加的敏感性资产=40000×30%×45%=5400（万元）

(2) 计算增加的敏感性负债：

增加的敏感性负债=40000×30%×25%=3000（万元）

(3) 计算融资总需求：

融资总需求=增加的敏感性资产-增加的敏感性负债

　　　　　=5400-3000

　　　　　=2400（万元）

(4) 计算留存收益的增加：

留存收益的增加=40000×(1+30%)×10%×40%=2080（万元）

(5) 计算外部融资需求额：

外部融资需求额=2400-2080=320（万元）

三、资金习性预测法

（一）资金习性预测法的相关概念

资金习性，是指资金变动与产销量变动之间的依存关系。资金习性预测法，是指根据资金习性预测未来资金需要量的一种方法。按照资金同产销量之间的依存关系可划分为三类，如表5-2所示。

表5-2　　　　　　　　　　　　　　　资金的分类

类别	含义	示例
不变资金	在一定的产销量范围内，不受产销量变动的影响而保持固定不变的资金	(1) 为维持营业而占用的最低数额的现金； (2) 原材料的保险储备； (3) 必要的成品储备； (4) 厂房、机器设备等固定资产占用的资金
变动资金	随产销量的变动而同比例变动的资金	(1) 直接构成产品实体的原材料、外购件等占用的资金； (2) 在最低储备以外的现金、存货、应收账款等
半变动资金	受产销量变化的影响，但不成同比例变动的资金，可划分为不变资金和变动资金两部分	辅助材料占用的资金

（二）根据资金占用总额与产销量的关系预测

设产销量为自变量X，资金占用量为因变量Y，则产销量与资金占用量之间的关系可用下式表示：

$$Y=a+bX$$

式中，a代表不变资金；b代表单位产销量所需变动资金。

若求出a和b，则根据Y=a+bX，可测算资金需要量。a和b可以根据历史数据采用回归直线方程组求出。

$$a=\frac{\sum X^2 \sum Y - \sum X \sum XY}{n\sum X^2 - (\sum X)^2}$$

$$b=\frac{n\sum XY - \sum X \sum Y}{n\sum X^2 - (\sum X)^2}$$

运用线性回归法计算a和b，须注意下面几个问题：

（1）资金需要量与营业业务量之间线性关系的假定应符合实际情况。
（2）确定a、b数值，应利用连续若干年的历史资料，一般要有3年以上的资料。
（3）应考虑价格等因素的变动情况。

（三）采用逐项分析法预测

1. 原理

根据各资金占用项目（如现金、存货、应收账款、固定资产）和资金来源项目同产销量之间的关系，把各项目的资金都分成变动资金和不变资金两部分，即因变量项目占用资金与自变量销售收入满足方程式Y=a+bX。然后汇总各个项目变动的部分和不变部分，求出企业变动资金总额和不变资金总额，进而来预测资金需求量。

2. 高低点法的计算

一般选取业务量最高和最低的两点数据求解方程式Y=a+bX，此方法称为高低点法。利用高低点资料可求得：

$$b=\frac{最高业务量期的资金占用量-最低业务量期的资金占用量}{最高业务量-最低业务量}$$

a=最高业务量期的资金占用–b×最高业务量

或

a=最低业务量期的资金占用–b×最低业务量

【提示】（1）业务量是广义的概念，可以是产量、销量或产销量，通常用营业收入作为业务量。（2）高点和低点的依据是营业收入X，而非资金占用量Y。（3）高点（营业收入最大）的资金占用量不一定最大，低点（营业收入最小）的资金占用量也不一定最小。

【例3】甲公司打算使用逐项分析法预测2022年资金需求，已知2022年的预测销售收入为3000万元。2017年至2021年各年产品销售收入和年末存货占用资金的资料如表5–3所示。

表5–3　　　　　甲公司销售收入和年末存货占用资金　　　　　单位：万元

项目	2017年	2018年	2019年	2020年	2021年
销售收入	2000	2200	2400	2800	2700
存货占用资金	400	410	440	480	480

在逐项分析法下存货占用资金与销售收入满足关系式Y=a+bX。根据上述资料，采用高低点法来计算现金存货占用项目中不变资金和变动资金的数额，业务量最高和最低的两期为2020年和2017年，把数据带入公式可得：

$$b=\frac{最高业务量期的资金占用量-最低业务量期的资金占用量}{最高业务量-最低业务量}$$

$$=\frac{480-400}{2800-2000}=0.1$$

利用2017年的数据求得：a=400–0.1×2000=200

或利用2020年的数据求得：a=480–0.1×2800=200

所以存货占用资金与销售收入满足关系式：Y=200+0.1X

继续使用高低点法分别计算现金、应收账款、应付账款、固定资产等项目占用资金与销售收入的函数关系式，这里假设其他与销售收入相关的项目与销售收入的关系如表5–4所示。

表5–4　　　　　各项目与销售收入之间的关系　　　　　单位：万元

项目	与销售收入满足的函数关系式
存货	Y=200+0.1X
现金	Y=300+0.1X
应收账款	Y=800+0.2X
应付账款	Y=100+0.12X
固定资产	Y=300

不变资金总额=200+300+800–100+300=1500（万元）

变动资金总额=(0.1+0.1+0.2–0.12)×3000=0.28×3000=840（万元）

所以总的资金需求与销售收入满足方程式：Y=1500+0.28X

2022年的资金需求=1500+0.28×3000=2340（万元）

【提示】在汇总不变部分和变动部分时，应当相应减除流动负债部分。例如，[例3]中的应付账款是占用的其他企业的资金，会减少资金需求，因此在汇总不变部分资金时应减除"100"，汇总变动部分时应减除"0.12"。

第二节 资本成本

一、资本成本的含义与作用

(一) 资本成本的含义

资本成本的概念可以从两个角度进行说明。一方面,从融资角度看,资本成本是企业筹措资金所必须支付的代价,或者说股东与债权人向企业提供资本而预期获取的收益。另一方面,从投资角度看,资本成本是企业投资所要求的最低可接受收益率。

资本成本既可以用绝对数也可以用相对数表示,用绝对数表示的资本成本由筹资费用和用资费用组成。

1. 筹资费用

筹资费用是指企业在资本筹措过程中为获取资本而付出的代价,如借款手续费、证券发行费等。筹资费用通常在企业筹措资本时一次性支付。

2. 用资费用

用资费用是指企业在资本使用过程中因占用资本而付出的代价,如向股东支付的股利、向债权人支付的利息等,用资费用是资本成本的主要内容。留存收益属于内部筹资,只发生用资费用,不会发生筹资费用。

【例4】(单选·2022)资本成本包括筹资费用和用资费用两个部分,下列各项中属于用资费用的是( )。

A.借款手续费　　　　　　　　B.借款利息费
C.信贷公证费　　　　　　　　D.股票发行费

【答案】B

【解析】用资费用是指企业在资本使用过程中因占用资本而付出的代价,如向银行等债权人支付的利息、租赁的资金利息、股利支出等。选项B当选。

(二) 资本成本的作用

(1) 资本成本是比较筹资方式、选择筹资方案的依据。在其他条件相同时,企业应选择资本成本率最低的方式。

(2) 平均资本成本是衡量资本结构是否合理的重要依据。当平均资本成本最小时,企业价值最大,此时的资本结构是企业理想的资本结构。

(3) 资本成本是评价投资项目可行性的主要标准。当项目的预期投资收益率超过使用资金的资本成本率时,表明该项目在经济上可行。

(4) 资本成本是评价企业整体业绩的重要依据。企业的总资产税后收益率应高于其平均资本成本率,这样才能带来剩余收益。

二、影响资本成本的因素

（一）总体经济环境

总体经济环境决定了整个经济中资本的供给和需求，以及预期通货膨胀的水平。当国民经济保持健康、稳定、持续增长时，整个社会经济的资金供给和需求相对均衡且通货膨胀水平低，资金所有者投资的风险小，要求的必要报酬率低，筹资的资本成本率相应就比较低。

（二）资本市场条件

资本市场条件包括资本市场的效率和风险。如果资本市场缺乏效率，证券的市场流动性低，投资者投资风险大，要求的必要收益率高，资本成本就比较高。

（三）企业经营状况和融资状况

企业的经营风险和财务风险共同构成企业总体风险，如果企业经营风险高，财务风险大，则企业总体风险水平高，投资者要求的必要收益率高，企业筹资的资本成本就相应较高。

（四）企业对筹资规模和时限的需求

由于在一定时期内，国民经济体系中资金供给总量是一定的，因此企业一次性需要筹集的资金规模大、占用资金时限长，资本成本就高。但这种变化并非呈线性关系，当融资规模在一定限度内时，并不会引起资本成本的明显变化，只有当融资规模超过一定的限度时，才会引起资本成本的明显变化。

【例5】（单选·2017改编）下列各项中，通常会引起资本成本上升的情形是（　　）。
A. 预期通货膨胀率呈下降趋势　　B. 投资者要求的必要收益率下降
C. 证券市场流动性呈恶化趋势　　D. 企业总体风险水平得到改善
【答案】C
【解析】资本市场条件包括资本市场的效率和风险。如果资本市场缺乏效率，证券的市场流动性低，投资者投资风险大，要求的必要收益率高，那么通过资本市场融通的资本，其成本水平就比较高，选项C当选。

三、个别资本成本的计算

个别资本成本是指某种单一融资方式本身的资本成本，个别资本成本的高低，用资本成本率表达，其分类如图5-2所示。

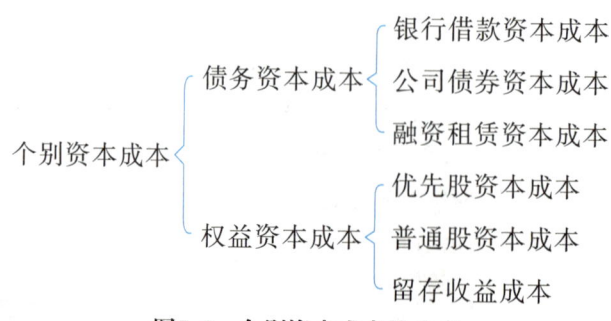

图5-2　个别资本成本的分类

1. 一般模式

为了便于分析比较，资本成本通常用不考虑货币时间价值的一般通用模型计算，用相对数（即资本成本率）表达。资金成本率是年资金用资费用与实际筹资净额（即筹资额扣除筹资费用后的金额）的比率，计算公式为：

$$资本成本率 = \frac{年资金用资费用}{筹资总额 - 筹资费用} = \frac{年资金用资费用}{筹资总额 \times (1 - 筹资费用率)}$$

2. 贴现模式

贴现模式考虑了资金的时间价值，适用于金额比较大、期限超过1年的长期资本。贴现模式下的折现率为使未来资本清偿额现金流量现值与目前筹资净额现值相等时的贴现率，即由"筹资净额现值(现金流入量现值)-未来资本清偿额现金流量现值(现金流出量现值)=0"，得：

$$资本成本率 = 所采用的贴现率$$

（一）银行借款的资本成本率

银行借款的资本成本包括借款利息（用资费用）和借款手续费（筹资费用）。借款利息通常允许在企业所得税前支付，可以起到抵税的作用。因此，一般计算税后资本成本率，以便与权益资本成本率具有可比性。

1. 一般模式

$$资本成本率(K_b) = \frac{年利率 \times (1 - 所得税税率)}{1 - 手续费率}$$

2. 贴现模式

对于长期借款，应考虑货币时间价值，可以用贴现模式计算资本成本率。贴现模式下有：

$$本金 \times (1 - 借款费用率) = 税后利息 \times (P/A, k, n) + 本金 \times (P/F, k, n)$$

k值为资本成本率。

[例6] 甲公司向银行借款1000万元，年利率为6%，5年期，每年付息一次、到期一次还本，借款手续费用率为2%，企业所得税税率为25%。求借款的资本成本率。

在一般模式下，该笔借款的资本成本率为：

$K_b = 6\% \times (1 - 25\%) / (1 - 2\%) = 4.59\%$

在贴现模式下，假设该笔借款的资本成本率为k：

$1000 \times (1 - 2\%) = 1000 \times 6\% \times (1 - 25\%) \times (P/A, k, 5) + 1000 \times (P/F, k, 5)$

插值法求解k：

k=4%时，$45 \times (P/A, 4\%, 5) + 1000 \times (P/F, 4\%, 5) = 1022.23$

k=5%时，$45 \times (P/A, 5\%, 5) + 1000 \times (P/F, 5\%, 5) = 978.33$

使用差值法有：$(4\% - k)/(4\% - 5\%) = (1022.23 - 980)/(1022.23 - 978.33)$

计算可求出：k=4.96%

（二）公司债券的资本成本率

公司债券的资本成本包括债券利息（用资费用）和借款发行费用（筹资费用）。

1. 一般模式

$$资本成本率(K_b) = \frac{年利息 \times (1 - 所得税税率)}{债券筹资总额 \times (1 - 手续费率)}$$

2. 贴现模式

　　债券发行价格×(1−发行费用率)=税后利息×(P/A,k,n)+面值×(P/F,k,n)

k值为资本成本率。

【例7】甲公司发行债券融资，债券面值为1000元，票面年利率为8%，5年期，每年付息一次、到期一次还本，发行价为1050元，发行费用率为3%，企业所得税税率为25%。

在一般模式下，该批债券的资本成本率为：

$$K_b = \frac{1000 \times 8\% \times (1-25\%)}{1050 \times (1-3\%)} = 5.89\%$$

在贴现模式下，该批债券的资本成本计算如下：

1050×(1−3%)=80×(1−25%)×(P/A,k,5)+1000×(P/F,k,5)

运用插值法计算，求得k=5.57%。

(三) 优先股的资本成本率

公司发行优先股筹集资金，既要支付筹资费用，又要定期支付股利。它与债券不同的是股利是在税后支付，不能抵税，并且没有固定的到期日。

1. 一般模式

如果各期股利是相等的，优先股资金成本率的计算公式为：

$$K_s = \frac{D}{P_n(1-f)}$$

其中，K_s表示优先股资本成本率；D表示优先股年固定股息；P_n表示优先股发行价格；f表示筹资费用率。

【例8】甲公司发行面值为100元的优先股，年固定股息率为8%，发行价格为110元（溢价发行），筹资费用率为3%。则该优先股的资本成本率为：

$$K_s = \frac{100 \times 8\%}{110 \times (1-3\%)} = 7.50\%$$

2. 贴现模式

如果是浮动股息率优先股，须按照贴现模式计算，并假定各期股利的变化呈一定的规律性。此类浮动股息率优先股的资本成本率计算，与普通股资本成本的股利增长模型法计算方式相同。

(四) 普通股的资本成本率

普通股资本成本主要是指向股东支付的各期股利。与债券和优先股明显不同的是，普通股股利支付的时间和金额都不固定，因此普通股的资本成本只能按贴现模式计算。上市公司还可以采用资本资产定价模型进行计算。

1. 股利增长模型

股利增长模型是假定某股票本期支付股利为D_0，股利以一个固定的年增长率（g）增加，股票目前市场价格为P_0，则按照贴现模式可以求得普通股资本成本化简后的计算公式为：

$$K_s = \frac{D_0(1+g)}{P_0(1-f)} + g = \frac{D_1}{P_0(1-f)} + g$$

【提示】式中，D_1表示预计下一期将要支付的股利。

【例9】某企业普通股市价为12元/股，筹资费率为1%，企业刚刚支付的普通股股利为0.8元/股，预计以后每年股利将以6%的速度增长，企业所得税税率为25%，则企业普通股的资本成本率为：

普通股资本成本率=[0.8×(1+6%)]/[12×(1-1%)]+6%=13.14%

2. 资本资产定价模型

资本资产定价模型的核心假定是资本市场有效，股票市场价格与价值相等。其基本思想是，在有效市场上，投资者期望的风险收益与风险水平呈正比例变化。根据该模型有：

$$K_s = R_f + \beta(R_m - R_f)$$

其中，R_f表示无风险收益率，R_m表示市场平均收益率，β表示股票的贝塔系数。

【例10】目前一年期国债利息率为4%，市场平均收益率为12%，该股票的β系数为1.25。根据资本资产定价模型：

该普通股的资本成本率=4%+1.25×(12%-4%)=14%

（五）留存收益的资本成本率

留存收益是指企业从税后净利润中提取或形成的留存于企业的内部积累，其实质是所有者向企业的一种追加投资。企业利用留存收益筹资无须发生筹资费用，除此之外，留存收益资本成本的计算与普通股资本成本的计算相同。

【例11】某公司普通股目前的股价为25元/股，筹资费率为6%，刚刚支付的每股股利为2元，股利固定增长率2%，则该企业利用留存收益的资本成本为：

留存收益的资本成本=2×(1+2%)/25+2%=10.16%

四、平均资本成本的计算

企业平均资本成本，是以各项个别资本在企业总资本中的比重为权数，对各项个别资本成本率进行加权平均而得到的总资本成本率，反映的是多种融资方式下的综合资本成本。其计算公式为：

$$K_w = \sum_{j=1}^{n} K_j W_j$$

式中：K_w为平均资本成本；K_j为第j种个别资本成本；W_j为第j种个别资本在全部资本中的比重。

计算个别资金占全部资金的比重时，可分别选用账面价值、市场价值、目标价值权数来计算，三类价值权数的比较如表5-5所示。

表5-5　　　　　　　　　　　　三类价值权数的区别

价值权数	说明	优缺点
账面价值权数	以各项个别资本的会计报表账面价值为基础来计算资本权数，确定各类资本占总资本的比重	优点：资料容易取得，且计算结果比较稳定。 缺点：不能反映目前从资本市场上筹集资本的现时机会成本，不适合评价现时的资本结构
市场价值权数	以各项个别资本的现行市价为基础来计算资本权数，确定各类资本占总资本的比重	优点：能够反映现时的资本成本水平。 缺点：现行市价处于经常变动之中，不容易取得；而且现行市价反映的只是现时的资本结构，不适用未来的筹资决策
目标价值权数	以各项个别资本的预计的未来价值为基础来确定资本权数，确定各类资本占总资本的比重	优点：能体现期望的资本结构，据此计算的加权平均资本成本更适用于企业筹措新资金。 缺点：目标价值的确定难免具有主观性

【例12】甲公司2021年年末长期资本为10000万元，其中股东权益为7000万元，共3000万股，每股面值为1元，市价为6元。甲公司长期资本组成及相关信息如表5-6所示。

表5-6　　　　　　　　　甲公司长期资本组成及相关信息　　　　　　　　　单位：万元

资本来源	账面价值总额	占长期资本账面价值总额的占比	个别资本成本
银行借款	1000	10%	4.5%
公司债券	2000	20%	5.25%
股东权益	7000	70%	10%
合计	10000	100%	—

（1）如果按账面价值计算，该公司的平均资本为：

$K_w = 10\% \times 4.5\% + 20\% \times 5.25\% + 70\% \times 10\% = 8.5\%$

（2）如果按市场价值计算，该公司的平均资本成本为：

$K_w = \dfrac{4.5\% \times 1000 + 5.25\% \times 2000 + 10\% \times 3000 \times 6}{1000 + 2000 + 3000 \times 6} = 9.29\%$

五、边际资本成本的计算

边际资本成本是企业追加筹资的成本，是企业进行追加筹资的决策依据。个别资本成本和平均资本成本，是企业过去筹集的单项资本的成本或目前使用全部资本的成本。计算边际资本成本不仅要考虑企业目前所使用资本的成本，还要考虑新筹集资金的成本。筹资方案组合时，边际资本成本的权数采用目标价值权数。

【例13】甲公司目前的资本总额为2000万元，其中普通股为800万元、长期借款为700万元、公司债券为500万元。计划通过筹资来调节资本结构，目标资本结构为普通股50%、长期借款30%、公司债券20%。现拟追加筹资1000万元，个别资本成本率预计分别为：普通股15%，长期借款7%，公司债券12%。计算追加的1000万元筹资的边际资本成本。

筹集的1000万元资金中普通股、长期借款、公司债券的目标价值分别是：

普通股=(2000+1000)×50%-800=700（万元）

长期借款=(2000+1000)×30%-700=200（万元）

公司债券=(2000+1000)×20%-500=100（万元）

所以，目标价值权数分别为70%、20%和10%

边际资本成本=70%×15%+20%×7%+10%×12%=13.1%

六、项目资本成本

项目资本成本，是指项目本身所需投资资本的机会成本，即将资本用于本项目投资所放弃的其他投资机会的收益，也称为投资项目资本成本或项目最低可接受的报酬率。风险高的投资项目要求的报酬率较高；反之，报酬率较低。

投资项目的资本成本，即项目的必要报酬率，与投资的具体项目和其筹资来源结构相关。项目资本成本的估计有以下两种方法。

（一）使用企业当前综合资本成本作为投资项目资本成本

企业使用企业当前综合资本成本作为项目的资本成本，应同时具备项目的经营风险与企业当前资产的平均经营风险相同、公司继续采用相同的资本结构为新项目筹资这两个条件。

用当前综合资本成本作为投资项目资本成本，隐含了一个重要假设，即所估计的投资项目与企业现有资产经营风险相同。

如果假设市场是完善的，资本结构不改变企业的平均资本成本，则平均资本成本反映了当前资产的平均风险。如果承认资本市场是不完善的，筹资结构就会改变企业的综合资本。总之，在等经营风险假设或资本结构不变假设明显不能成立时，不能使用企业当前的综合资本成本作为投资项目的资本成本。

（二）运用可比公司法估计投资项目资本成本

如果估计投资项目的风险与企业现有资产的平均风险显著不同，应当估计投资项目的系统风险，进而计算项目的资本成本。

因公司项目没有充分的交易市场、没有可靠的市场数据，我们可以运用可比公司法计算投资项目的股权资本成本。

可比公司法，也称为替代公司法，是寻找一个经营业务与待评价项目类似的上市公司，以该上市公司的β值作为待评价项目的系统风险。

如果可比公司的资本结构与估计项目的资本结构不同，那么在估计项目的β值时，应针对资本结构差异做出相应调整，调整步骤如下。

第一步：卸载可比公司财务杠杆。

$$\beta_{资产}=\beta_{权益}\div[1+(1-T)\times(负债\div股东权益)]$$

通过上式，将可比公司的资本结构因素排除，确定其不含财务杠杆的β值，该过程被称为"卸载财务杠杆"。根据可比公司市场交易数据估计的β值，是含有负债（财务杠杆）的$\beta_{权益}$；$\beta_{资产}$是假设全部用权益资本融资的不含财务杠杆的β值；上述公式中"负债÷股东权益"是指可比公司的财务杠杆。

第二步：加载待估计的投资项目财务杠杆。

$$\beta_{权益}=\beta_{资产}\times[1+(1-T)\times(负债\div股东权益)]$$

根据待估计的资本项目的资本结构调整β权益，该过程被称为"加载财务杠杆"。上述公式中"负债÷股东权益"是指待估计的投资项目的财务杠杆。

第三步：根据得出的投资项目β权益计算股东权益成本。

$$股东权益成本=无风险利率+\beta_{权益}\times市场风险溢价$$

第四步：计算投资项目的资本成本。

投资项目的资本成本，按加权平均方法计算，即综合资本成本。

投资项目资本成本=税前债务成本×（1-所得税税率）×负债权重+权益成本×权益权重

【例14】上市公司甲公司为家具生产企业，拟投资新公司生产空调产品，相关资料如下：

（1）甲公司预计新公司目标资产负债率为70%，借款平均利息率与甲公司相同，均为7%，未来不会变化。

（2）空调行业可比公司乙公司β系数为1.5，资产负债率为60%。

（3）无风险资产报酬率为3%，市场组合的平均收益率为10%，甲公司和乙公司适用的所得税税率均为25%。

根据可比公司法,第一步先卸载可比公司乙公司财务杠杆:$\beta_{资产}$=1.5÷[1+(1-25%)×(60%÷40%)]=0.71。

第二步加载待估计项目财务杠杆:$\beta_{权益}$=0.71×[1+(1-25%)×(70%÷30%)]=1.95。

第三步计算权益资本成本:空调产品权益资本成本=3%+1.95×(10%-3%)=16.65%

第四步计算加权平均资本成本:新公司权益资本成本=7%×(1-25%)×70%+16.65%×30%=8.67%。

七、金融工具的估值

金融工具是指在金融市场中可交易的金融资产,用来证明债权债务关系和产权的法律凭证。具体方法详见表5-7。

表5-7　　　　　　　　　　金融工具的估值

债券的估值 (式中,V为债券价值;I为每年利息;M为面值;i为贴现率)	典型债券	$V=I/(1+i)^1+I/(1+i)^2+\cdots+I/(1+i)^n+M/(1+i)^n$
	纯贴现债券	$V=M/(1+i)^n$
	永续债券	$V=I/i$
普通股的估值 (式中,V为股票价值;D_t为第t年的股利;D_1为下一年股利;R为贴现率;g为股利增长率)	基本模型 (永远持有股票)	$V=\sum_{t=1}^{n}D_t/(1+R)^t$
	零成长股票	$V=D/R$
	固定成长股票	$V=D_1/(R-g)$
优先股的估值 (式中,V为优先股的价值;D_p为每年的股息;R为贴现率)	优先股	$V=D_p/R$

【提示】债券和股票的估值在第六章还会涉及,此处不再赘述。

第三节　杠杆效应

财务管理中的杠杆效应,是固定支出或费用导致的,当某一财务变量以较小幅度变动时,另一相关变量会以较大幅度变动的现象。杠杆效应既可以带来巨大的收益,也可能导致巨大的风险。

一、经营杠杆效应

(一)经营杠杆

经营杠杆是指由于固定性经营成本的存在,企业的资产收益变动率大于业务量变动率的现象。经营杠杆可以用来衡量企业的经营风险。若用息税前利润表示资产总收益,则:

$$EBIT=S-V-F=(P-V_C)Q-F=M-F$$

式中,EBIT为息税前利润;S为销售额;V为变动性经营成本;F为固定性经营成本;Q为产销业务量;P为销售单价;V_C为单位变动成本;M为边际贡献。

(二)经营杠杆系数

对经营杠杆的计量常用的指标是经营杠杆系数。经营杠杆系数,是指息税前利润变动率相当于产销业务量变动率的倍数。只要企业存在固定性经营成本,就存在经营杠杆效应。但以不同的产销业务量为基础,其经营杠杆效应的大小程度是不一致的。

1. 定义公式

$$DOL=\frac{\Delta EBIT/EBIT_0}{\Delta Q/Q_0}=\frac{息税前利润变动率}{产销业务量变动率}$$

式中,DOL为经营杠杆系数;$\Delta EBIT$为息税前利润变动额;ΔQ为产销业务量变动值。

2. 计算公式

$$DOL=\frac{EBIT_0+F_0}{EBIT_0}=\frac{M_0}{M_0-F_0}=\frac{基期边际贡献}{基期息税前利润}$$

【提示】在计算杠杆系数时,如果要计算本期的杠杆系数则应当使用上一期的财务数据。例如,要计算某企业2021年的经营杠杆系数,则应当使用2020年的基期数据。

【例15】甲公司只生产和销售一种产品,单价为10元,单位变动成本为6元,每年固定经营成本总额为200万元,2020年的销量为100万件。请计算甲公司2021年的经营杠杆系数。

2020年的息税前利润=100×(10-6)-200=200(万元)

甲公司2021年的经营杠杆系数:

$$DOL=\frac{2020年边际贡献}{2020年息税前利润}=\frac{100\times(10-6)}{100\times(10-6)-200}=2$$

2021年的经营杠杆系数等于2是指在其他条件不变的情况下,甲公司2021年息税前利润的变动率是销量变动率的2倍,即在2020年的销量100万件的基础上,2021年的销量每变动1%,会导致息税前利润变动2%。

(三)经营杠杆与经营风险

经营风险是指企业由于生产经营上的原因而导致的资产收益波动的风险。引起企业经营风险的原因主要是市场需求和生产成本等因素的不确定性。

根据经营杠杆系数的计算公式,有:

$$DOL=\frac{EBIT_0+F_0}{EBIT_0}=1+\frac{基期固定成本}{基期息税前利润}$$

(1)在息税前利润>0的情况下,只要存在固定经营成本,就存在经营杠杆效应,经营杠杆系数恒大于1。如果企业不存在固定经营成本,则经营杠杆系数=1,此时没有"放大"息税前利润的经营杠杆效应。

(2)经营杠杆放大了市场和生产等因素变化对利润波动的影响。固定性经营成本越高,经营杠杆系数越大,表明息税前利润受产销量变动的影响程度越大,经营风险也就越大。

(四)影响经营杠杆的因素

影响经营杠杆的因素包括企业成本结构中固定性经营成本所占的比重(F_0的大小)和息税前利润水平($EBIT_0$)。而$EBIT_0=S-V-F=(P-V_C)Q-F$,故息税前利润水平($EBIT_0$)也会受到产品销售数量(Q)、销售价格(P)、单位变动成本(V_C)、固定成本总额(F)的影响。经营杠杆效应与固定成本比重、成本水平(单位变动成本和固定成本总额)呈同向变化,与产品销售数量和销售价格呈反向变化。

【例16】(多选·2022)关于企业经营杠杆系数,下列表述正确的有( )。

A.只要企业存在固定性经营成本，经营杠杆系数总是大于1
B.若经营杠杆系数为1，则企业不存在经营风险
C.经营杠杆系数就是息税前利润对销售量的敏感系数
D.经营杠杆系数等于息税前利润除以边际贡献

【答案】AC

【解析】若企业经营杠杆系数为1，则企业不存在固定成本，但并不表明不存在经营风险，选项B不当选；经营杠杆系数等于基期边际贡献除以基期息税前利润，选项D不当选。

二、财务杠杆效应

（一）财务杠杆

财务杠杆，是指由于固定性资本成本的存在，而使得企业的普通股收益（或每股收益）变动率大于息税前利润变动率的现象。财务杠杆用以评价企业的财务风险。

用每股收益表示普通股权益资本收益，则有：

$$EPS=[(EBIT-I)(1-T)-D]/N$$

式中，EPS为每股收益；I为债务资金利息；T为所得税税率；N为普通股股数；D为优先股股利。

（二）财务杠杆系数

只要企业融资方式中存在固定性资本成本，就存在财务杠杆效应。对财务杠杆计量的主要指标是财务杠杆系数。财务杠杆系数是指普通股每股收益的变动率相当于息税前利润变动率的倍数。

1. 定义公式

$$DFL=\frac{普通股收益变动率}{息税前利润变动率}=\frac{\Delta EPS/EPS_0}{\Delta EBIT/EBIT_0}$$

2. 计算公式

（1）不存在优先股时：

$$DFL=\frac{基期息税前利润}{基期利润总额}=\frac{EBIT_0}{EBIT_0-I_0}$$

（2）存在优先股时：

$$DFL=\frac{EBIT_0}{EBIT_0-I_0-\frac{D_P}{1-T}}$$

式中，D_P表示优先股股利；T表示所得税税率。

【例17】甲公司2021年度实现息税前利润200万元，假设承担债务利息费用为100万元，适用25%的所得税税率，发行在外的普通股加权平均数为50万股，未发放优先股股利，则甲公司2021年的每股收益为：

$$\frac{(200-100)\times(1-25\%)}{50}=1.5（元/股）$$

$$DFL=\frac{基期息税前利润}{基期利润总额}=\frac{200}{200-100}=2$$

2022年的财务杠杆系数等于2是指在其他条件不变的情况下，甲公司2022年每股收益的变动率是息税前利润变动率的2倍，即在2021年的息税前利润200万元的基础上，2022年的

息税前利润每变动1%，会导致每股收益变动2%。

（三）财务杠杆与财务风险

财务风险是指企业由于筹资原因产生的资本成本负担而导致的普通股收益波动的风险。引起企业财务风险的主要原因是资产收益的不利变化和资本成本的固定负担。

在不存在优先股股息的情况下，根据财务杠杆系数的计算公式，有：

$$DFL = 1 + \frac{基期利息}{基期息税前利润-基期利息}$$

（1）上式表明，在企业有正的利润总额的前提下，财务杠杆系数最低为1；只要有固定性资本成本存在，财务杠杆系数总大于1。

（2）财务杠杆放大了资产收益变化对普通股收益的影响，财务杠杆系数越高，表明普通股收益的波动程度越大，财务风险也就越大。

（四）影响财务杠杆的因素

从财务杠杆系数的计算公式中可知，影响财务杠杆的因素包括企业资本结构中债务资金比重、普通股收益水平和所得税税率水平。而普通股收益水平又受到息税前利润、固定性资本成本高低的影响。财务杠杆效应与债务资本比重和固定性资本成本（表现为利息）呈同向变化，与息税前利润水平呈反向变化。

【例18】（多选·2020）关于经营杠杆和财务杠杆，下列表述错误的有（　　）。

A.经营杠杆反映了权益资本收益的波动性

B.经营杠杆效应使企业的业务量变动率大于息税前利润变动率

C.财务杠杆反映了资产收益的波动性

D.财务杠杆效应使企业的普通股收益变动率大于息税前利润变动率

【答案】ABC

【解析】经营杠杆，是指由于固定性经营成本的存在，而使企业的资产收益（息税前利润）变动率大于业务量变动率的现象。经营杠杆反映了资产收益的波动性，用以评价企业的经营风险。所以选项A、B当选。财务杠杆，是指由于固定性资本成本的存在，而使企业的普通股收益（或每股收益）变动率大于息税前利润变动率的现象。财务杠杆反映了权益资本收益的波动性，用以评价企业的财务风险。所以选项C当选、选项D不当选。

三、总杠杆效应

（一）总杠杆

总杠杆，是指由于固定经营成本和固定资本成本的存在，普通股每股收益变动率大于产销业务量的变动率的现象。总杠杆效应用来反映经营杠杆和财务杠杆共同作用的结果。

（二）总杠杆系数

只要企业同时存在固定性经营成本和固定性资本成本，就存在总杠杆效应。衡量总杠杆效应的常用指标是总杠杆系数（DTL）。总杠杆系数是指普通股收益变动率相当于产销业务量变动率的倍数，在数值上等于经营杠杆系数与财务杠杆系数的乘积。

1. 定义公式

$$DTL = \frac{普通股收益变动率}{产销业务量变动率} = \frac{\Delta EPS/EPS_0}{\Delta Q/Q_0}$$

2. 计算公式

在不存在优先股股息的情况下：

$$DTL=\frac{基期边际贡献}{基期利润总额}=\frac{基期税后边际贡献}{基期税后利润}=DOL\times DFL$$

【例19】甲公司是一家服装企业，只生产销售某种品牌的西服。2021年固定成本总额为20000万元，单位变动成本为0.4万元，单位售价为0.8万元，销售量为100000套，发生的利息费用为4000万元。

则甲公司当年的息税前利润=100000×(0.8-0.4)-20000=20000（万元）

以2021年为基期，计算出甲公司2022年经营杠杆系数为：

$$DOL=\frac{基期边际贡献}{基期息税前利润}=\frac{100000\times(0.8-0.4)}{20000}=2$$

计算出甲公司2022年财务杠杆系数为：

$$DFL=\frac{基期息税前利润}{基期利润总额}=\frac{20000}{20000-4000}=1.25$$

则甲公司2022年总杠杆系数为：

$$DTL=\frac{基期边际贡献}{基期利润总额}=\frac{100000\times(0.8-0.4)}{20000-4000}=2.5$$

或：

DTL=DOL×DFL=2×1.25=2.5

甲公司2022年的总杠杆系数等于2.5是指在其他条件不变的情况下，2022年每股收益的变动率是销量变动率的2.5倍，即在2021年的销量100000套的基础上，2022年的销量每变动1%，会导致每股收益变动2.5%。

（三）总杠杆与公司风险

总杠杆使普通股收益大幅波动而造成的风险，称为公司风险。公司风险包括企业的经营风险和财务风险，反映了企业的整体风险。在其他因素不变的情况下，总杠杆系数越大，公司风险越大；总杠杆系数越小，公司风险越小。在总杠杆系数一定的情况下，经营杠杆系数与财务杠杆系数此消彼长。

（四）总杠杆效应的意义

（1）总杠杆效应能够说明产销业务量变动对普通股收益的影响，可以用来预测未来的每股收益水平。

（2）揭示了财务管理的风险管理策略，即要保持一定的风险状况水平，需要维持一定的总杠杆系数，经营杠杆和财务杠杆可以有不同的组合。

一般来说，不同情况下企业应采取的财务决策不同，详见表5-8所示。

表5-8　　　　　　　　不同情况下企业应采取的财务决策

企业类型		企业特点	财务决策
按成本特性划分	固定资产比重较大的资本密集型	经营杠杆系数高，经营风险大	主要依靠权益资本，保持较小的财务杠杆系数和财务风险
	变动成本比重较大的劳动密集型	经营杠杆系数低，经营风险小	主要依靠债务资金，保持较大的财务杠杆系数和财务风险
按发展阶段划分	初创阶段	产品市场占有率低，产销业务量小，经营杠杆系数大	主要依靠权益资本，在较低程度上使用财务杠杆
	扩张成熟期	产品市场占有率高，产销业务量大，经营杠杆系数小	可扩大债务资本比重，在较高程度上使用财务杠杆

第四节 资本结构

一、资本结构理论

（一）资本结构的含义

资本结构，是指企业各种资本的价值构成及其比例关系，是企业一定时期筹资组合的结果。广义的资本结构是指企业全部资本的构成及其比例关系。狭义的资本结构是指企业各种长期资本（长期负债与股东权益）的构成及其比例关系。本书所讲的资本结构，仅指狭义的资本结构。

根据资本结构理论，当企业平均资本成本最低时，企业价值最大。最佳资本结构是指在一定条件下，使企业平均资本成本率最低、企业价值最大的资本结构。

【提示】理论上讲，最佳资本结构是存在的，但由于企业内部条件和外部环境的经常性变化，动态地保持最佳资本结构十分困难。

【例20】（单选·2018）下列关于最佳资本结构的表述中，错误的是（　　）。

A. 最佳资本结构在理论上是存在的
B. 资本结构优化的目标是提高企业价值
C. 企业平均资本成本最低时资本结构最佳
D. 企业的最佳资本结构应当长期固定不变

【答案】D

【解析】由于企业内部条件和外部环境的经常性变化，企业的最佳资本结构也会发生变化，选项D当选。

（二）资本结构理论

1. MM理论

1）MM理论的主要观点

最初的MM理论，由美国的Franco Modigliani和Mertor Miller（简称MM）教授于1958年6月提出，该理论认为：

（1）在不考虑企业所得税时，有无负债并不改变企业价值，因此企业价值不受资本结构的影响，即：

$$V_L = V_U$$

其中，V_L表示有负债企业的价值；V_U表示无负债企业的价值。

（2）有负债企业的股权成本随着负债程度的增大而增大。

2）MM理论的假设条件

（1）企业只有长期债券和普通股票，债券和股票均在完善的资本市场上交易，不存在交易成本。

（2）个人投资者与机构投资者的借款利率与企业的借款利率相同且无借债风险。

（3）具有相同经营风险的企业称为风险同类，经营风险可以用息税前利润的方差衡量。

（4）每一个投资者对企业未来的收益、风险的预期都相同。

（5）所有的现金流量都是永续的，债券也是。

3）修正的MM理论

修正的MM理论在MM理论的基础上考虑了企业所得税带来的影响。该理论认为：企业可利用财务杠杆增加企业价值，因为负债利息可带来避税利益，企业价值会随着资产负债率的增加而增加。具体表现在：

（1）有负债企业的价值等于同一风险等级中某一无负债企业的价值加上赋税节余的价值，即：

$$V_L=V_U+利息抵税的现值$$

（2）有负债企业的股权成本等于风险等级相同的无负债企业的股权成本加上与以市值计算的债务与股权比例成比例的风险收益，且风险收益取决于企业的债务比例以及企业所得税税率。

【例21】（单选·2021）下列各项中，属于修正的MM理论观点的是（　　）。

A.企业有无负债均不改变企业价值

B.企业负债有助于降低两权分离所带来的代理成本

C.企业可以利用财务杠杆增加企业价值

D.财务困境成本会降低有负债企业的价值

【答案】C

【解析】选项A属于最初的MM理论的观点，选项B属于代理理论的观点，选项D属于权衡理论的观点，选项C当选。

2. 权衡理论

权衡理论放宽了MM理论除完全信息以外的各种假定，考虑了税收和财务困境成本。权衡理论的主要观点是，有负债企业的价值等于无负债企业价值加上税赋节约现值，再减去财务困境成本的现值，即：

$$V_L=V_U+利息抵税的现值-财务困境成本的现值$$

3. 代理理论

代理理论认为债务筹资具有很强的激励作用，能够降低由于两权分离产生的股权代理成本。但是，可能带来企业接受债权人监督而产生的债务代理成本，均衡的企业所有权结构是由股权代理成本和债务代理成本之间的平衡关系来决定的，即：

$$V_L=V_U+利息抵税的现值-财务困境成本的现值+债务的代理收益现值-债务的代理成本现值$$

4. 优序融资理论

优序融资理论从信息不对称的角度分析公司融资行为。该理论观点认为企业在筹资时首先偏好内部筹资，因为筹集内部资金不会传送任何可能降低股票价格的信号；当企业需要外部融资时，债务筹资优于股权筹资。

从成熟的证券市场看，企业的筹资优序模式首先是内部筹资，其次是借款、发行债券、可转换债券，最后是发行新股筹资。

【例22】（多选·2020）下列资本结构理论中，认为资本结构影响企业价值的有（　　）。

A.最初的MM理论　　　　　　B.修正的MM理论
C.代理理论　　　　　　　　D.权衡理论

【答案】BCD

【解析】最初的MM理论认为，不考虑企业所得税时，有无负债不影响企业的价值。因此企业价值不受资本结构的影响。

二、影响资本结构的因素

（一）企业经营状况的稳定性和成长率

如果产销业务稳定，企业可较多地负担固定财务费用（提高负债）；如果产销量和盈余具有周期性，则企业应降低债务资本的比重；如果产销业务量能够以较高的水平增长，企业可以采用高负债的资本结构，以提升权益资本的报酬。

（二）企业财务状况和信用等级

财务状况好、信用等级高的企业，容易获得债务资金。反之，如果企业财务状况不佳、信用等级较低，则债权人投资风险较大，这样会加大企业债务筹资的资本成本。

（三）企业的资产结构

资产结构是企业筹集资本后进行资源配置和使用后的资金占用结构，包括长短期资产构成和比例，以及长短期资产内部的构成和比例。拥有大量固定资产的企业主要通过发行股票融通资金；拥有较多流动资产的企业更多地依赖流动负债融通资金，资产适用于抵押贷款的企业负债较多，以研发技术为主的企业则负债较少。

（四）企业投资人和管理当局的态度

（1）从股东角度出发，若企业股权分散，则会尽可能采用权益筹资以分散企业风险；若企业股权集中，为防止控股权稀释，则会尽量避免发行普通股筹资，而是采用优先股或债务筹资方式。

（2）从管理者角度出发，喜欢冒险的管理人员可能会安排比较高的负债比例；反之，持稳健态度的管理人员则偏好于选择低负债比例的资本结构。

（五）行业特征和企业发展周期

1. 行业特征

（1）产品市场稳定的成熟产业，经营风险低，可提高债务资金比重，发挥财务杠杆作用。

（2）高新技术产业，产品、技术、市场尚不成熟，经营风险高，因此可降低债务资金比重，控制财务杠杆风险。

2. 企业发展周期

（1）处于初创阶段的企业，经营风险高，应控制负债比例。

（2）处于成熟阶段的企业，经营风险低，可适度增加债务资金比重。

（3）处于收缩阶段的企业，市场占有率下降，经营风险逐步加大，应逐步降低债务资金比重。

（六）税务政策和货币政策

由于债务筹资具有节税作用，在其他条件既定的情况下，所得税税率越高，企业就越倾向于高负债。

货币政策影响资本供给，从而影响利率水平的变动。当国家执行了紧缩的货币政策时，市场利率水平较高，此时会增加负债企业的固定财务费用负担，企业债务资金成本增大，因此会更倾向于低负债的资本结构。

【例23】（单选·2016）下列各种企业类型中，适宜采用高负债资本结构的是（ ）。

A. 以技术研发为主的企业　　　　B. 为少数股东控制的企业

C. 产销业务量和盈余具有周期性的企业　　D. 享受所得税免税优惠的企业

【答案】B

【解析】以技术研发为主的企业经营风险高，因而负债水平低，选项A不当选；企业为少数股东控制时，股东为防止控股权稀释，一般尽量避免普通股筹资，而是采用优先股或债务资本筹资，选项B正确；产销业务量和盈余具有周期性的企业经营风险高，不适宜采用高负债的资本结构，选项C不当选；享受所得税免税优惠的企业无法获得债务利息抵税收益，不适宜采用高负债资本结构，选项D不当选。

三、资本结构优化

资本结构优化，就是指通过确定合理的资本结构，达到降低平均资本成本或提高企业价值的目的。

（一）每股收益分析法

1. 每股收益无差别点

每股收益无差别点，是指不同筹资方式下每股收益都相等时的息税前利润或业务量水平。在每股收益无差别点上，无论是采用债务还是股权筹资方案，每股收益都是相等的。

2. 每股收益无差别时息税前利润的计算

$$\frac{(\overline{EBIT}-I_1)\times(1-T)-DP_1}{N_1}=\frac{(\overline{EBIT}-I_2)\times(1-T)-DP_2}{N_2}$$

式中，$\overline{EBIT}$为息税前利润平衡点，即每股收益无差别点；I_1、I_2为两种不同筹资方式下的债务利息；DP_1、DP_2为两种筹资方式下的优先股股利；N_1、N_2为两种筹资方式下普通股股数；T为所得税税率。假设不存在优先股，则每股收益与息税前利润的关系可用图5-3表示。

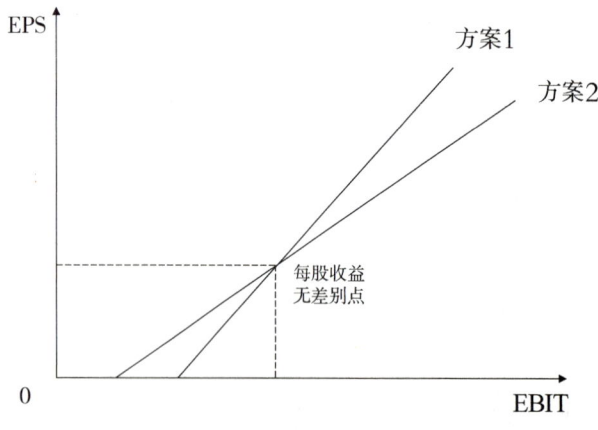

图5-3　每股收益无差别点分析

3. 决策原则

如果预期的息税前利润或业务量水平大于每股收益无差别点，则选择财务杠杆效应较大的债务筹资（图5-3中斜率较大的方案1）；反之，选择股权筹资（图5-3中斜率较小的方案2）。

【例24】某公司原有资本700万元，其中债务资本为200万元（每年负担利息24万元），普通股资本为500万元（发行普通股10万股，每股面值50元）。由于扩大业务，需追加筹资300万元，预计可产生息税前利润10万元，假设没有筹资费用，该公司适用的所得税税率为25%。现有两个筹资方案：

方案一：全部按面值发行普通股，增发6万股，每股发行价50元。

方案二：全部增加长期借款，借款年利率仍为12%，年利息36万元。

利用每股收益无差别点法，公司在做财务决策时应采用方案一还是方案二。

【解析】先求出每股收益无差别点：

$$\frac{(\overline{EBIT}-24)\times(1-25\%)}{10+6}=\frac{(\overline{EBIT}-24-36)\times(1-25\%)}{10}$$

解得：$\overline{EBIT}=120$（万元）

$EPS_1=EPS_2=4.5$（元/股）

120万元是两个筹资方案的每股收益无差别点，在该点上，两个方案的每股收益均为4.5元。因为息税前利润小于120万元，所以应选择财务杠杆效应较小的股权筹资，即方案一。

企业需要的资本额较大时，可能会采用多种筹资方式组合融资。这时需要详细比较分析各种组合筹资方式的资本成本负担及其对每股收益的影响，选择每股收益最高的筹资方式。

【例25】甲公司目前的资本结构为债务资金800万元，年利息率10%；流通在外普通股1200万股，面值为1元；公司总资本为2000万元。现在需要融资1600万元开发一条新的生产线，预计可产生息税前利润985万元，公司适用的所得税税率为20%，假设不考虑筹资费用因素，有三种筹资方案可供选择：

方案一：新发行普通股400万股，每股发行价为4元。

方案二：平价发行面值为1600万元的债券，票面年利率为15%。

方案三：平价发行1000万元的债券，票面年利率为15%，同时向银行借款600万元，年利率为8%。

上述三种方案的每股收益无差别点以及公司的筹资决策如下：

设息税前利润为$\overline{EBIT}$，则：

方案一与方案二的每股收益无差别点：

$(\overline{EBIT}_1-800\times10\%)\times(1-20\%)/(1200+400)=(\overline{EBIT}_1-800\times10\%-1600\times15\%)\times(1-20\%)/1200$

解得：$\overline{EBIT}_1=1040$（万元）

方案一与方案三的每股收益无差别点：

$(\overline{EBIT}_2-800\times10\%)\times(1-20\%)/(1200+400)$

$=(\overline{EBIT}_2-800\times10\%-1000\times15\%-600\times8\%)\times(1-20\%)/1200$

解得：$\overline{EBIT}_2=872$（万元）

方案二与方案三的每股收益无差别点：

$(\overline{EBIT}_3-800×10\%-1600×15\%)×(1-20\%)/1200=(\overline{EBIT}_3-800×10\%-1000×15\%-600×8\%)×(1-20\%)/1200$

无解,三种方案的每股收益无差别点分析如图5-4所示。

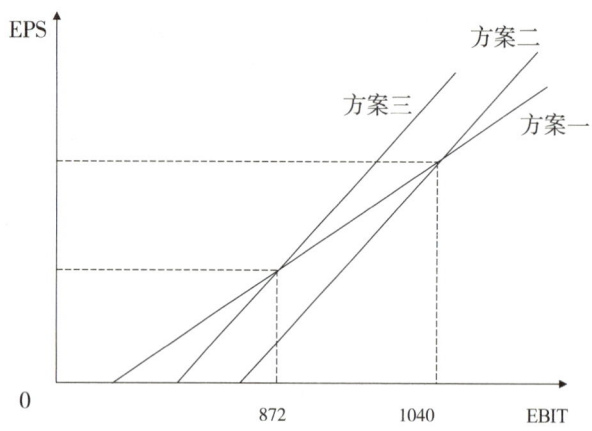

图5-4 三种方案的每股收益无差别点分析

由图5-4可知,方案二的函数图形与方案三的函数图形平行,且方案三的函数图形在方案二的函数图形上方,表明无论什么情况下方案三总是优于方案二。

因为息税前利润大于872万元,所以应当选择财务杠杆效应大的方案三。

(二) 平均资本成本比较法

平均资本成本比较法,是通过计算和比较各种可能的筹资组合方案的平均资本成本,选择平均资本成本率最低的方案。能够降低平均资本成本的资本结构,就是合理的资本结构。

【例26】甲公司目前的资本结构为债务资金800万元,年利息率10%;流通在外普通股1200万股,面值为1元;公司总资本为2000万元。现在需要融资1600万元开发一条新的生产线,公司适用的所得税税率为20%,假设不考虑筹资费用因素,有三种筹资方案可供选择,如表5-9所示。

表5-9　　　　　　　　甲公司可供选择的筹资方案　　　　　　　　单位:万元

筹资方式	方案一	方案二	方案三	资本成本率
银行贷款	600			4%
发行债券	600	1600	600	6%
发行股票	400		1000	10%
合计	1600	1600	1600	

各个方案的加权平均资本成本如下:

方案一的资本成本=600/1600×4%+600/1600×6%+400/1600×10%=6.25%

方案二的资本成本=1600/1600×6%=6%

方案三的资本成本=600/1600×6%+1000/1600×10%=8.5%

如果不考虑其他因素对资本成本的影响,方案二的资本成本最低,应当选择方案二进行筹资。

(三) 公司价值分析法

公司价值分析法是通过计算和比较各种资本结构下公司的市场总价值来确定最佳资本结构的方法。能够提升公司价值的资本结构,就是合理的资本结构。同时,在企业价值最大的资本结构下，企业的平均资本成本率最低。

每股收益分析法和平均资本成本比较法都是从账面价值的角度进行资本结构的优化分析，没有考虑市场反应，也没有考虑风险因素。公司价值分析法考虑了市场风险。企业价值应等于资本的市场价值，即：

$$V=S+B$$

其中，V表示公司价值，B表示债务资金价值，S表示权益资本价值。

假设公司各期的EBIT保持不变，债务资金的市场价值等于其面值，权益资本的市场价值S可通过下式计算：

$$S=\frac{(EBIT-I)\times(1-T)}{K_s}$$

其中：$K_s=R_f+\beta\times(R_m-R_f)$

$$平均资本成本 K_w=K_b\times\frac{B}{V}+K_s\times\frac{S}{V}$$

式中，K_b表示税后债务资本成本，K_s表示权益资本成本。

【例27】（多选·2016）下列财务决策方法中，可用于资本结构优化的有（　　）。

A. 公司价值分析法　　　　　　　B. 安全边际分析法
C. 每股收益分析法　　　　　　　D. 平均资本成本比较法

【答案】ACD

【解析】资本结构优化的财务决策方法包括每股收益分析法、平均资本成本比较法、公司价值分析法。

【案例】某公司息前税前利润为600万元，公司适用的所得税税率为25%，假设无风险利率为6%。公司目前账面总资金为2000万元，其中80%由普通股资金构成，股票账面价值为1600万元，20%由债券资金构成，债券账面价值为400万元，假设债券市场价值与其账面价值基本一致。该公司认为目前的资本结构不够合理，准备用发行债券购回股票的办法予以调整。经咨询调查，目前债务利息和权益资本的成本情况如表5-10所示。

表5-10　　　　　债务利息与权益资本成本

债券市场价值（万元）	债券利息率	股票的β系数	权益资本成本
400	8%	1.4	20%
600	10%	1.42	20.2%
800	12%	1.6	22%
1000	14%	2.0	26%

根据表5-10，可计算出不同资本结构下的企业总价值和平均资本成本率，如表5-11所示。

表5-11　　　　公司市场价值与企业加权平均资本成本

债券市场价值（万元）	股票市场价值（万元）	公司市场总价值（万元）	债券资金比重	股票资金比重	债务资本成本	权益资本成本	加权平均资本成本
400	2130	2530	15.81%	84.19%	6%	20%	17.79%
600	2004.95	2604.95	23.03%	76.97%	7.50%	20.20%	17.28%
800	1718.18	2518.18	31.77%	68.23%	9%	22%	17.87%
1000	1326.92	2326.92	42.98%	57.02%	10.50%	26%	19.34%

从表5-10可以看出，当公司增加债务时，财务杠杆开始发挥作用，公司价值上升，平均资本成本率下降。在债务资本达到600万元时，公司价值最高，平均资本成本最低。债务资本超过600万元后，随着债务资本的增加，公司总价值下降，平均资本成本上升。因此债务资金为600万元时的资本结构是该公司的最优资本结构。该公司应该再发行200万元的债券，用来回购股票。

【提示】股票市场价值=(息前税前利润−应付利息)×(1−25%)/权益资本成本，如债券市场价值为400万元时，股票市场价值=(600−400×8%)×(1−25%)/20%=2130（万元）。

四、双重股权结构

双重股权结构即同股不同权的结构，在此种结构下股票的投票权和分红权相分离，也称AB股制度。在AB股制度下，A类股票通常由投资人和公众股东持有，B类股票通常由创业团队持有，A类股票1股有1票投票权，B类股票1股有N票投票权。这种股权结构可以降低公司被恶意收购的可能性，实现创始人或管理层的控制权不流失。

双重股权结构的优点：同股不同权制度能避免企业内部股权纷争，保障企业创始人或管理层对企业的控制权，防止公司被恶意收购；提高企业运行效率，有利于企业的长期发展。

双重股权结构的缺点：容易导致管理中独裁行为的发生；控股股东为自己谋利而损害非控股股东的利益，不利于非控股股东利益的保障；可能加剧企业治理中实际经营者的道德风险和逆向选择。

扫一扫，提个小建议

图书勘误、评价建议，"微信"扫一扫。您的感受是我们最好的动力！助您奇兵制胜！

知识梳理

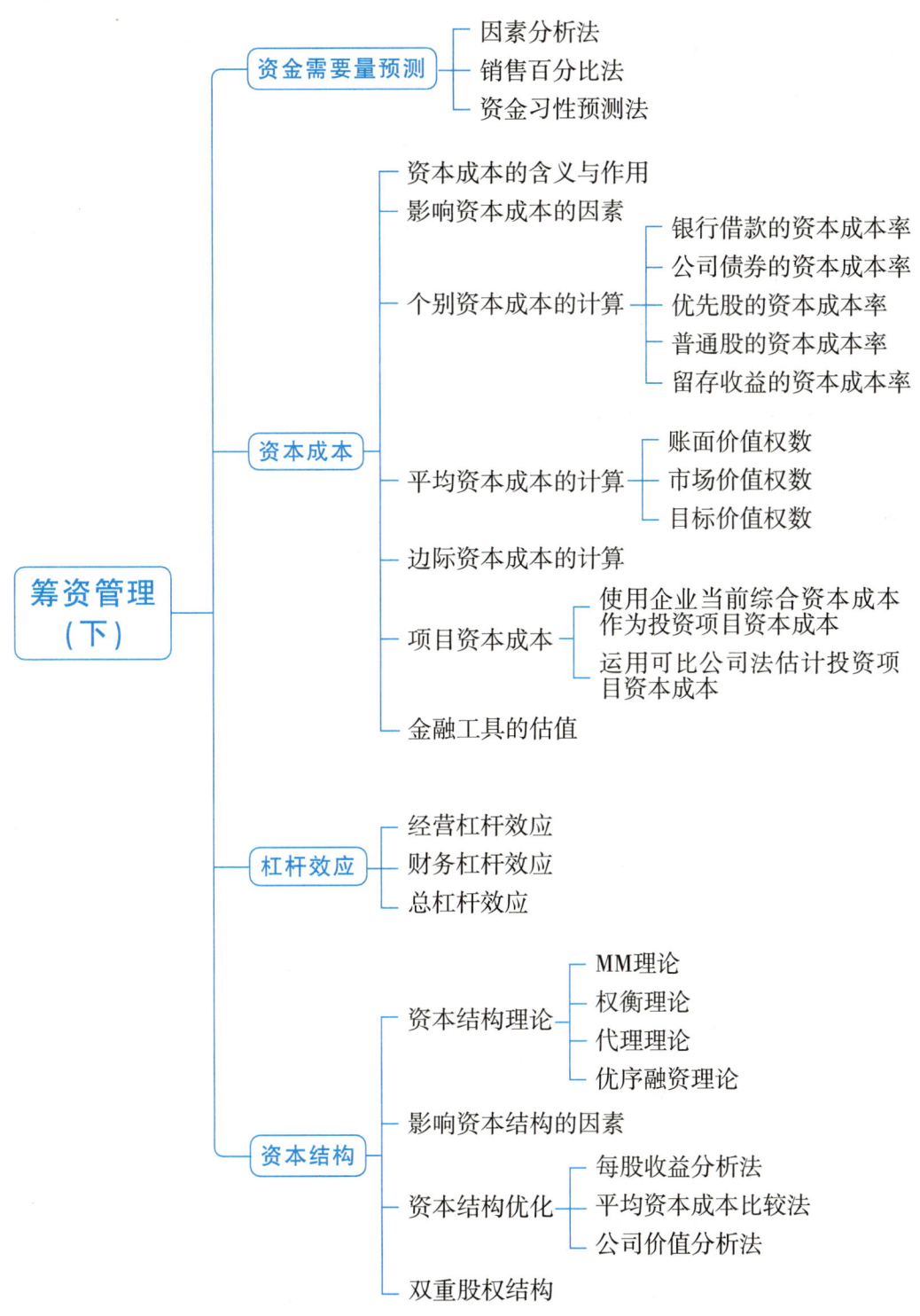

第六章 投资管理

---- **本章概述** --

本章内容主要包括投资管理概述、投资项目财务评价指标、项目投资管理（决策）、证券投资管理和基金投资与期权投资。本章公式繁多，指标复杂，计算量相当大。在评价投资项目的净现值时，应尽可能按照投资期、营业期、终结期这三个时间段依次计算，以防遗漏某些现金流量项目。除此之外，税收对投资项目现金流量的影响也十分复杂，一定要理清其中的原理。

第一节 投资管理概述

一、企业投资管理概述

（一）企业投资的意义

企业需要通过投资配置资产，才能形成生产能力，取得未来的经济利益。投资对企业的意义可概括为：

（1）投资是企业生存与发展的基本前提。

（2）投资是企业获取利润的基本前提。

（3）投资是企业风险控制的重要手段。

（二）企业投资管理的特点

1. 属于企业的战略性决策

企业的投资活动先于经营活动，这些投资活动往往需要一次性地投入大量的资金，并在一段较长的时期内发生作用，对企业经营活动的方向产生重大影响。

2. 属于企业的非程序化管理

企业投资活动大多是对非重复性特定经济活动进行管理，即非程序化管理，其涉及资金数额较大、投资项目影响时间长、涉及企业的未来经营发展方向和规模。

3. 投资价值的波动性大

投资标的物资产的形态是不断转换的，未来收益的获得具有较强的不确定性，加上外部环境的变化，其价值具有较强的波动性。

(三) 企业投资的分类

投资可以按照多种不同的标准进行分类，详情如表6-1所示。

表6-1 企业投资的分类

分类标准	类别	概念
按投资活动与企业本身的生产经营活动的关系	直接投资	直接投资是指将资金直接投放于形成生产经营能力的实体性资产，直接谋取经营利润的企业投资。企业通过直接投资，购买并配置劳动力、劳动资料等具体生产要素，开展生产经营活动
	间接投资	间接投资是指投资者以其资本购买公司债券、金融债券或公司股票等各种有价证券，以预期获取一定收益的投资
按投资对象的存在形态和性质	项目投资	购买具有实质内涵的经营资产，包括有形资产和无形资产，形成具体的生产能力。项目投资属于直接投资
	证券投资	证券投资是指投资者（法人或自然人）投资股票、债券、基金等有价证券以及这些有价证券的衍生品。证券投资属于间接投资
按投资活动对企业未来生产经营前景的影响	发展性投资	也称为战略性投资，是指对企业未来的生产经营发展全局有重大影响的企业投资，如企业间兼并合并的投资、转换新行业和开发新产品投资、大幅度扩大生产规模的投资等
	维持性投资	也称为战术性投资，是为了维持企业现有的生产经营正常进行，不会改变企业未来生产经营发展全局的企业投资，如更新替换旧设备的投资、配套流动资金投资等
按投资活动资金投出的方向	对内投资	对内投资是指把资金投向本企业内部，形成各项流动资产、固定资产、无形资产和其他资产的投资。对内投资都是直接投资
	对外投资	通过联合投资、合作经营、换取股权、购买证券资产等投资方式，向企业外部其他单位投放资金。对外投资主要是间接投资，也可能是直接投资
按投资项目之间的相互关联关系	独立投资	独立投资是相容性投资，各个投资项目之间互不关联、互不影响、可以同时并存
	互斥投资	互斥投资是非相容性投资，各个投资项目之间相互关联、相互替代、不能同时并存

【例1】（多选·2016）按照企业投资的分类，下列各项中，属于发展性投资的有（　　）。

A. 开发新产品的投资　　　　　　　B. 更新替换旧设备的投资
C. 企业间兼并收购的投资　　　　　D. 大幅度扩大生产规模的投资

【答案】ACD

【解析】发展性投资也称为战略性投资，如企业间兼并合并的投资、转换新行业和开发新产品投资、大幅度扩大生产规模的投资等。更新替换旧设备的投资属于维持性投资。选项A、C、D当选。

二、投资管理的原则

(一) 可行性分析原则

投资项目可行性分析是投资管理的重要组成部分，其主要任务是对投资项目的实施可行性进行科学的论证，主要包括环境可行性、技术可行性、市场可行性、财务可行性等方面。项目可行性分析将对项目未来的运行和发展前景进行预测，通过定性分析和定量分析比较项目的优劣，为投资决策提供参考。

（二）结构平衡原则

投资大多是涉及生产能力和生产条件的购建、流动资产的配置等诸多内容的综合性项目。受限于资金来源，投资常遇到资金供应无法满足资金需求的问题。要使投资项目实施后能正常顺利进行，避免资源闲置和浪费，必须遵循结构平衡原则。

（三）动态监控原则

投资的动态监控是指对投资项目实施过程的进程控制。

第二节　投资项目财务评价指标

一、项目现金流量

（一）现金流量的含义

现金流量是指投资项目在未来一定期间所发生的现金流出和现金流入的全部现金收付数量。分析净现值、内含收益率和回收期等财务评价指标均以现金流量为基础。现金流量分析是基于全投资假设和现金流量时点假设的前提进行的。现金净流量是现金流入量与现金流出量相抵后的余额。在一般情况下，投资决策中的现金流量通常指现金净流量。现金既指库存现金、银行存款等货币性资产，也可以指相关非货币性资产（如原材料、设备等）的变现价值。

（二）投资项目的经济寿命周期

投资项目从整个经济寿命周期来看，大致可以分为三个阶段：投资期、营业期、终结期，终结期通常是一个时间点，与终结点重合，如图6–1所示。

图6–1　投资项目的经济寿命周期

（三）各阶段现金净流量的确定

1. 投资期现金流量

投资期是指从投资开始日至投产日的期间，投资期主要的现金流量项目包括长期资产投资（如固定资产、无形资产、递延资产等的现金支出）和营运资金垫支（在流动资产上追加的现金，如增加存货的现金支出）。

$$投资期的现金净流量 = -（长期资产投资 + 营运资金垫支）$$

2. 营业期现金流量

营业期是指项目取得营业收入持续的期间，主要的现金流项目包括现金方式取得的营业收入（通常情况下默认营业收入全部以现金方式取得）、以现金方式支出的营运成本以及以现金支付的税金等。营业期内，某一年度的营业现金净流量的计算如下：

营业现金净流量(NCF)=营业收入–付现成本–所得税
　　　　　　　　　=税后营业利润+非付现成本
　　　　　　　　　=收入×(1–所得税税率) –付现成本×(1–所得税税率)+非付现成本×所得税税率

【提示】税后营业利润=营业收入–(付现成本+非付现成本)–所得税；所得税=[营业收入–(付现成本+非付现成本)]×所得税税率。

非付现成本一般指固定资产折旧、长期资产的摊销、资产减值损失等。

【例2】（单选·2017）某投资项目某年的营业收入为600000元，付现成本为400000元，折旧额为100000元，所得税税率为25%，则该年营业现金净流量为（　　）元。

A.250000　　　　　　B.175000　　　　　　C.75000　　　　　　D.100000

【答案】B

【解析】方法一：年营业现金净流量=税后收入–税后付现成本+非付现成本抵税
=600000×（1–25%）–400000×（1–25%）+100000×25%=175000（元）

方法二：年营业现金净流量=税后营业利润+非付现成本
=（600000–400000–100000）×（1–25%）+100000=175000（元），选项B当选。

3.终结期现金流量

终结期是指经营现金流入终止日至项目资产清理完毕的期间。终结阶段的现金流量主要是现金流入量，包括固定资产变价净收入、固定资产变现净损益对现金净流量的影响和垫支营运资金的收回。

固定资产变价净收入，是指固定资产出售或报废时的出售价款或残值收入扣除清理费用后的净额；固定资产变现净损益对现金净流量的影响是指如果固定资产变现收入大于其账面价值而缴纳企业所得税或者固定资产变现收入小于其账面价值而抵扣企业所得税对现金流量的影响；垫支营运资金的收回是指由于项目到期营运资金恢复到原有水平，项目开始垫支的营运资金在项目结束时回收。

终结期现金净流量=固定资产变价净收入+固定资产变现净损益对现金净流量的影响+垫支营运资金的收回

其中：固定资产变现净损益对现金净流量的影响=(账面价值–变价净收入)×所得税税率

【例3】甲公司决定投资建设一条新的产品线，现有方案A：在该方案下，整个项目的建设期为2年，第一年年初投资500万元，第二年年初投资700万元，建设完成后项目立即启动生产。根据预计，为了支持项目的正常运行需要投入营运资金300万元，营运资金在第二年年末一次性投入；整个项目的运营寿命期为4年，在运行期间，每年可以带来收入800万元，每年付现成本为300万元。该项目在4年中按照直线折旧法计提折旧，预计净残值为200万元，假设折旧方式和预计净残值与税法规定保持一致。甲公司适用的企业所得税税率是25%。假设运营期间的现金流入和流出均发生在年末。

根据上述资料，方案A投资期内的现金流量状况如图6-2所示。

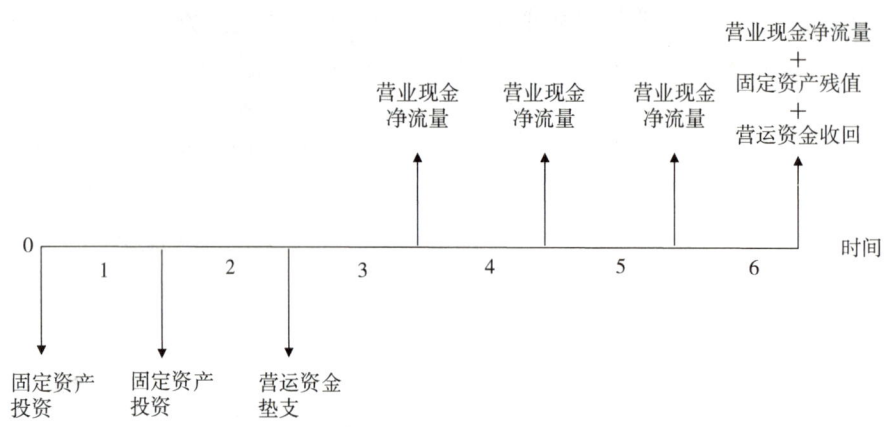

图6-2　方案A投资期内的现金流量状况

按照图6-2可以计算出方案A各个期间的现金净流量，如表6-2所示。

表6-2　　　　　　　　　　　　方案A的现金净流量　　　　　　　　　　　　单位：万元

时间	0	1	2	3	4	5	6
投资期：							
固定资产投资	−500	−700					
营运资金垫支			−300				
投资期现金净流量	−500	−700	−300	0	0	0	0
营业期：							
税后现金收入				600	600	600	600
税后付现成本				−225	−225	−225	−225
折旧抵税				62.5	62.5	62.5	62.5
营业现金净流量	0	0	0	437.5	437.5	437.5	437.5
终结期：							
固定资产残值							200
残值净收益纳税							0
营运资金收回							300
终结期现金净流量	0	0	0	0	0	0	500
现金流量合计	−500	−700	−300	437.5	437.5	437.5	937.5

表6-2中营业期现金流量的相关计算过程如下：

税后现金收入=800×(1−25%)=600（万元）

税后付现成本=−300×(1−25%)=−225（万元）

折旧抵税=（1200−200）/4×25%=62.5（万元）

二、评价指标

投资决策可行性的财务评价指标如图6-3所示。

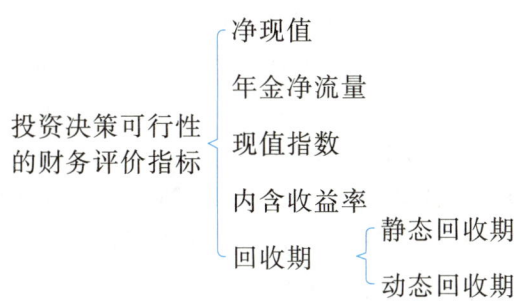

图6-3 投资决策可行性的财务评价指标

(一) 净现值

1. 净现值的定义

净现值是指一个投资项目未来现金净流量现值与原始投资额现值之间的差额。

2. 净现值法的计算

$$净现值(NPV)=未来现金净流量现值-原始投资额现值$$

在计算未来现金净流量现值时,折现率可以采用以下标准:

(1) 以市场利率为标准。

(2) 以投资者希望获得的预期最低投资收益率为标准(通常采用此标准)。

(3) 以企业平均资本成本率为标准。

3. 净现值法的决策原则

净现值为正,说明方案的实际收益率高于所要求的收益率,方案可行;净现值为负,说明方案的实际投资收益率低于所要求的收益率,方案不可行。净现值为零,说明方案的投资收益刚好达到所要求的投资收益,方案也可行。

4. 净现值法的优缺点

净现值法的优点:

(1) 适应性强,能基本满足项目年限相同的互斥投资方案的决策,净现值大的方案优于净现值现小的方案。

(2) 能灵活地考虑投资风险。净现值法在所设定的折现率中包含投资风险收益率的要求,就能有效地考虑投资风险。

净现值法的缺点:

(1) 所采用的折现率不易确定,如果两方案采用不同的折现率折现,采用净现值法不能够得出正确结论。同一方案中,如果要考虑投资风险,要求的风险收益率不易确定。

(2) 不便于对原始投资额现值不相等的独立投资方案进行决策。

(3) 不能直接用于对寿命期不同的互斥投资方案进行决策。

【例4】根据 [例3] 的资料,假设甲公司除了方案A还有另一个方案B可选,方案A和方案B原始投资额现值相等,已知方案B净现值为42.34万元,方案B的寿命期为6年,甲公司要求的投资回报率为10%,那么甲公司应该选择方案A还是方案B?

由于方案A和方案B的寿命期相同,且方案A和B只能选择其中一个,所以这两个方案是寿命期相同的互斥方案,比较两个方案的净现值的大小即可选出最佳方案。

方案A的净现值如表6-3所示。

表6-3 方案A净现值 单位：万元

项目	0	1	2	3	4	5	6
现金流量合计	−500	−700	−300	437.5	437.5	437.5	937.5
现值系数（10%）	1	0.9091	0.8264	0.7513	0.6830	0.6209	0.5645
现值	−500	−636.37	−247.92	328.69	298.81	271.64	529.22
净现值	44.07=−500−636.37−247.92+328.69+298.81+271.64+529.22							

由于方案A的净现值大于方案B的净现值，所以甲公司应当选择方案A。

（二）年金净流量

1.年金净流量的定义

年金净流量是指项目期间内全部现金净流量总额的总现值或总终值折算为等额年金的平均现金净流量。

2.年金净流量的计算

年金净流量=现金净流量总现值（NPV）/年金现值系数=现金净流量总终值/年金终值系数

3.年金净流量法的决策原则

年金净流量指标大于零，说明每年平均的现金流入能抵补现金流出，投资项目的净现值（或净终值）大于零，方案的收益率大于所要求的收益率，方案可行。

4.年金净流量法的优缺点

年金净流量法的优点是它适用于期限不同的投资方案决策（与净现值区别）。年金净流量越大，方案越好。

【提示】不同方案寿命期相同时，年金净流量法实质上就是净现值法。

【例5】根据[例3]和[例4]的资料，假设甲公司除了方案A还有另一个方案C可选，已知方案C净现值为42.34万元，方案C的寿命期为5年，方案A和方案C的原始投资额现值相等，甲公司要求的投资回报率为10%，那么甲公司应该选择方案A还是方案C？

方案A和方案C为互斥方案，又由于方案A和方案C的寿命期限不同，因此不能直接比较两者的净现值进行选择，应当比较两个方案的年金净流量的大小，以此确定最佳方案。

方案A的年金净流量=44.07/(P/A,10%,6)=44.07/4.3553=10.12（万元）

方案C的年金净流量=42.34/(P/A,10%,5)=42.34/3.7908=11.17（万元）

由于方案C的年金净流量大于方案A，所以应该选择方案C。如果方案C的寿命期是6年而不是5年，则方案C的年金净流量为9.72万元，此时方案A优于方案C，与净现值法的比较结果一致。

（三）现值指数

1.现值指数的定义

现值指数是投资项目的未来现金净流量现值与原始投资额现值之比。

2.现值指数的计算

现值指数(PVI)=未来现金净流量现值/原始投资额现值

3.现值指数的决策原则

现值指数通常用于判断某个独立方案的可行性，如果方案的现值指数大于或等于1，则说明方案可行，否则方案不可行。现值指数也是净现值法的辅助方法，用于对原始投资额现值不同的独立投资方案进行比较和评价。

【例6】根据[例3]和[例4]的资料，如果甲公司要求的收益率为10%，使用现值指数法说明方案A是否可行。

方案A的原始投资额现值包括营运资金垫支现值和固定资产投资现值两个部分，在不考虑现金流量方向的情况下：

原始投资额现值=500+636.37+247.92=1384.29（万元）

未来现金净流量现值=328.69+298.81+271.64+529.22=1428.36（万元）

方案A的现值指数=未来现金净流量现值/原始投资额现值

=1428.36/1384.29

=1.03

方案A的现值指数大于1，说明方案实施后的投资收益率高于10%，因此方案A可行。

（四）内含收益率

1. 内含收益率的定义

内含收益率是指投资项目的净现值为零时的折现率。

2. 内含收益率的计算

（1）当未来每年现金净流量相等时：利用年金现值系数表，然后通过内插法求出内含收益率。

（2）当未来每年现金净流量不相等时：先通过逐步测试找到一个使净现值大于0，一个使净现值小于0的最接近的两个折现率，然后通过内插法求出内含收益率。

3. 内含收益率法的决策原则

内含收益率高于最低投资收益率时，方案可行。

4. 内含收益率法的优缺点

内含收益率法的优点：

（1）内含收益率反映了投资项目可能达到的收益率，易于被高层决策人员所理解。

（2）对于独立投资方案的比较决策，如果各方案原始投资额现值不同，可以通过计算各方案的内含收益率，反映各独立投资方案的获利水平。

内含收益率法的缺点：

（1）计算复杂，不易直接考虑投资风险大小；

（2）在对互斥投资方案进行决策时，如果各方案的原始投资额现值不相等，有时无法作出正确的决策。

【例7】根据[例3]和[例4]的资料，使用内含收益率法说明方案A是否可行。

当折现率为12%时，方案A的净现值为−51.57万元，当折现率为10%时，方案A的净现值为44.07万元，使用内插法有：

(12%−IRR)/(IRR−10%)=(−51.57−0)/(0−44.07)

IRR=10.92%

该方案的内含收益率为10.92%，高于最低投资收益率10%，因此方案A可行。

（五）回收期

回收期是指投资项目的未来现金净流量与原始投资额相等时所经历的时间，即原始投资额通过未来现金流量回收所需要的时间。利用回收期指标评价方案时，回收期越短越好。

1. 静态回收期

静态回收期是指投资项目开始经营后净现金流量与原始总投资总额相等所需要的全部时间。计算静态回收期无须考虑货币时间价值。

（1）未来每年现金净流量相等时：

$$静态回收期=原始投资额/每年现金净流量$$

（2）未来每年现金净流量不相等时：

根据累计现金流量来确定回收期，设M是收回原始投资额的前一年，则：

$$回收期=M+\frac{第M年年末未回收额}{第(M+1)年现金净流量}$$

2. 动态回收期

动态回收期需要将投资引起的未来现金净流量进行贴现，以未来现金净流量的现值等于原始投资额现值时所经历的时间为动态回收期。由于考虑了货币的时间价值，因此相同条件下动态回收期的期限比静态回收期更长。

（1）在每年现金净流量相等时，假定动态回收期为n年，则：

$$(P/A,i,n)=原始投资额现值/每年现金净流量$$

计算出年金现值系数后，通过查年金现值系数表，利用插值法，即可推算出动态回收期n。

（2）每年现金净流量不相等时，根据累计现金流量现值来确定回收期。

$$动态回收期=M+\frac{第M年年末未回收额的现值}{第(M+1)年现金净流量的现值}$$

【例8】某投资项目需在开始时一次性投资50000元，其中固定资产投资45000元，营运资金垫支5000元，没有建设期，该项目的寿命周期为6年，要求的投资收益率为15%。各年营业现金净流量分别为10000元、12000元、16000元、20000元、21600元、14500元，营业现金净流量的现值分别是8696元、9073.2元、10520元、11436元、10739.52元、6268.35元。则该项目的静态投资回收期是多少年？该项目的动态投资回收期是多少年？

初始投资额大于前3年营业现金净流量之和（10000+12000+16000=38000元）而小于前四年营业现金净流量之和（10000+12000+16000+20000=58000元），所以：

静态投资回收期=3+(50000−38000)/20000=3.6（年）

初始投资额大于前4年营业现金净流量现值之和（8696+9073.2+10520+11436=39725.2元）而小于前五年营业现金净流量现值之和（8696+9073.2+10520+11436+10739.52=50464.72元），所以：

动态回收期=4+(50000−39725.2)/10739.52=4.96（年）

3. 回收期法的优缺点

回收期法的优点：

（1）计算简便，易于理解。

(2) 这种方法是以回收期的长短来衡量方案的优劣,收回投资所需的时间越短,所冒的风险就越小。

回收期法的缺点:

(1) 静态回收期的不足之处是没有考虑货币的时间价值。

(2) 静态回收期和动态回收期只考虑了未来现金净流量(或现值)总和中等于原投资额(或现值)的部分,没有考虑超过原投资额(或现值)的部分。

第三节　项目投资管理

项目投资方案如图6-4所示。

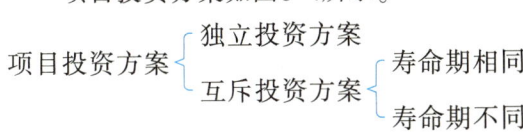

图6-4　项目投资方案

一、独立投资方案的决策

独立投资方案,是指两个或两个以上项目互不依赖、可以同时并存的方案,各方案的决策也是独立的。独立投资方案的决策属于筛分决策,评价各方案本身是否可行,即方案本身是否达到某种要求的可行性标准。

在某些特殊情况下,独立投资方案涉及排序分析。排序分析以各独立方案的获利程度作为评价标准,一般采用内含收益率法进行比较决策,选择内含收益率最高的方案进行投资。

净现值、年金净流量、内含收益率和现值指数均可作为评价某个独立项目是否可行的指标,具体判断方法如表6-4所示。

表6-4　　　　　　　　　各评价指标判断标准

指标	判断标准
净现值	净现值≥0时,投资方案可行
年金净流量	年金净流量≥0时,方案可行
内含收益率	内含收益率≥要求的投资回报率时,方案可行
现值指数	现值指数≥1时,方案可行

二、互斥投资方案的决策

互斥投资方案是指互相关联、互相排斥、不能并存的方案。采纳互斥方案组中的某一方案就会自动排斥这组方案中的其他方案。如固定资产的更新决策就是典型的互斥投资方案决策。由于方案之间互相排斥,不能并存,因此决策的实质在于选择最优方案,属于选择决策。

1. 互斥且投资项目寿命期相同的投资方案

在投资项目寿命期相同时（无论投资额是否相同）互斥投资方案的决策指标包括净现值、年金净流量。应该选择净现值或者年金净流量最大的投资方案。在寿命期相同时，净现值与年金净流量指标的决策结论一致，但由于计算某个方案的年金净流量也需要先计算出该项目的净现值，所以通常直接使用净现值指标进行评价。

【例9】甲公司正在考虑对一条3年前购置的生产设备进行更新，更新设备不影响产销能力。该公司适用的所得税税率为20%，资本成本率为10%，其余资料如表6-5所示。请说明甲公司是否应当进行设备更新。

表6-5　　　　　　　　　　　　新旧设备资料　　　　　　　　　　　　单位：元

项目	旧设备	新设备
原价	102000	78000
税法净残值	2000	6000
税法使用年限（年）	10年	6年
已使用年限（年）	4年	0年
尚可使用年限（年）	6年	6年
垫支营运资金	1000	1100
大修理支出	20000（第2年末）	10000（第4年末）
每年折旧费（直线法）	10000	12000
每年营运成本	11000	8000
目前变现价值	60000	78000
最终报废净残值	5000	5000

由于两个方案并不改变产销能力，所以不需要考虑"现金收入"等对现金流现值造成的影响，只需要比较其他因素对净现值的影响即可。保留旧设备和购买新设备分别如表6-6、表6-7所示。

表6-6　　　　　　　　　　　保留旧设备方案的净现值　　　　　　　　　　　单位：元

时期	项目	现金流量	年份	现值系数	现值
建设期	目前变价收入	−60000	0	1	−60000
	变现损失减税	−(62000−60000)×20%=−400	0	1	−400
	垫支营运资金	−1000	0	1	−1000
运营期	每年营运成本	−11000×(1−20%)=−8800	1~6	4.355	−38324
	每年折旧抵税	10000×20%=2000	1~6	4.355	8710
	大修理费	−20000×(1−20%)=−16000	2	0.826	−13216
回收期	营运资金收回	1000	6	0.565	565
	残值变价收入	5000	6	0.565	2825
	残值净收益纳税	−(5000−2000)×20%=−600	6	0.565	−339
	净现值	−	−	−	−101179

表6-7　　　　　　　　　　　　购买新设备方案的净现值　　　　　　　　　　　　　　　单位：元

时期	项目	现金流量	年份	现值系数	现值
建设期	设备投资	−78000	0	1	−78000
	垫支营运资金	−1100	0	1	−1100
运营期	每年营运成本	−8000×(1−20%)=−6400	1~6	4.355	−27872
	每年折旧抵税	12000×20%=2400	1~6	4.355	10452
	大修理费	−10000×(1−20%)=−8000	4	0.683	−5464
回收期	残值变价收入	5000	6	0.565	2825
	变现净损失抵税	(6000−5000)×20%=200	6	0.565	113
	营运资金收回	1100	6	0.565	621.5
	净现值	−	−	−	−98424.5

在两方案产销能力保持不变的情况下，新设备现金流出总现值为98424.5元，旧设备现金流出总现值为101179元。因此，应选择购买新设备。

在回收期，旧设备的残值变价收入为5000元，税法规定残值为2000元，即残值变现收入大于税法规定残值，此时产生的收益需要纳税，即残值净收益纳税为600元〔(5000−2000)×20%〕，表现为现金流出。

新设备的残值变价收入为5000元，税法规定残值为6000元，即残值变现收入小于税法规定残值，此时产生的损失可以抵税，变现净损失抵税为200元〔(6000−5000)×20%〕，表现为现金流入。

旧设备建设期时的"变现损失减税"这一项看起来有些令人费解。如果把"目前变价收入"与"变现损失减税"合并起来看，则十分容易理解。按照税法的折旧方式，目前旧设备账面价值为62000元（102000−10000×4），大于目前变价收入60000元，发生了损失，产生了抵税效应，抵税金额为400元。如果甲公司立即变现旧设备，可以带来的现金流入为60400元（60000+400），在继续使用旧设备的情况下将丧失这60400元的现金流入，所以"目前变价收入"+"变现损失减税"=−(60000+400)=−60000−400=−60400（元），即"目前变价收入"为−60000元，"变现损失减税"为−400元。

2. 互斥且投资项目寿命期不同的投资方案

在对两个寿命期不同的互斥投资项目进行比较时，可以采用共同年限法或年金净流量法。

1）共同年限法

在比较两个寿命期不等的互斥投资项目时，需要将两项目转化成同样投资期限的两个项目。因为按照持续经营假设，寿命期短的项目收回的投资将被重新进行投资。针对各项目寿命期不等的情况，可以找出各项目寿命期的最小公倍期数，作为共同的有效寿命期，通过比较两个项目在最小公倍数寿命期下的净现值，就可以确定最佳方案，净现值大的方案更优。这种选择互斥且投资项目寿命期不同的投资方案的方法称为共同年限法。

现举例说明共同年限法的基本原理。图6−5表示两个互斥且寿命不同的投资方案，假如方案一的寿命期为2年，方案二的寿命期为3年，将方案一重置2次，使其变为一个寿命期为6年投资项目；将方案二重置1次，同样变为一个寿命期为6年的投资项目，然后比较重置后项目的净现值，选择净现值最大的方案。

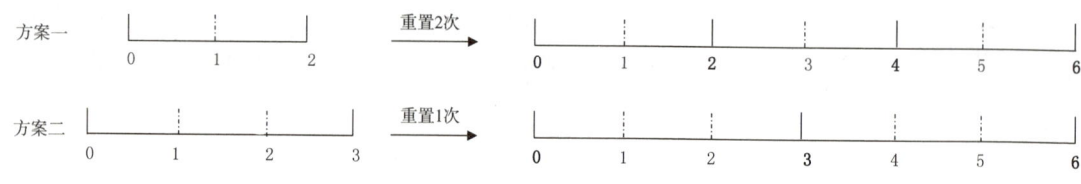

图6-5 共同年限法

2)年金净流量法

当两个项目资本成本相同时,用该方案的净现值除以对应的年金现值系数,优先选取年金净流量较大的方案;当两个项目的资本成本不同时,需要先算出每个项目的年金净流量,再用年金净流量除以各自的资本成本算出永续净现值进行比较,永续净现值较大的为优等方案。年金净流量计算如下:

$$年金净流量=\frac{净现值}{年金现值系数}$$

【例10】甲公司的管理层正在讨论购置某项固定资产,现有A、B方案可选,甲公司的收益率为10%,其他有关资料如表6-8和表6-9所示。

表6-8　　　　　　　　　　　A方案有关资料　　　　　　　　　　单位:万元

时间	0	1	2	3	4
现金流量	-700	437.5	437.5	437.5	937.5
现值系数（折现率10%）	1	0.9091	0.8264	0.7513	0.6830
现值	-700.00	397.73	361.55	328.69	640.31
净现值	1028.28				
年金净流量	1028.28/(P/A,10%,4)=1028.28/3.1699=324.39				

表6-9　　　　　　　　　　　B方案有关资料　　　　　　　　　　单位:万元

时间	0	1	2	3	4	5
现金流量	-1200	508	508	508	508	1178
现值系数（折现率10%）	1	0.9091	0.8264	0.7513	0.6830	0.6209
现值	-1200.00	461.82	419.81	381.66	346.96	731.42
净现值	1141.67					
年金净流量	1141.67/(P/A,10%,5)=1141.67/3.7908=301.17					

尽管B方案的净现值大于A方案的净现值,但由于不同方案下项目的寿命期不同,因此无法通过比较A、B两个方案的净现值大小判断哪种方案更优。此时需要比较A、B两个方案的年金净流量大小,显然A方案可以带来更大的年金净流量。

3.固定资产的更新决策

固定资产的更新决策实质上也属于互斥投资方案的决策类型,在决策时可以采用互斥投资方案决策的基本思路。

固定资产更新包括替换重置和扩建重置。大部分以旧换新进行的设备重置都属于替换重置,因为一般来说,用新设备来替换旧设备如果不改变企业的生产能力,就不会增加企业的营业收入，即使有少量的残值变价收入，也不是实质性收入增加。在替换重置方案时，主要考虑的是因为更新决策而发生变动的那部分现金流量，而不考虑更新前后保持不变的那部分现金流量，故所发生的现金流量主要是现金流出量；如果购入的新设备性能提高，扩大了企业的生产能力，这种设备重置属于扩建重置。

【例11】甲公司的财务经理正在筹划是否对公司的某条生产线进行整体更新，无论设备是否更新都不改变公司的生产能力和销售状况。公司目前的折现率为10%，所得税税率为25%。设备更新前后的有关资料如表6-10所示。请说明甲公司是否应该进行生产线更新。

表6-10　　　　　　　　　　　　设备更新前后有关资料　　　　　　　　　　单位：万元

项目	更新前	更新后
原价	800	600
税法规定的使用年限	10	4
已经使用年限（年）	7	0
尚可使用年限	4	4
税法净残值	80	60
最终报废净残值	88	50
目前变现价值	450	600
每年折旧费	72	135
垫支运营资金	100	120
每年营运成本	120	100

由于无论设备是否更新都不改变公司的生产能力和销售状况，所以不需要考虑营业收入对现金流量的影响。生产线更新前的相关资料如表6-11所示。

表6-11　　　　　　　　　　　　　生产线更新前　　　　　　　　　　　　单位：万元

时期	项目	现金流量	年份	现值系数	现值
建设期	目前变价收入	−450	0	1	−450
	变现净收益纳税	(450−296)×25%=38.5	0	1	38.5
	垫支营运资金	−100	0	1	−100
运营期	每年营运成本	−120×(1−25%)=−90	1~4	3.1699	−285.29
	每年折旧抵税	72×25%=18	1~3	2.4869	44.76
回收期	残值变价收入	88	4	0.6830	60.10
	变现净收益纳税	−(88−80)×25%=−2	4	0.6830	−1.37
	营运资金收回	100	4	0.6830	68.30
	净现值	—	—	—	−625

计算说明：如果继续使用旧设备，将丧失出售旧设备引起的变价收入和变现净收益纳税带来的现金流量，这是一种潜在的机会成本，视为继续使用旧设备的现金流出。

【提示】在计算现金流量时，税法规定与会计估计不一致时，折旧额、折旧年限等与折旧有关的计算均按照税法的规定。

表6-12　　　　　　　　　　　　　　生产线更新后　　　　　　　　　　　　　　单位：万元

时期	项目	现金流量	年份	现值系数	现值
建设期	设备投资	−600	0	1	−600
	垫支营运资金	−120	0	1	−120
运营期	每年营运成本	−100×(1−25%)=−75	1~4	3.1699	−237.74
	每年折旧抵税	135×25%=33.75	1~4	3.1699	106.98
回收期	残值变价收入	50	4	0.6830	34.15
	变现净损失抵税	(60−50)×25%=2.5	4	0.6830	1.71
	营运资金收回	120	4	0.6830	81.96
	净现值	−	−	−	−732.94

继续使用旧设备的现金流出净现值为625万元，使用新设备的现金流出净现值为732.94万元。故应该选择继续使用旧设备。

第四节　证券投资管理

一、证券投资概述

（一）证券资产的特点

1. 价值虚拟性

证券资产不能脱离实体资产而完全独立存在，但证券资产的价值不是完全由实体资本的现实生产经营活动决定的，而是取决于契约性权利所能带来的未来现金流量，是一种未来现金流量折现的资本化价值。

2. 可分割性

证券资产可以分割为一个最小的投资单位，如一股股票、一份债券。

3. 持有目的多元性

证券资产的持有目的既可能是为未来积累现金即为未来变现而持有，也可能是为谋取资本利得即为销售而持有，还有可能是为取得对其他企业的控制权而持有。

4. 强流动性

其流动性表现在：①变现能力强；②持有目的可以相互转换，当企业急需现金时，可以立即将为其他目的而持有的证券资产变现。

5. 高风险性

金融投资受公司风险和市场风险的双重影响。

（二）证券投资的目的

（1）分散资金投向，降低投资风险。

（2）利用闲置资金，增加企业收益。

（3）稳定客户关系，保障生产经营。

（4）提高资产的流动性，增强偿债能力。

(三) 证券投资的风险

按风险性质划分，证券投资的风险分为系统性风险和非系统性风险两大类，如表6-13所示。

证券资产的系统性风险是指外部经济环境因素变化引起整个资本市场不确定性加强，从而对所有证券都产生影响的共同性风险。系统性风险波及所有证券资产，无法通过投资多元化的组合而加以避免，因此也称为不可分散风险。

证券资产的非系统性风险，是指特定经营环境或特定事件变化引起的不确定性，从而对个别证券资产产生影响的特有风险。非系统性风险可以通过持有证券资产的多元化来抵销，故也称为可分散风险。

表6-13　　　　　　　　　　　　　　证券投资的风险

风险		说明
证券资产的系统性风险	价格风险	市场利率上升，使证券资产价格普遍下跌的可能性。当证券资产持有期间的市场利率上升时，证券资产价格就会下跌，证券资产期限越长，投资者遭受的损失越大。到期风险附加率，就是对投资者承担利率变动风险的一种补偿，期限越长的证券资产，要求的到期风险附加率就越大
	再投资风险	市场利率下降，造成的无法通过再投资实现预期收益的可能性
	购买力风险	由于通货膨胀而使货币购买力下降的可能性。债券投资的购买力风险远大于股票投资。如果长期通货膨胀，投资人会把资本投向实体性资产以求保值，对证券资产的需求量减少，引起证券资产价格下跌
证券资产的非系统性风险	违约风险	证券资产发行者无法按时兑付证券资产利息和偿还本金的可能性
	变现风险	证券资产持有者无法在市场上以正常的价格平仓出货的可能性
	破产风险	证券资产发行者破产清算时投资者无法收回应得权益的可能性

二、债券投资

债券是政府、企业、银行等债务人为筹集资金按照法定程序发行并向债权人承诺于指定日期还本付息的有价证券。

(一) 债券的基本要素

债券尽管种类多种多样，但是在内容上都要包含一些基本的要素，主要内容如下所示：

(1) 债券面值

债券面值是指债券的票面记载金额，是发行人对债券持有人在债券到期后应偿还的本金数额，也是债券发行人按期支付利息的计算依据。当发行价格大于面值时为溢价发行，当发行价格等于面值时为平价发行，当发行价格小于面值时为折价发行。

(2) 期限

期限是指债券发行日至到期日之间的时间间隔。

(3) 票面利率

票面利率是指债券利息与债券面值的比率，是发行人承诺以后一定时期支付给债券持有人报酬的计算标准，通常以年利率的形式存在。

(二) 债券的价值

债券价值是指进行债券投资时投资者预期可获得的现金流入的现值。债券的现金流入主要包括利息和到期收回的本金或出售时获得的现金两部分。

债券价值的影响因素包括债券面值、票面利率、市场利率、债券期限。债券发行时，其票面利率与市场利率可以不相同，当票面利率高于市场利率，价值高于面值，此时债券以高于面值的价格发行（溢价发行）；当票面利率低于市场利率，价值低于面值，此时债券以低于面值的价格发行（折价发行）；当票面利率等于市场利率，价值等于面值，此时债券以等于面值的价格发行（平价发行）。

1. 债券估值方法的基本模型

债券价值=未来各期利息收入的现值合计+未来到期本金或售价的现值

$$V_b = \sum_{t=1}^{n} \frac{I_t}{(1+R)^t} + \frac{M}{(1+R)^n}$$

式中，V_b表示债券的价值，I_t表示债券各期的利息，M表示债券的面值，R表示债券估值时所采用的贴现率，一般采用当时市场利率或投资人要求的必要报酬率。

【例12】某债券面值为1000元，期限为20年，每年支付一次利息，到期归还本金，以市场利率作为评估债券价值的贴现率，目前的市场利率为10%，如果票面利率分别为8%、10%和12%，债券价值分别为多少？

票面利率为8%时：V_b=80×(P/A,10%,20)+1000×(P/F,10%,20)=829.69（元）

票面利率为10%时：V_b=100×(P/A,10%,20)+1000×(P/F,10%,20)=999.96（元）

票面利率为12%时：V_b=120×(P/A,10%,20)+1000×(P/F,10%,20)=1170.23（元）

当票面利率为10%时，计算结果理应为1000，出现误差是因为系数值为近似值。

2. 债券价值对债券期限的敏感性

由于票面利率的不同，当债券期限发生变化时，债券的价值也会随之波动。在市场利率为"i"，票面利率分别为"i""i+a""i-a"（a>0）时，债券价值对债券期限的敏感性如图6-6所示。

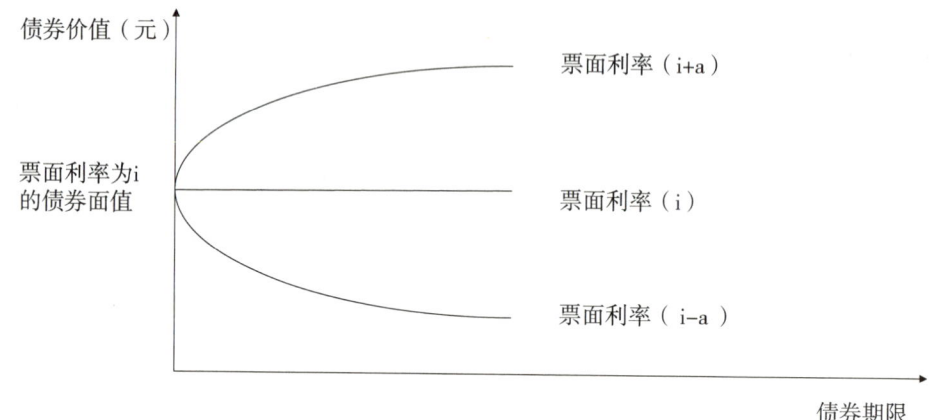

图6-6 债券价值对债券期限的敏感性

由图6-6可得出以下结论：

（1）引起债券价值随债券期限的变化而波动的原因，是债券票面利率与市场利率的不一致。如果债券票面利率与市场利率之间没有差异，债券期限的变化不会引起债券价值的变动。

（2）债券期限越短，债券票面利率对债券价值的影响越小。

（3）在票面利率偏离市场利率的情况下，债券期限越长，债券价值会越偏离债券面值。

但这种偏离的变化幅度最终会趋于平稳，即超长期债券的期限差异对债券价值的影响不大。

3. 债券价值对市场利率的敏感性

图6-7分别表示了票面利率为"i"时，债券期限为"n"的债券和期限为"10n"的债券价值对市场利率的敏感性图形（横轴为市场利率，纵轴为债券市场价值）。

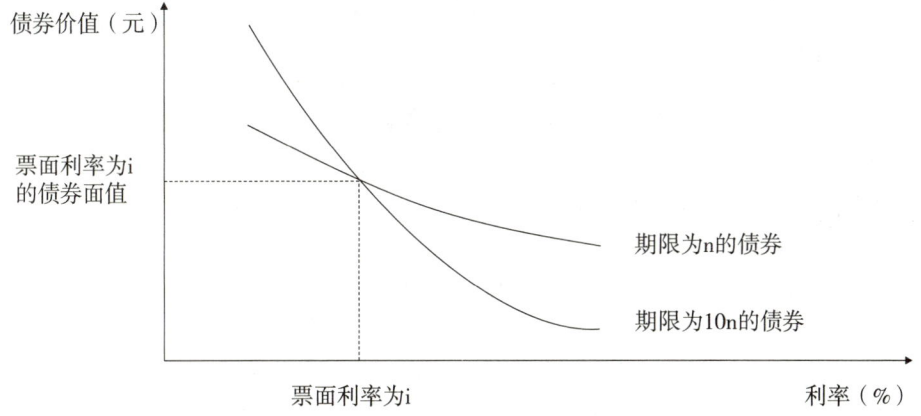

图6-7　债券价值对市场利率的敏感性

由图可以看出：

（1）市场利率的上升会导致债券价值的下降，市场利率的下降会导致债券价值的上升。

（2）长期债券对市场利率的敏感性会大于短期债券。在市场利率较低时，长期债券的价值远高于短期债券，在市场利率较高时，长期债券的价值远低于短期债券。

（3）市场利率低于票面利率时，债券价值对市场利率的变化较为敏感，市场利率稍有变动，债券价值就会发生剧烈的波动；市场利率超过票面利率后，债券价值对市场利率的变化敏感性减弱，市场利率的提高，不会使债券价值过分地降低。

4. 债券投资的收益率

1）债券收益的来源

债券的收益来源于名义利息收益、利息再投资收益以及价差收益。债券各期的名义利息收益是其面值与票面利率的乘积。利息再投资收益是指将分期收取的利息进行再投资获得的收益。价差收益是指债券尚未到期时投资者中途转让债券在卖价和买价之间的价差上所获得的收益，也称为资本利得收益。

2）债券的内部收益率

债券的内部收益率，是指按当前市场价格购买债券并持有至到期日或转让日所产生的预期收益率，也就是债券投资项目的内含收益率。

溢价债券持有至到期的内部收益率低于票面利率；折价债券持有至到期的内部收益率高于票面利率；平价债券持有至到期的内部收益率等于票面利率。

【例13】甲公司2019年7月1日发行的某债券，面值为100元，期限为3年，票面年利率为8%，每半年付息一次，付息日为6月30日和12月31日。某投资者2021年7月1日以97元购入，请计算该债券持有至到期日的内含收益率和有效年利率。

该债券的到期收益率：

$97 = 4 \times (P/A, I_半, 2) + 100 \times (P/F, I_半, 2)$

先用5%试算：4×1.8594+100×0.9070=98.14（元）

再用6%试算：4×1.8334+100×0.8900=96.33（元）

用插值法计算：该债券半年内含收益率 $(I_¥)=5\%+\dfrac{98.14-97}{98.14-96.33}\times(6\%-5\%)=5.63\%$

该债券的有效年利率= $(1+5.63\%)^2-1=11.58\%$

三、股票投资

股票的价值也称为股票的内在价值，是指股票未来现金流量的现值。

（一）股票的估值

1. 股票估值的通用模型（考虑出售股票）

股票价值等于各年股利的现值合计与售价的现值之和，即：

$$V=\sum_{t=1}^{n}\dfrac{D_t}{(1+R_s)^t}+\dfrac{P_n}{(1+R_s)^n}$$

式中，D_t是每期收到的股息，R_s是股权资本成本，P_n是股票的出售价格。

2. 几种常用股票的估价模型（不考虑出售股票）

1）固定成长模型

如果某股票股息的增长率是固定的，则：

$$各年股利现值之和=\dfrac{D_0(1+g)}{1+R_s}+\dfrac{D_0(1+g)^2}{(1+R_s)^2}+\dfrac{D_0(1+g)^3}{(1+R_s)^3}+\cdots+\dfrac{D_0(1+g)^n}{(1+R_s)^n}$$

当$R_s>g$，根据等比数列可将上式化简为：

$$V_S=\dfrac{D_1}{R_s-g}=\dfrac{D_0(1+g)}{R_s-g}$$

式中，D_0是当前的股利；D_1是未来第一期的股利；R_s是股权资本成本；g是股利增长率。

2）零成长模型

零成长模型是固定成长模型中的一种特殊情况，此时股票股息的增长率g为0，股票价值为：

$$V_S=\dfrac{D_0}{R_s}$$

3）阶段性成长模型

如果某股票支付的股息在开始的某一个阶段保持超常增长，而后股息保持某一个较低的固定增长率，股票价值需要分阶段计算。具体情况如图6-8所示。

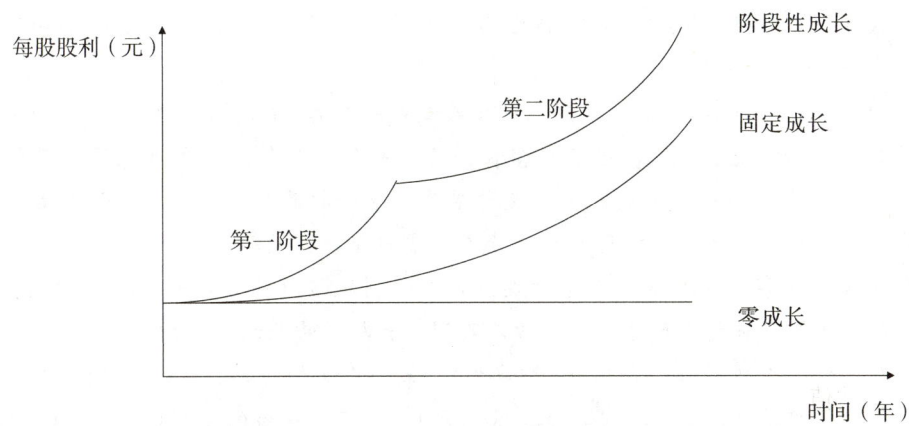

图6-8 零成长、固定成长和阶段性成长

【例14】B公司股票的投资收益率是12%，该公司2021年每股股利1元，预计未来2年股利以20%的速度高速增长，此后以10%的速度转入正常的增长，则B股票的价值是多少？

首先，计算高速增长期股利的现值：

第一年增长股利在2021年年末的现值=1×(1+20%)×(P/F,12%,1)=1.2×(P/F,12%,1)=1.0715（元）

第二年增长股利在2021年年末现值=1.2×(1+20%)×(P/F,12%,2)=1.44×(P/F,12%,2)=1.1480（元）

高速增长期股利现值=1.0715+1.1480=2.2195（元）

其次，计算正常增长期股利在第二年年末的现值：

$$V_2=\frac{D_3}{R_s-g}=\frac{1.44\times(1+10\%)}{12\%-10\%}=79.2（元）$$

最后，计算该股票的价值：

该股票价值=高速增长期股利现值+正常增长期股利现值
=2.2195+79.2×(P/F,12%,2)
=65.36（元）

(二) 股票投资的收益率

1. 股票收益的来源

股票收益的来源包括股利收益、股利再投资收益、转让价差收益。

2. 股票的内部收益率

股票的内部收益率是使股票未来现金流量贴现值等于目前的购买价格时的折现率，也就是股票投资项目的内含收益率。

股票的内部收益率高于投资者所要求的最低收益率时，投资者才愿意购买该股票。不同模式下，长期持有、不准备出售的股票的内含收益率的计算如表6-14所示。

表6-14　　　　　　　　　　　股票内含收益率的计算

模式	计算公式
零成长股票内部收益率	$R=D_0/P_0$
固定成长股票内部收益率	$R=D_1/P_0+g$=预期股利收益率+股利增长率
阶段性成长股票内部收益率	利用逐步测试法，结合内插法求净现值为0的折现率

若该股票持有期限有限，未来准备出售。利用逐步测试法，结合插值法来求净现值为零时的折现率。

【例15】某上市公司当前股价为25元，每股支付股利为2元。预计该公司未来3年进入成长期，净收益第一年增长14%，第二年增长14%，第三年增长8%，第四年及以后将保持其净收益水平。该公司一直采用固定股利支付率政策，并打算今后继续实行该政策。该公司没有增发普通股和发行优先股的计划，请计算股票的内含收益率。

股票内含收益率是指股票购价等于股票未来股利现值时的折现率，设内含收益率为i，由于该公司采用固定股利支付率政策，所以股利增长与净收益增长相同。

第一年支付的股利=2×(1+14%)=2.28（元），第一年支付的股利现值=2.28×(P/F,i,1)

第二年支付的股利=2.28×(1+14%)=2.60（元），第二年支付的股利现值=2.60×(P/F,i,2)

第三年支付的股利=2.60×(1+8%)=2.81（元），第三年及以后支付的股利现值=(2.81/i)×(P/F,i,2)

综上有方程式：

25=2.28×(P/F,i,1)+2.60×(P/F,i,2)+(2.81/i)×(P/F,i,2)

当i=12%时：

2.28×(P/F,12%,1)+2.60×(P/F,12%,2)+(2.81/12%)×(P/F,12%,2)=2.28×0.8929+2.60×0.7972+(2.81/12%)×0.7972=22.78（元）

当i=10%时：

2.28×(P/F,10%,1)+2.60×(P/F,10%,2)+(2.81/10%)×(P/F,10%,2)=2.28×0.9091+2.60×0.8264+(2.81/10%)×0.8264=27.44（元）

利用插值法：(i−10%)/(25−27.44)=(12%−10%)/(22.78−27.44)

内含收益率i=11.05%

第五节　基金投资与期权投资

一、证券投资基金

（一）证券投资基金的概念

投资基金是一种集合投资方式，投资者通过购买基金份额，将众多资金集中起来，由专业的投资者即基金管理人进行管理，通过投资组合的方式进行投资，实现利益共享、风险共担。投资基金按照投资对象的不同可以分为证券投资基金和另类投资基金。

证券投资基金主要投资于证券交易所或银行间市场上公开交易的有价证券；另类投资基金包括私募股权基金、风险投资基金、对冲基金以及投资于实物资产。

（二）证券投资基金的特点

(1) 集合理财实现专业化管理。

(2) 通过组合投资实现分散风险的目的。

(3) 投资者利益共享且风险共担。

(4) 权力隔离的运作机制。

(5) 严格的监管制度。

(三) 证券投资基金的分类

(1) 依据法律形式的不同，分为契约型基金与公司型基金。契约型基金依据基金管理人、基金托管人之间签署的基金合同设立，合同规定了参与基金动作各方的权利与义务；公司型基金则为独立法人，依据基金公司章程设立，基金投资者是基金公司股东，按持有股份比例承担有限责任，分享投资收益。

(2) 依据运作方式的不同，分为封闭式基金与开放式基金。封闭式基金适合长期投资的投资者；开放式基金适合短期投资的投资者。

(3) 依据投资对象的不同，分为股票基金、债券基金、货币市场基金和混合基金。股票基金为基金资产80%以上投资于股票的基金；债券基金为基金资产80%以上投资于债券的基金。

(4) 依据投资目标的不同，分为增长型基金、收入型基金和平衡型基金。三者在风险与收益的关系上常表现为：增长型基金>平衡型基金>收入型基金。

(5) 依据投资理念的不同，分为主动型基金与被动（指数）型基金。主动型基金指由基金经理主动操盘寻找超越基准组合表现的投资组合进行投资；被动型基金则期望通过复制指数的表现，选取特定的指数成分股作为投资对象，不期望能够超越基准组合只求能够与所复制的指数表现同步。

(6) 依据募集方式的不同，分为私募证券投资基金与公募证券投资基金。私募证券投资基金采取非公开方式发售，面向特定的投资者；公募证券投资基金可以面向社会公众公开发售，募集对象不确定，投资金额较低，适合中小投资者。

(四) 证券投资基金业绩评价

1. 评价基金业绩应当考虑的因素

在对证券投资基金进行业绩评价时需要考虑投资目标与范围、风险水平、基金规模、时间区间。

(1) 投资目标与范围。两种投资目标与范围不同的基金不具有可比性，不能作为基金投资决策的选择标准。

(2) 风险水平。在基金业绩评价时应当以风险调整后的收益为评价指标，已有的调整模型包括夏普比率、特雷诺比率、詹森α等。

(3) 基金规模。随着基金规模的增加，基金的平均成本会下降。另外，非系统性风险也会随着基金规模的增加而降低。但是基金规模过大也会对投资对象选择以及被投资对象流动性产生不利影响。

(4) 时间区间。可以采用多个时间段的业绩进行比较，比如选择近1个月、近3个月或者近1年等。

2. 基金业绩评估指标

1) 绝对收益

基金绝对收益指标不关注与业绩基准之间的差异，测量的是证券或投资组合的增值或贬值，即其在一定时期内获得的回报情况，一般用百分比形式的收益率衡量。绝对收益的衡量指标包括持有期间收益率、现金流和时间加权收益率、平均收益率。

（1）持有期间收益率。计算公式如下：

持有期间收益率=（期末资产价格–期初资产价格+持有期间红利收入）/期初资产价格×100%

【例16】刘先生于2021年4月15日申购了10000元基金，在2022年3月10日赎回全部基金份额收回现金9060元，期间累计获得现金分红240元，刘先生持有期间收益率是多少？

期间收益率=（9060–10000+240）/10000=–7%

（2）现金流和时间加权收益率。该方法将收益率计算区间划分为若干个子区间，每个子区间以现金流发生时间划分，以各个子区间收益率为基础计算整个期间的绝对收益水平。

（3）平均收益率。算数平均收益率计算公式如下：

$$R_A = \frac{\sum_{t=1}^{n} R_t}{n} \times 100\%$$

式中，R_t表示t期收益率；n表示期数。

设几何平均收益率为R_G，则有：

$$R_G = \left[\sqrt[n]{\prod_{i=1}^{n}(1+R_i)} - 1\right] \times 100\%$$

几何平均收益率相比算术平均收益率考虑了货币时间价值。一般来说，收益率波动越明显，算术平均收益率相比几何平均收益率越大。

【例17】某股票基金最近两年的收益率分别为29%、–5%，请分别计算其近两年的算术平均收益率和几何平均收益率。

算术平均收益率=（29%–5%）/2×100%=12%

几何平均收益率=$\sqrt{(1+29\%)\times(1-5\%)}$–1=10.70%

2）相对收益

基金的相对收益，是基金相对于一定业绩比较基准的收益。

二、私募股权投资基金

（一）私募股权投资基金的特点

（1）具有较长的投资周期。

（2）具有较大的投资收益波动性。

（3）对投资决策与管理的专业要求较高，投后需进行非财务资源注入。

（二）私募股权投资基金的退出

（1）股票上市转让或挂牌转让。私募股权投资基金应优先考虑的退出方式是首次公开发行上市（IPO），也可选择在全国中小企业股份转让系统（新三板）挂牌退出。

（2）股权转让。股权转让指作为企业股东的私募股权投资基金在企业未上市时依法将自己的股份让渡给他人从而退出企业。

（3）清算退出。清算退出主要有破产清算和解散清算两种形式，主要发生于项目投资失败的时候。

（三）私募股权基金和风险投资基金

私募股权基金和风险投资基金均属于股权投资基金，投资对象多为私人股权。私募股权基金主要投资于上市公司，被投资方处于发展阶段。风险投资基金更关注初创型企业，投资标的以高新技术企业或项目为主。

三、期权投资

（一）期权合约的概念

期权合约指赋予持有人在某一特定日期或该日期之前的任何时间以固定价格购进或售出约定数量资产的权利的合约。期权合约的构成要素有标的资产、期权买方、期权卖方、执行价格、期权费用、通知日与到期日。

（二）期权合约的分类

1. 看涨期权、看跌期权

看涨期权赋予买方在到期日或到期日前以固定价格购买标的资产的权利。

看跌期权赋予买方在到期日或到期日前以固定价格出售标的资产的权利。

2. 欧式期权、美式期权

欧式期权买方只能在到期日执行。

美式期权买方在到期日或到期日之前任何时间均可执行。

（三）期权到期日价值与净损益的计算

到期时执行期权可以取得的净收入为期权的到期日价值，它依赖于标的资产的到期日价格和执行价格。期权到期日价值减去期权费用后的剩余，称为期权的"损益"。

对于看涨期权和看跌期权，到期日价值的计算又分为买入和卖出两种。

1. 买入看涨期权

$$期权到期日价值(V) = \max(A_m - X, 0)$$

当标的资产市场价格 A_M 大于执行价格 X 时，期权购买方会选择行权，期权到期日价值为 $A_m - X$；当标的资产市场价格 A_M 小于执行价格 X 时，期权购买方不会行权，期权到期日价值为 0。

$$期权净损益(P) = V - 期权费用$$

买入看涨期权的净收益没有上限，但净损失最大为期权费用。

2. 卖出看涨期权

$$期权到期日价值(V) = -\max(A_m - X, 0)$$

当 A_m 大于 X 时，期权购买方会选择行权，而对卖方而言期权到期日价值为 $-(A_m - X)$；当 A_m 小于 X 时，期权购买方不会行权，而对卖方而言期权到期日价值为 0。

$$期权净损益(P) = V + 期权费用$$

卖出看涨期权的净收益最大为期权费用，但净损失却没有下限。

3. 买入看跌期权

$$期权到期日价值(V) = \max(X - A_m, 0)$$

当 A_m 小于 X 时，期权购买方会选择行权，期权到期日价值为 $X - A_m$；当 A_m 大于 X 时，期权购买方不会行权，期权到期日价值为 0。

$$期权净损益(P)=V-期权费用$$

买入看跌期权的净收益最大为X-期权费用（当A_m等于0时），净损失最大为期权费用。

4.卖出看跌期权

$$期权到期日价值(V)=-\max(X-A_m,0)$$

当A_m小于X时，期权购买方会选择行权，而对卖方而言期权到期日价值为$-(X-A_m)$；当A_m大于X时，期权购买方不会行权，而对卖方而言期权到期日价值为0。

$$期权净损益(P)=V+期权费用$$

卖出看跌期权的净收益最大为期权费用，净损失最大为X-期权费用（当A_m等于0时）。

【例18】小王支付80元的期权费用，购买了一份甲公司股票的美式看涨期权，执行价格为300元，该期权1年后到期。则：

（1）期权到期日前，当股票价格低于或等于300元，小王不会行权，此时期权到期日价值为0元，净损益为-80元（到期日价值0-期权费用80）；

（2）期权到期日前，当股票价格高于300元，小王会行权，期权到期日价值随股票价格上升而上升且无上限；当股票价格来到380元时，期权到期日价值为80元，净损益为0元（到期日价值80-期权费用80），达到损益平衡。

【提示】期权价值中，买入方与卖出方的到期日价值金额绝对值相等，符号相反。

扫一扫，提个小建议

图书勘误、评价建议，"微信"扫一扫。您的感受是我们最好的动力！助您奇兵制胜！

知识梳理

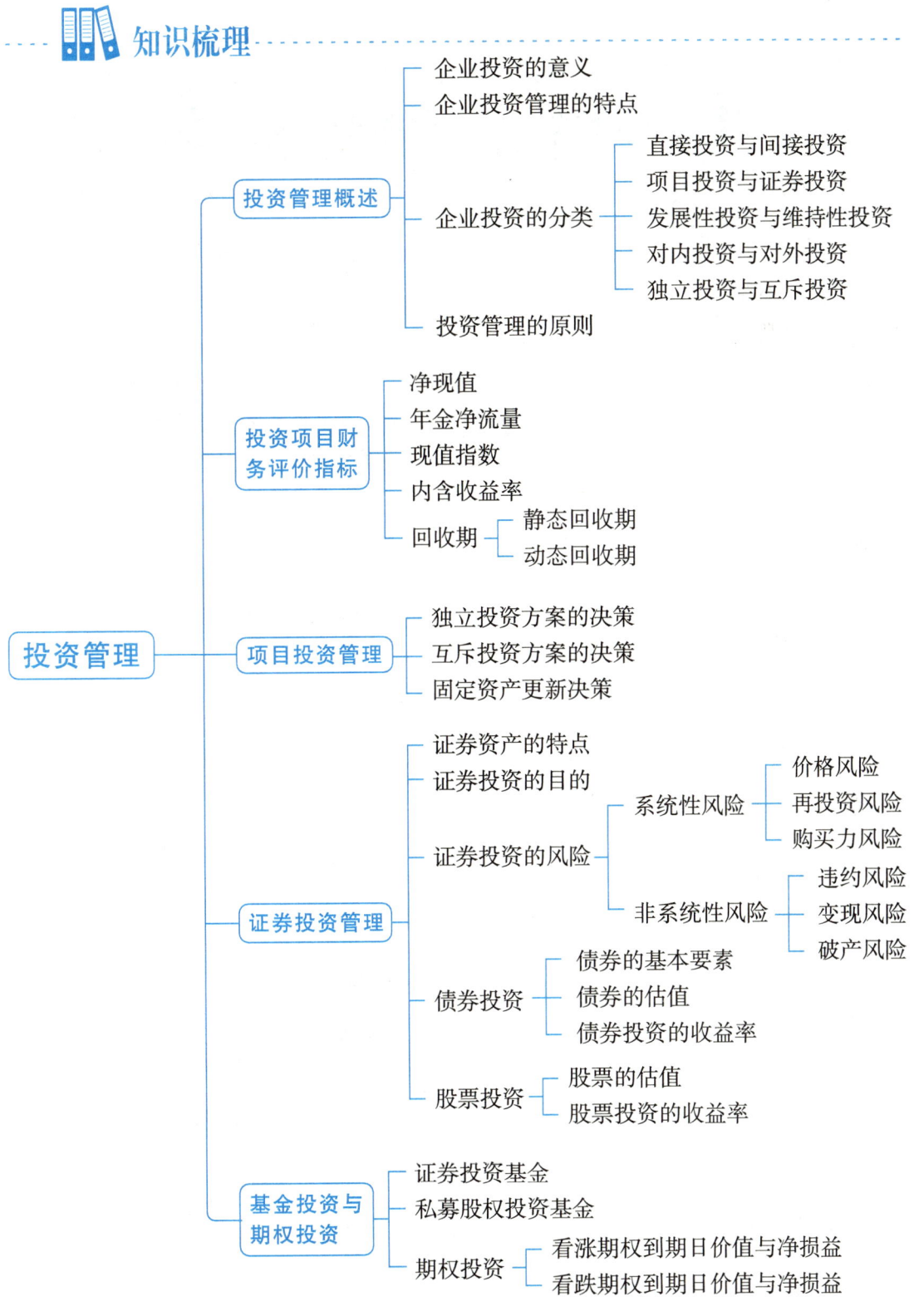

第七章 营运资金管理

本章概述

本章介绍企业营运资金管理的知识,涉及现金管理、应收账款管理、存货管理以及流动负债管理等内容,除了现金管理和存货管理有部分内容相似之外,各个小节之间内容相对独立。现金管理、应收账款管理、存货管理属于需要重点掌握的内容。本章中,存货管理难度较大,从经济订货基本模型到经济订货基本模型的扩展,前后链接得十分紧密,这部分内容建议采取逐步推进、稳扎稳打的学习策略。

第一节 营运资金管理概述

一、营运资金的概念及特点

(一)营运资金的概念

营运资金是指在企业生产经营活动中占用在流动资产上的资金。广义的营运资金是指一个企业流动资产的总额;狭义的营运资金是指流动资产减去流动负债后的余额。本书应用的是狭义的营运资金概念。

流动资产与流动负债的分类如表7-1所示。

表7-1　　　　　　　　　　　流动资产与流动负债的分类

项目	分类标准	分类结果
流动资产	按占用形态不同	现金、以公允价值计量且其变动计入当期损益的金融资产、应收及预付款项和存货等
	按在生产经营过程中所处的环节不同	生产环节中的流动资产(如材料)、流通环节中的流动资产(如商品)以及其他环节中的流动资产
流动负债	应付金额是否确定	(1)应付金额确定的流动负债(如短期借款、应付票据、应付短期融资券等); (2)应付金额不确定的流动负债(如应交税费、应付产品质量担保债务等)
	是否支付利息	有息流动负债、无息流动负债

续表

项目	分类标准	分类结果
流动负债	流动负债的形成情况	(1) 自然性流动负债：指不需要正式安排，由于结算程序或有关法律法规的规定等原因而自然形成的流动负债； (2) 人为性流动负债：指由财务人员根据企业对短期资金的需求情况，通过人为安排所形成的流动负债，如短期银行借款等

（二）营运资金的特点

（1）营运资金的来源具有多样性。筹集营运资金通常有短期借款、商业信用、应交税费、应付股利、应付职工薪酬等多种融资方式。

（2）营运资金的数量具有波动性。流动资产的数量通常随着企业内外条件的变化而变化，流动资产的数量时高时低、波动很大。

（3）营运资金的周转具有短期性。企业占用在流动资产上的资金通常会在1年或超过1年的一个营业周期内收回。

（4）营运资金的实物形态具有变动性和易变现性。营运资金的每次循环都要经过采购、生产、销售等过程，一般按照现金、材料、在产品、产成品、应收账款、现金的顺序转化。

二、营运资金的管理原则

企业进行营运资金管理，应遵循以下原则：

（1）满足正常资金需求。营运资金的管理必须把满足正常合理的资金需求作为首要任务。

（2）提高资金使用效率。企业应采取措施，缩短营运周期，加快营运资金的周转。

（3）节约资金使用成本，既要挖掘资金潜力，加速资金周转，精打细算地使用资金，也要积极拓展融资渠道，合理配置资源，筹措低成本资金。

（4）维持短期偿债能力，合理安排流动资产和流动负债的比例关系。

三、营运资金管理策略

营运资金管理策略如图7-1所示。

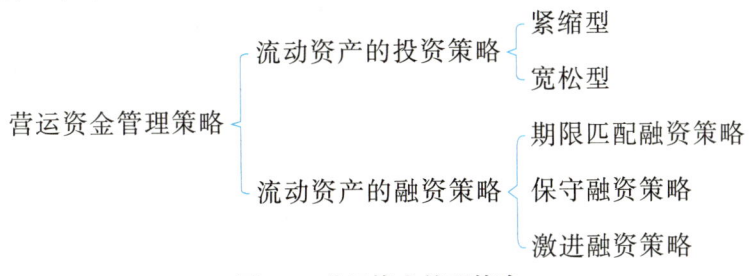

图7-1 营运资金管理策略

（一）流动资产的投资策略

1. 流动资产投资水平的影响因素

1）经营的不确定性（风险大小）

销售稳定性和可预测性的相互作用可反映流动资产投资的风险程度：

（1）销售额不稳定但可以预测，则没有显著风险。

（2）销售额不稳定且难以预测，则存在显著风险，需要维持较高的流动资产存量水平。

（3）销售稳定且可预测，则风险较小，只需维持较低的流动资产投资水平。

2）风险忍受程度

（1）如果企业管理政策保守，会保持较高的流动资产与销售收入比率，保证更高的流动性，但盈利能力也更低；

（2）如果企业管理政策激进，会保持较低的流动资产与收入比率，流动性降低，但盈利能力增强。

2.流动资产投资策略的类型

流动资产的投资策略可以分为紧缩的流动资产投资策略和宽松的流动资产投资策略，有关特点如表7-2所示。

表7-2　　　　　　　　　流动资产的投资策略及特点

类型	特点		
	流动资产与销售收入比率水平	成本表现	风险与收益水平
紧缩的流动资产投资策略	低水平	持有成本低、短缺成本高	高风险高收益
宽松的流动资产投资策略	高水平	持有成本高、短缺成本低	低风险低收益

【提示】这里的流动资产通常只包括生产经营过程中的产生的存货、应收款项以及现金等生产性流动资产，而不包括股票、债券等金融性流动资产。

3.影响流动资产投资策略制定的因素

1）企业对资产风险和收益的权衡

增加流动资产投资，会增加流动资产的持有成本，降低资产的收益性，但会提高资产的流动性。从理论上来说，最优的流动资产投资规模是流动资产的持有成本与短缺成本之和最低时的流动资产占用水平。

2）企业经营的内外部环境

银行和其他借款人对企业流动性水平非常重视，此外，他们还会考虑应收账款和存货的质量（用于贷款抵押）。融资困难的企业，通常采用紧缩的流动资产投资策略。

3）产业因素

销售边际毛利较高的产业如果从额外销售中获得的利润超过额外应收账款所增加的成本，宽松的信用政策可能提供更可观的收益；流动资产占用具有明显的行业特征，如在机械行业中，存货居于流动资产中的主要位置（50%左右）；而对于商业零售行业来说，流动资产占用要超过机械行业。

4）影响企业政策的决策者

（1）保守的决策者倾向于宽松的流动资产投资策略，风险承受能力较强的决策者倾向于紧缩的流动资产投资策略。

（2）生产经理通常喜欢高水平的原材料持有量，以便满足生产所需。

（3）销售经理喜欢高水平的产成品存货以便满足顾客的需要，而且喜欢宽松的信用政策以便刺激销售。

（4）财务管理人员喜欢使存货和应收账款最小化，以便使流动资产融资的成本最低。

【例1】（多选·2019）不考虑其他因素，企业采用宽松的流动资产投资策略将导致（　　）。

A.较低的流动资产　　　　　　　　　B.较低的偿债能力

C. 较低的流动资产短缺成本　　　　D. 较低的收益水平

【答案】CD

【解析】在宽松的流动资产投资策略下，企业将保持较高的流动资产，增加流动资产投资会增加流动资产的持有成本，降低资产的收益性，但会提高资产的流动性，降低短缺成本，提高偿债能力。选项C、D当选。

（二）流动资产的融资策略

1. 流动资产和流动负债按其永久性水平的分类

流动资产和流动负债按其永久性水平的分类如表7-3所示。

表7-3　　　　　　　　流动资产和流动负债按其永久性水平分类表

类别		含义	特征
流动资产	永久性流动资产	满足企业长期最低需求的流动资产	占用量通常相对稳定
	波动性流动资产（临时性流动资产）	由于季节性或临时性的原因而形成的流动资产	占用量随当时的需求而波动
流动负债	临时性流动负债（筹资性流动负债）	为了满足临时性流动资金需要所发生的负债，如商业零售企业春节前为满足节日销售需要，超量购入货物而举借的短期银行借款	临时性流动负债一般只能供企业短期使用
	自发性流动负债（经营性流动负债）	直接产生于企业持续经营中的流动负债，如商业信用筹资和日常运营中产生的其他应付款，以及应付职工薪酬、应付利息、应交税费等	自发性流动负债可供企业长期使用

【提示】永久性流动资产和非流动资产一般通过长期来源解决，波动性流动资产一般通过短期融资解决。

2. 流动资产融资策略的类型

根据资产的期限结构与资金来源的期限结构的匹配程度差异，流动资产的融资策略可以划分为期限匹配融资策略、保守融资策略和激进融资策略三种基本类型。

1）期限匹配融资策略

在期限匹配融资策略中，永久性流动资产和非流动资产以长期融资方式（负债或股东权益）融通，波动性流动资产通过短期来源融通，如图7-2所示。在该种策略下，有如下关系式：

波动性流动资产=临时性流动负债

永久性流动资产+非流动资产=自发性流动负债+非流动负债+股东权益

期限匹配融资策略中，风险、成本与收益水平均适中。

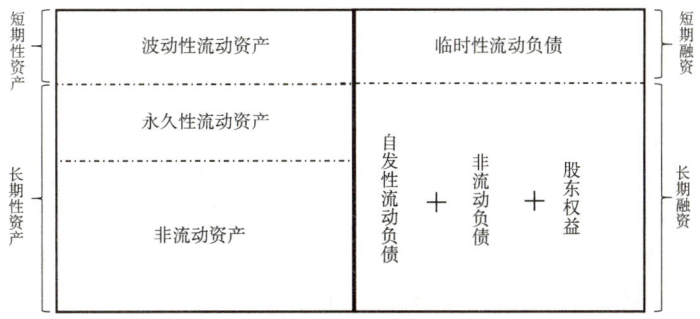

图7-2　期限匹配融资策略

2）保守融资策略

在保守融资策略中，长期融资支持非流动资产、永久性流动资产和部分波动性流动资产。短期融资仅支持剩余的波动性流动资产，如图7-3所示。在该种策略下，有如下关系式：

波动性流动资产>临时性流动负债

永久性流动资产+非流动资产<自发性流动负债+非流动负债+股东权益

保守融资策略融资风险较低，融资成本较高，收益较低。

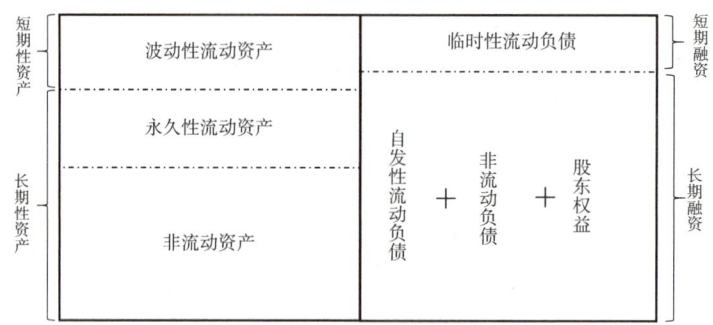

图7-3　保守融资策略

3）激进融资策略

在激进融资策略中，企业以长期负债、自发性负债和股东权益资本为所有的非流动资产融资，仅对一部分永久性流动资产使用长期融资方式融资。短期融资方式支持剩下的永久性流动资产和所有的临时性流动资产，如图7-4所示。在该种策略下，有如下关系式：

波动性流动资产<临时性流动负债

永久性流动资产+非流动资产>自发性流动负债+非流动负债+股东权益

激进融资策略是一种高风险、低成本、高收益的融资策略。

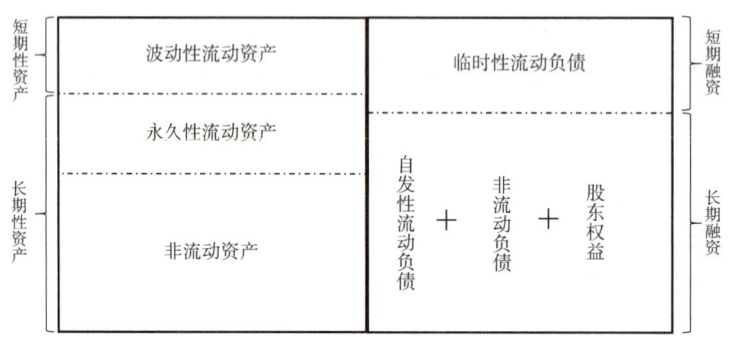

图7-4　激进融资策略

3. 影响融资策略选择的因素

融资决策主要取决于管理者的风险偏好，此外它还受短期、中期、长期负债的利率差异的影响。

【例2】甲公司资产总额为9000万元，其中永久性流动资产为2400万元，波动性流动资产1600万元，该公司长期资金来源金额为8100万元，则在不考虑其他因素的情况下：

非流动资产=9000-2400-1600=5000（万元）

非流动资产+永久性流动资产=5000+2400=7400（万元）<8100（万元）

这说明该公司长期融资除支持非流动资产和永久性流动资产外，还能支持部分波动性流动资产。因此该公司选择的是保守融资策略。

第二节 现金管理

现金有狭义和广义之分。狭义的现金仅指库存现金,广义的现金是指在生产经营过程中以货币形态存在的资金,包括库存现金、银行存款和其他货币资金等。本书应用的是广义的现金概念。

一、持有现金的动机

企业持有现金的动机如图7-5所示。

持有现金的动机 { 交易性需求 / 预防性需求 / 投机性需求 }

图7-5 持有现金的动机

（一）交易性需求

交易性需求是指企业为了维持日常周转及正常商业活动需要持有的现金额。由于企业的收入和支出在数额上不相等、在时间上不匹配等原因,企业需持有一定现金以维持生产经营活动的继续进行。此外,交易性需求还受到企业业务的季节性影响。

（二）预防性需求

预防性需求是指企业需要持有一定量的现金,以应付突发事件。企业由于预防性需求而持有的现金数额,受到以下因素影响:

(1) 企业愿冒现金短缺风险的程度。

(2) 企业预测现金收支可靠的程度。

(3) 企业临时融资的能力。

（三）投机性需求

投机性需求是企业需要持有一定量的现金以抓住突然出现的获利机会（如证券价格的突然下跌等）。

【提示】企业的现金持有量一般小于三种需求下的现金持有量之和,因为为某一需求持有的现金可以用于满足其他需求。

【例3】（单选·2020）某企业因供应商收回了信用政策,导致资金支付需求增加,需要补充持有大量现金,这种持有现金的动机属于（ ）。

A.交易性　　　　B.投资性　　　　C.预防性　　　　D.调整性

【答案】A

【解析】企业的交易性需求是指企业为了维持日常周转及正常商业活动所需持有的现金额,选项A当选。

二、目标现金余额的确定

目标现金余额的确定方式包括成本分析模型、存货模型和随机模型。

（一）成本分析模型

成本分析模型考虑的现金持有成本包括机会成本、管理成本和短缺成本，具体如表7-4所示。

表7-4　　　　　　　　　　成本分析模型下的成本构成表

成本类别	含义	与现金持有量的关系
机会成本	持有一定现金余额而丧失的再投资收益	正相关
管理成本	持有一定数量的现金而发生的管理费用	一般认为是固定成本
短缺成本	现金持有量不足而又无法及时通过有价证券变现加以补充所给企业造成的损失	负相关

成本分析模型强调持有现金是有成本的，其基本思路是最优的现金持有量是使现金持有成本最小化的持有量，即：

最佳现金持有量下的现金持有总成本=min（机会成本+管理成本+短缺成本）

最优的现金持有量是使现金持有成本最小化的持有量，即使机会成本、管理成本和短缺成本三者之和最小的持有量。其中，机会成本是正相关成本，管理成本属于固定成本，短缺成本是负相关成本。当机会成本和短缺成本相等时，现金持有总成本最小。成本分析模型下的现金持有成本如图7-6所示。

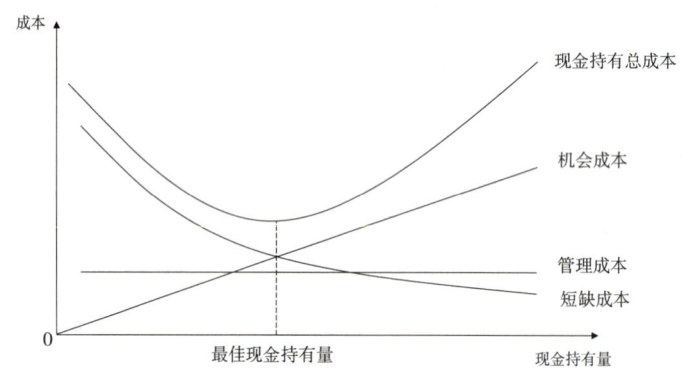

图7-6　成本分析模型下的现金持有总成本

【例4】甲企业采用成本分析模型确定最佳现金持有量，经测算，在不同现金持有量下，各成本的有关资料如表7-5所示。

表7-5　　　　　　　　　　现金持有方案　　　　　　　　　　　　单位：万元

项目	A	B	C	D	E
现金持有量	1000	1500	2000	2500	3000
机会成本	50	75	100	120	150
管理成本	10	10	10	10	10
短缺成本	180	110	60	30	20
总成本	240	195	170	160	180

通过对比发现，方案D的总成本最小，所以甲企业的最佳现金持有量为2500万元，此时

的总成本为160万元。

(二) 存货模型

如果企业平时只持有较少的现金，在有现金需要时，通过出售有价证券换回现金（或从银行借入现金），既能满足现金的需要，避免短缺成本，又能减少机会成本。因此，适当的现金与有价证券之间的转换，是企业提高资金使用效率的有效途径。

存货模型考虑的现金持有成本包括机会成本和交易成本（转换成本）。其中，交易成本是指有价证券转换回现金所付出的代价（如支付手续费用）。现金的交易成本与现金转换次数、每次的转换量有关。在交易成本既定不变的情况下，如果企业一定时期的现金使用量是确定的，则每次以有价证券换回现金的金额越大，企业平时持有的现金量便越高，转换的次数便越少，现金的交易成本就越低。存货模型下的现金持有总成本如图7-7所示。

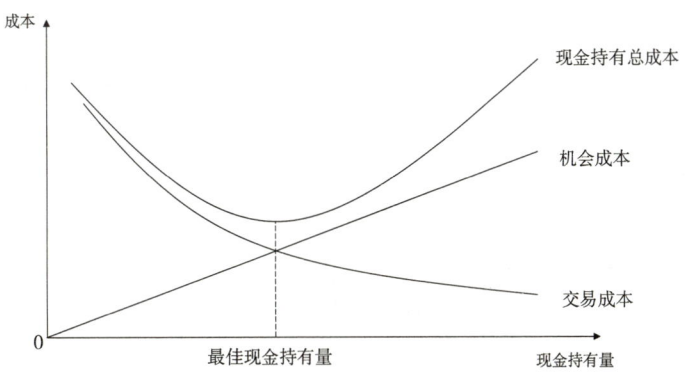

图7-7 存货模型下的现金持有总成本

在存货模式下有如下关系式：

现金持有总成本=机会成本+交易成本

机会成本=平均现金持有量×有价证券利息率=C/2×K

交易成本=交易次数×每次交易成本=T/C×F

式中，C表示现金持有量；T表示一定期间的现金需求量；K表示持有现金的机会成本率；F表示每次出售有价证券的交易成本。

对公式"总成本=C/2×K+T/C×F"求导即可求出最佳现金持有量，然后求得最小现金持有总成本。当机会成本与交易成本相等时，恰好现金持有总成本也最小。

$$最佳现金持有量C^*=\sqrt{(2\times T\times F)/K}$$

$$最小现金持有总成本TC=\sqrt{2\times T\times F\times K}$$

【例5】乙公司使用存货模型确定最佳现金持有量。已知2021年该公司全年现金需求量为8100万元，每次现金转换的成本为0.2万元，持有现金的机会成本率为10%。则：

$$最佳现金持有量=\sqrt{\frac{2\times 8100\times 0.2}{10\%}}=180(万元)$$

最佳现金持有量下的现金转换次数=$\frac{8100}{180}$=45（次）

最佳现金持有量下的现金交易成本=45×0.2=9（万元）

最佳现金持有量下持有现金的机会成本=(180÷2)×10%=9（万元）

最佳现金持有量下的相关总成本=$\sqrt{2\times 8100\times 0.2\times 10\%}$=18（万元）

（三）随机模型

随机模型是在现金需求量难以预知的情况下进行现金持有量控制的方法。

企业根据历史经验和现实需要，测算出一个现金持有量的控制范围，即制定出现金持有量的上限和下限，将现金量控制在上下限之内。企业现金余额在上限和下限之间波动表明企业现金持有量处于合理的水平，无须进行调整。当现金余额达到上限时，则将部分现金转换为有价证券；当现金余额下降到下限时，则卖出部分证券。其具体变动情况如图7-8所示。

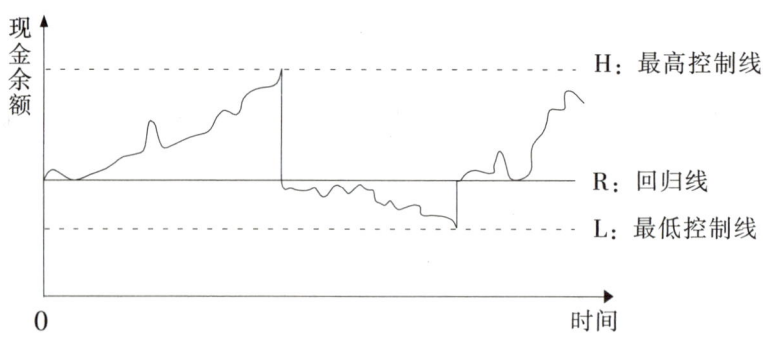

图7-8 现金持有量的随机模型

现金回归线（R）的计算公式：

$$R=\sqrt[3]{\frac{3b\delta^2}{4i}}+L$$

式中：b表示有价证券转换为现金或现金转换为有价证券的成本；i表示以日为基础计算的现金机会成本；δ表示预期每日现金流量变化的标准差；L表示现金存量的下限。

其中，最高控制线（H）的计算公式为：

$$H=3R-2L$$

随机模型的下限（最低控制线）取决于模型之外的因素，其数额由现金管理部经理在综合考虑短缺现金的风险程度、企业借款能力、企业日常周转所需资金、银行要求的补偿性余额等因素的基础上确定。

【提示】在影响现金回归线的因素中，现金机会成本与现金回归线是反向变动的，而其他因素则是同向变动的。

该模型符合随机思想，适用于所有企业货币资金最佳持有量的测算。随机模型建立在企业的现金未来需求总量和收支不可预测的前提下，因此，计算出来的现金持有量比较保守。

【例6】某企业根据现金持有量随机模型进行现金管理。已知现金最低持有量为15万元，现金余额回归线为80万元。如果公司现有现金220万元，则最高控制线H=3R-2L，可以得出H=3×80-2×15=210（万元），由于现金持有量220万元高于上限210万元，则投资于有价证券的金额=220-R=220-80=140（万元）。

三、现金管理模式

（一）"收支两条线"的管理模式

1. 企业实施"收支两条线"管理模式的目的

（1）对企业范围内的现金进行集中管理，减少现金持有成本，加速资金周转，提高资金使用效率。

(2) 以实施收支两条线为切入点，通过高效的价值化管理来提高企业效益。

2. "收支两条线"资金管理模式的构建

构建企业"收支两条线"资金管理模式，可以从资金的流向、流量和流程三个方面入手，如表7-6所示。

表7-6 "收支两条线"资金管理模式

项目	具体说明
资金的流向方面	(1) 要求各部门或分支机构在内部银行或当地银行设立两个账户（收入户和支出户）； (2) 所有收入的现金都必须进入收入户，收入户资金由企业资金管理部门（内部银行或财务结算中心）统一管理； (3) 所有的货币性支出都必须从支出户里支付，支出户里的资金只能根据一定的程序由收入户划拨而来，严禁现金坐支
资金的流量方面	(1) 收入环节：确保所有收入的资金都进入收入户，不允许有私设的"账外小金库"； (2) 结算环节：加快资金的结算速度，尽量压缩资金在结算环节的沉淀量； (3) 调度环节：通过动态的现金流量预算和资金收支计划实现对资金的精确调度； (4) 支出环节：根据"以收定支"和"最低限额资金占用"的原则从收入户按照支出预算安排将资金定期划拨到支出户，支出户平均资金占用额应压缩到最低限度
资金的流程方面	是收支两条线内部控制体系的重要组成部分，主要包括： (1) 关于账户管理、货币资金安全性等规定； (2) 收入资金管理与控制； (3) 支出资金管理与控制； (4) 资金内部结算与信贷管理与控制； (5) 收支两条线的组织保障等

(二) 集团企业资金集中管理模式

1. 资金集中管理模式的概念

资金集中管理也称司库制度，是指集团企业借助商业银行网上银行功能及其他信息技术手段，将分散在集团各所属企业的资金集中到总部，由总部统一调度、统一管理和统一运用。资金集中管理一般包括：资金集中、内部结算、融资管理、外汇管理、支付管理等内容，其中资金集中是基础。

【提示】资金集中管理模式的选择，实质上是集团管理是集权还是分权管理体制的体现。

2. 集团企业资金集中管理的模式

集团企业资金集中管理的模式如表7-7所示。

表7-7 集团企业资金集中管理的模式

模式		说明
统收统支模式	含义	企业的一切资金收入都集中在集团总部的财务部门，各分支机构或子企业不单独设立账号；一切现金支出都通过集团总部财务部门付出，现金收支的批准权高度集中
	特点	(1) 有利于企业集团实现全面收支平衡，提高资金的周转效率，减少资金沉淀，监控现金收支，降低资金成本； (2) 不利于调动成员企业开源节流的积极性，影响成员企业经营的灵活性，降低集团经营活动和财务活动的效率； (3) 制度的管理上欠缺合理性，加大财务工作量
	适用范围	适用于企业规模较小的企业

续表

模式		说明
拨付备用金模式	含义	集团按照一定的期限统拨给所有所属分支机构或子企业备其使用的一定数额的现金，各分支机构或子企业发生现金支出后，持有关凭证到集团财务部门报销以补足备用金
	特点	相比统收统支模式具有一定灵活性
	适用范围	适用于经营规模比较小的企业
结算中心模式	含义	集团内部设立结算中心，办理内部各成员现金收付和往来结算业务。结算中心设立于财务部门内，为独立运行的职能机构
	特点	（1）是企业集团发展到一定阶段，根据内部资金管理需求而产生的一个内部资金管理机构； （2）它是为成员企业办理资金融通和结算，以降低企业成本，提高资金使用效率的服务机构
内部银行模式	含义	内部银行是将社会银行的基本职能与管理方式引入企业内部管理机制而建立起来的一种内部资金管理机构，将"企业管理""金融信贷"和"财务管理"三者融为一体
	适用范围	一般适用于具有较多责任中心的企事业单位
财务公司模式	含义	是经营部分银行业务的非银行金融机构
	特点	（1）集团各子公司具有完全独立的财权，可以自行经营自身的现金，对现金的使用行使决策权； （2）集团公司经营者不再直接干预子公司的现金使用和取得
	适用范围	集团公司发展到一定水平之后（需要经过中国人民银行审核批准才能设立）

四、现金收支日常管理

（一）现金周转期

企业的经营周期是指从取得存货开始到销售存货并收回现金为止的时期。存货周转期是指企业从收到原材料，加工原材料，形成产成品到将产成品卖出的这一段时期。从产品卖出到收到顾客支付的货款这一时期，称为应收账款周转期（收账期）。

现金周转期就是指介于公司支付现金与收到现金之间的时间段。现金周转期的示意图如图7-9所示。

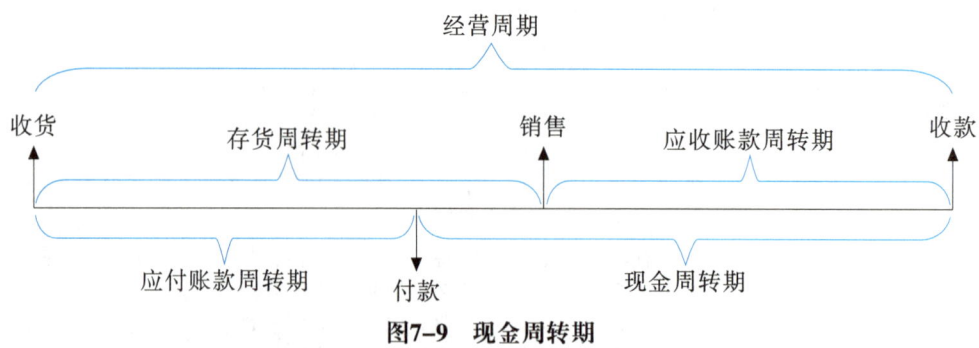

图7-9 现金周转期

从图7-9可以看出：

经营周期=存货周转期+应收账款周转期

$$现金周转期=经营周期-应付账款周转期$$
$$=存货周转期+应收账款周转期-应付账款周转期$$

其中：

$$存货周转期=存货平均余额/每天的销货成本$$
$$应收账款周转期=应收账款平均余额/每天的销货收入$$
$$应付账款周转期=应付账款平均余额/每天的购货成本$$

【提示】如果要减少现金周转期，可以从以下方面着手：①加快制造与销售产成品来减少存货周转期；②加速应收账款的回收来减少应收账款周转期；③减缓支付应付账款来延长应付账款周转期。

【例7】（多选·2020）企业采取的下列措施中，能够减少营运资本需求的有（ ）。

A.加速应收账款周转　　　　　　　B.加速存货周转
C.加速应付账款的偿还　　　　　　D.加速固定资产周转

【答案】AB

【解析】加速应收账款周转会减少应收账款余额，减少营运资本需求；加速存货周转会减少存货余额，减少营运资本需求；加速应付账款的偿还，会减少应付账款余额，增加营运资本需求；加速固定资产周转，不影响营运资本需求。选项A、B当选。

（二）收款管理

收款管理的主要目标是建立一套高效率的收款系统。一个高效率的收款系统能够使收款成本和收款浮动期达到最小，同时能够保证与客户汇款及其他现金流入来源相关的信息的质量。

1. 收款成本

收款成本包括以下三项：①浮动期成本（机会成本）；②管理收款系统相关费用；③第三方处理费用或清算相关费用。

2. 收款浮动期

收款浮动期是指从支付开始到企业收到资金的时间间隔。收款浮动期主要是纸基支付工具导致的，有下列三种类型：

（1）邮寄浮动期：从付款人寄出支票到收款人或收款人的处理系统收到支票的时间间隔。
（2）处理浮动期：是指支票的接受方处理支票和将支票存入银行以收回现金所花的时间。
（3）结算浮动期：是指通过银行系统进行支票结算所需的时间。

（三）付款管理

控制现金支出的目标是在不损害企业信誉条件下，尽可能推迟现金的支出。推迟现金支付常见的几种策略如表7-8所示。

表7-8　　　　　　　　　　　　推迟现金支付的策略

策略	说明
使用现金浮游量	现金浮游量是指由于企业提高收款效率和延长付款时间所产生的企业账户上的现金余额和银行账户上的企业存款余额之间的差额
推迟应付款的支付	推迟应付款的支付是指企业在不影响自己信誉的前提下，充分运用供货方所提供的信用优惠，尽可能地推迟应付款的支付期

续表

策略	说明
汇票代替支票	汇票与支票不同的是，承兑汇票并不是见票即付，它推迟了企业调入资金支付汇票的实际所需时间
改进员工工资支付模式	企业可以为支付工资专门设立一个工资账户，通过银行向职工支付工资
透支	企业开出支票的金额大于活期存款余额
争取现金流出与现金流入同步	应尽量使现金流出与流入同步，这样就可以降低交易性现金余额，同时可以减少有价证券转换为现金的次数，提高现金的利用效率，节约转换成本
使用零余额账户	企业与银行合作，保持一个主账户和一系列子账户。企业只需要在主账户保持一定的安全储备，而在一系列子账户不需要保持安全储备

【例8】（单选·2010）下列各项中，不属于现金支出管理措施的是（　　）。

A. 推迟支付应付款　　　　　　　　B. 提高信用标准
C. 以汇票代替支票　　　　　　　　D. 争取现金收支同步

【答案】B

【解析】此题考查的是现金的支出管理。现金支出管理的主要任务是尽可能延缓现金的支出时间。现金支出管理的措施有：①使用现金浮游量；②推迟应付款的支付；③汇票代替支票；④改进员工工资支付模式；⑤透支；⑥争取现金流出与现金流入同步；⑦使用零余额账户。因此，选项A、C、D都属于现金支出管理措施。提高信用标准不属于现金支出管理措施。选项B当选。

第三节　应收账款管理

一、应收账款的功能

应收账款是指企业在正常的经营过程中因销售商品、产品、提供劳务等业务，应向购买单位收取的款项。应收账款是伴随企业的销售行为发生而形成的一项债权。企业通过提供商业信用，采取赊销、分期付款等方式可以扩大销售，增强竞争力，获得利润。

应收账款在生产经营中的作用（也叫应收账款的功能）主要有以下两个方面。

1. 增加销售的功能

在激烈的市场竞争中，企业通过提供赊销能够有效地促进销售。赊销会带来企业销售收入和利润的增加。

$$增加的收益=增加的销售量\times 单位边际贡献$$

2. 减少存货的功能

企业持有一定产成品存货会相应地占用资金，形成仓储费用、管理费用等，从而产生成本；而赊销则可以避免这些成本的产生。当存货较多的时候，企业一般会采用优惠的信用条件进行赊销,将存货转化为应收账款,减少企业的存货。

二、应收账款的成本

应收账款作为企业为增加销售和盈利进行的投资,会发生一定的成本,主要包括应收账款的机会成本、管理成本和坏账成本。

(一) 应收账款的机会成本

应收账款的机会成本是指将资金投放于应收账款而放弃其他投资所带来的收益。

$$应收账款占用资金的应计利息 = 应收账款占用资金 \times 资本成本$$

其中:

$$应收账款占用资金 = 应收账款平均余额 \times 变动成本率$$
$$= 日销售额 \times 平均收现期 \times 变动成本率$$
$$= 全年销售额 \div 360 \times 平均收现期 \times 变动成本率$$
$$= (全年销售额 \times 变动成本率) \div 360 \times 平均收现期$$
$$= 全年变动成本 \div 360 \times 平均收现期$$

【提示】应收账款占用资金是企业为获取赊销款项而垫付的资金,而不是尚未收回的款项(应收账款余额),通常是指应收账款余额中的变动成本部分。

【例9】某企业预计下年度销售净额为1800万元,应收账款周转天数为90天(一年按360天计算),变动成本率为60%,资本成本为10%,则:

应收账款的机会成本 = 1800/360×90×60%×10% = 27(万元)

(二) 应收账款的管理成本

应收账款的管理成本主要是指企业在进行应收账款管理时所增加的费用,主要包括:调查顾客信用状况的费用、收集各种信息的费用、账簿的记录费用、收账费用、数据处理成本、相关管理人员成本和从第三方购买信用信息的成本等。

(三) 应收账款的坏账成本

应收账款的坏账成本是指在企业赊销过程中,债务人由于种种原因无力偿还债务而导致债权人发生损失产生的成本。只要企业存在赊销,就有发生坏账的可能性。

$$应收账款的坏账成本 = 赊销额 \times 预计坏账损失率$$

三、信用政策

有很多的因素会影响企业的信用政策。信用政策包括信用标准、信用条件和收账政策三个方面。

(一) 信用标准

信用标准是指信用申请者获得企业提供信用所必须达到的最低信用水平,通常以预期的坏账损失率作为判别标准。

1. 决策规则

(1) 如果企业信用标准过于严格,可能会降低对符合可接受信用风险标准客户的赊销额,减少坏账损失和应收账款的机会成本,但不利于扩大销售。

(2) 如果企业信用标准过于宽松,可能会对不符合可接受信用风险标准的客户提供赊销,增加随后还款的风险以及应收账款的管理成本与坏账成本。

【提示】企业进行信用分析时，必须考虑信息的类型、数量和成本。信息既可以从企业内部收集，也可以从企业外部收集。

2. 信用的定性分析

信用的定性分析是指对申请人"质"的方面的分析。常用的信用定性分析法是5C信用评价系统（表7-9），即评估申请人信用品质的五个方面：品质、能力、资本、抵押和条件。

表7-9　　　　　　　　　　5C信用评价系统

5C系统	含义和衡量
品质	个人或企业申请人的诚实和正直表现，反映了个人或企业在过去的还款中所体现的还款意图和愿望，是5C系统中最重要的因素
能力	是指申请人的偿债能力
资本	申请人当前现金流不足以还债时，其短期和长期内可供使用的财务资源
抵押	申请人不能满足还款条款时，可以用作债务担保的资产或其他担保物
条件	影响申请人还款能力和还款意愿的各种外在因素

【例10】（单选·2014）信用评价的"5C"系统中，条件是指（　　）。

A. 在短期和长期内可供使用的财务资源

B. 指顾客拒付款项或无力支付款项时能被用作抵押的资产条件

C. 指影响顾客付款能力和还款意愿的经济环境

D. 申请者的生产经营能力及获利情况

【答案】C

【解析】所谓"5C"系统，是评估顾客信用品质的五个方面，即"品质""能力""资本""抵押"和"条件"。本题中选项A指资本，选项B指抵押，选项C指条件，选项D指能力。

3. 信用的定量分析

进行商业信用的定量分析可以从考察信用申请人的财务报表开始。通常使用比率分析法评价顾客的财务状况。常用的指标有：

（1）流动性和营运资本比率，如流动比率、速动比率以及现金对负债总额比率。

（2）债务管理和支付比率，如利息保障倍数、长期债务对资本比率、带息债务对资产总额比率，以及负债总额对资产总额比率。

（3）盈利能力指标，如销售回报率、总资产回报率和净资产收益率。

（二）信用条件

信用条件是销货企业要求赊购客户支付货款的条件，由信用期限、折扣期限和现金折扣三个要素组成，折扣期限和现金折扣构成折扣条件。

1. 信用期限

信用期限是企业允许顾客从购货到付款之间的时间，或者说是企业给予顾客的最长付款时间。企业延长信用期，会使销售额增加，产生有利影响；与此同时，应收账款（机会成本）、收账费用和坏账损失增加，会产生不利影响。企业是否延长信用期取决于延长信用期增加的盈利和增加的成本费用之间的比较。若延长信用期盈利的增加大于成本费用的增加，则延长信用期；反之，则选择较短的信用期。

【例11】B公司是一家制造类企业，产品的变动成本率为60%，一直采用赊销方式销售产品，信用条件为N/60。如果继续采用N/60的信用条件，预计2022年赊销收入净额为1000万元，坏账损失为20万元，收账费用为12万元。

为扩大产品的销售量，B公司拟将信用条件变更为N/90。在其他条件不变的情况下，预计2022年赊销收入净额为1100万元，坏账损失为25万元，收账费用为15万元。假定等风险投资最低报酬率为10%，一年按360天计算，所有客户均于信用期满付款。

要求：计算得出B公司是否应改变信用条件。

首先，计算改变信用条件增加的收益：

增加的收益=(1100−1000)×(1−60%)=40（万元）

其次，计算增加的成本费用：

增加的应收账款应计利息=1100/360×90×60%×10%−1000/360×60×60%×10%=6.5（万元）

增加的坏账损失=25−20=5（万元）

增加的收账费用=15−12=3（万元）

增加的应收账款成本总额=6.5+5+3=14.5（万元）

最后，计算增加的税前损益：

增加的税前损益=40−6.5−5−3=25.5（万元）

由于增加的税前损益大于零，故应放宽信用期限至90天。

2. 折扣条件

折扣条件包括折扣期限和现金折扣两个方面。折扣期限是企业为顾客设定的可享受现金折扣的付款时间，现金折扣是在顾客提前付款时给予的优惠。现金折扣主要有以下功能：

(1) 缩短企业的平均收款期；

(2) 招揽视折扣为减价出售的顾客前来购货，扩大销售量。

现金折扣常用"5/10，N/30"这样的符号表示，如5/10表示10天内付款，可享受5%的价格优惠，N/30表示付款的最后期限为30天，此时付款没有优惠。

【例12】乙公司2021年采用"N/35"的信用条件，全年销售额（全部为赊销）为10000万元，平均收现期为40天，平均存货量为1000件，每件存货的变动成本为6万元。2022年年初，乙公司为了尽早收回货款，提出了"2/10，N/35"的信用条件。新的折扣条件使销售额增加10%，达到11000万元，平均存货量增加10%，达到1100件，每件存货的变动成本仍为6万元，坏账损失和收账费用共减少200万元。预计占销售额一半的客户将享受现金折扣优惠，享受现金折扣的客户均在第10天付款；不享受现金折扣的客户，平均付款期为40天。该公司的资本成本为15%，变动成本率为60%。假设一年按360天计算，不考虑增值税及其他因素的影响。判断乙公司是否应改变信用条件。

首先，计算盈利的增加：

边际贡献增加额=10000×10%×(1−60%)=400（万元）

其次，计算增加的成本费用：

现金折扣成本增加额=11000×50%×2%=110（万元）

应收账款平均收现期=10×50%+40×50%=25（天）

应收账款机会成本增加额=(11000/360×25−10000/360×40)×60%×15%=−31.25（万元）

存货机会成本的增加额=1000×10%×6×15%=90（万元）
实施信用政策成本的增加额=110−31.25+90−200=−31.25（万元）
最后，计算增加的税前损益：
税前损益增加额=400−(−31.25)=431.25（万元）
由于提供现金折扣的信用条件可以增加税前损益431.25万元，因此乙公司应当提供现金折扣。

（三）信用政策的决策方法

信用政策的决策方法可以采用总额分析法和差额分析法。

1. 总额分析法

总额分析法可参考表7-10逐步分析解题。

表7-10　　　　应收账款信用政策总额分析法解题思路

方案的盈利	方案的收益	方案的收益=销售收入−变动成本−固定成本 =销售量×单位边际贡献−固定成本
	应付账款占用资金导致的应计利息减少	应付账款占用资金导致的应计利息减少 =应付账款平均余额×资本成本
实施信用政策的成本费用	应收账款的机会成本	应收账款占用资金的应计利息（即机会成本） =应收账款占用资金×资本成本 =应收账款平均余额×变动成本率×资本成本 =日销售额×平均收现期×变动成本率×资本成本
	存货占用资金的应计利息	存货占用资金的应计利息 =存货占用资金×资本成本 =存货平均库存量×单位变动成本×资本成本 =营业成本/存货周转率×资本成本
	现金折扣成本	现金折扣成本=赊销额×享受现金折扣的顾客比例×现金折扣率
	坏账成本	坏账成本=赊销额×预计坏账损失率
	管理成本	管理成本=信用政策的管理成本
	收账费用	题目一般直接给出收账费用
决策	计算各方案的税前损益：税前损益=盈利−成本费用 选择税前损益最大的方案	

2. 差额分析法

差额分析法可参考表7-11逐步分析解题。

表7-11　　　　应收账款信用政策差额分析法解题思路

增加的收益	延长信用期间所带来的收益	增加的收益=增加的销量×单位边际贡献 【提示】在一定业务范围内，固定成本不变，属于无关成本；但如果超出一定业务量范围，增加了相关成本，也要考虑固定成本。即增加的收益=增加的销量×单位边际贡献−增加的固定成本
增加的成本	应付账款增加导致的应计利息减少	应付账款增加导致的应计利息减少 =增加的应付账款平均余额×资本成本
	应收账款机会成本的增加	应收账款机会成本的增加 =新信用政策占用资金的应计利息−原信用政策占用资金的应计利息

续表

增加的成本	存货占用资金应计利息的增加	存货占用资金应计利息的增加 =存货增加量×单位变动成本×资本成本
	现金折扣成本的增加	增加的现金折扣成本=新的销售水平×享受现金折扣的顾客比例×新的现金折扣率-旧的销售水平×享受现金折扣的顾客比例×旧的现金折扣率
	坏账成本的增加	坏账成本的增加=新信用政策的赊销额×新信用政策的预计坏账损失率-原信用政策的赊销额×原信用政策的预计坏账损失率
	管理成本的增加	增加的管理成本=新信用政策的管理成本-原信用政策的管理成本
	收账费用的增加	增加的收账费用=新信用政策的收账费用-原信用政策的收账费用
决策	增加的收益-增加的成本>0，则改变信用政策。 增加的收益-增加的成本<0，则不改变信用政策	

（四）收账政策

收账政策是信用条件被违反时，企业采取的收账策略。

（1）若企业采用积极的收账政策，可能会减少应收账款投资（机会成本）和坏账损失，但必定会增加收账成本。

（2）若企业采用消极的收账政策，可能会增加应收账款投资（机会成本）和坏账损失，但会减少收账成本。

企业应当参照评价信用标准和信用条件来进行适当的权衡。

四、应收账款的监控

（一）应收账款周转天数

应收账款周转天数或平均收账期是衡量应收账款管理状况的一个指标。

$$应收账款周转天数 = \frac{应收账款平均余额}{平均日销售额}$$

$$平均逾期天数 = 应收账款周转天数 - 平均信用期天数$$

【例13】（单选·2022）某公司全年应收账款平均余额为360万元，平均日赊销额为10万元，信用条件为在30天内按全额付清款项，则该公司应收账款的平均逾期天数为（　　）。

A.0天　　　　　　B.6天　　　　　　C.30天　　　　　　D.36天

【答案】B

【解析】应收账款的平均逾期天数=应收账款周转天数-平均信用期天数=应收账款平均余额/日赊销额-平均信用期天数=360/10-30=6（天），选项B当选。

（二）账龄分析表

账龄分析表将应收账款划分为未到信用期的应收账款和以30天为间隔的逾期应收账款，是衡量应收账款管理状况的一种方法。账龄分析法可以确定逾期应收账款，逾期时间越长，收回可能性越小。

账龄分析表比应收账款周转天数更能揭示应收账款变化趋势，因为账龄分析表给出了应收账款分布的模式,而不仅仅是一个平均数。

（三）应收账款账户余额的模式

应收账款账户余额的模式反映一定期间（如一个月）的赊销额,在发生赊销的当月月末及随后的各月仍未偿还的百分比。

企业可以运用应收账款账户余额的模式来计划应收账款金额水平,衡量应收账款的收账效率以及预测未来的现金流。

【例14】在不考虑坏账的情况下,假如甲公司的应收账款按如下方式收回：

(1) 销售的当月收回销售额的10%；　(2) 销售后的第一个月收回销售额的20%；

(3) 销售后的第二个月收回销售额的20%；　(4) 销售后的第三个月收回销售额的50%。

以第二季度为例,甲公司4~6月的现金回收情况如表7-12所示。

表7-12　　　　　　　　　　甲公司4~6月的销售及收款情况

月份	销售额（万元）	当月销售额中于6月底仍未收回的金额百分比	当月销售额中于6月底仍未收回的金额
4	1000	50%	500万元（1000×50%）
5	1200	70%	840万元（1200×70%）
6	1000	90%	900万元（1000×90%）
7	1100		

第二季度末尚未收回的应收款合计=500+840+900=2240（万元）

预计7月份现金流入=4月份销售额×50%+5月份销售额×20%+6月份销售额×20%+7月份销售额×10%=1000×50%+1200×20%+1000×20%+1100×10%=1050（万元）

（四）ABC分析法

ABC分析法是现代经济管理中广泛应用的一种"抓重点、照顾一般"的管理方法,又称重点管理法。它是将企业的所有欠款客户按其金额的多少进行分类排队,然后分别采用不同的收账策略的一种方法。ABC分析法的主要内容如表7-13所示。

表7-13　　　　　　　　　　ABC分析法

分类	特点	管理方法
A类客户	应收账款逾期金额占逾期金额总额的比重大、占客户数量的比例低	这类客户是催款的重点对象
B类客户	介于A类与C类之间	可以多发几封信函催收,或打电话催收
C类客户	应收账款逾期金额占逾期金额的比重小、占客户数量的比例高	只需要发出通知其付款的信函即可

五、应收账款的日常管理

应收账款的管理难度比较大,在确定合理的信用政策之后,还要做好应收账款的日常管理工作,包括对调查客户信用和分析评价、应收账款的催收工作等。

（一）调查客户信用

信用调查是指收集和整理反映客户信用状况有关资料的工作。企业对顾客进行信用调查主要通过直接调查和间接调查两种方法。

1. 直接调查

直接调查是指调查人员通过与被调查单位进行直接接触，通过当面采访、询问、观看等方式获取信用资料的一种方法。这种方法获取的资料相对准确和及时。

2. 间接调查

间接调查是以被调查单位以及其他单位保存的有关原始记录和核算资料为基础，通过加工整理获得被调查单位信用资料的一种方法。这些资料主要来源于财务报表、信用评估机构、银行和财税部门、工商管理部门、消费者协会等机构。

（二）评估客户信用

企业一般采用"5C"系统来评价，并对客户信用进行等级划分。在信用等级方面，目前主要有两种：一种是三类九等，即将企业的信用状况分为AAA、AA、A、BBB、BB、B、CCC、CC、C九等，其中AAA为信用最优等级，C为信用最低等级。另一种是三级制，即分为AAA、AA、A三个信用等级。

（三）收账的日常管理

应收账款发生后，企业应采取各种措施，尽量争取按期收回款项，否则会因拖欠时间过长而发生坏账，使企业蒙受损失。因此，企业必须在对收账的收益与成本进行比较分析的基础上，制定切实可行的收账政策。根据应收账款总成本最小化的原则，可以通过比较各收账方案成本的大小加以选择。

（四）应收账款保理

应收账款保理（见表7-14）是企业将赊销形成的未到期应收账款，在满足一定条件的情况下转让给保理商（如商业银行），以获得流动资金支持，加快资金周转。

保理可以分为有追索权保理（非买断型）和无追索权保理（买断型）、明保理和暗保理、折扣保理和到期保理。

表7-14　　　　　　　　　　　　　　　应收账款保理

分类标准	类别	含义
保理商是否具有追索权	有追索权保理（非买断型）	指供应商将债权转让给保理商，供应商向保理商融通货币资金后，如购货商拒绝付款或无力支付，只要有关款项到期未能收回，保理商都有权向供应商进行追索，因而保理商具有全部"追索权"
	无追索权保理（买断型）	指保理商将销售合同完全买断，并承担全部的收款风险
是否将保理情况通知客户（购货商）	明保理	指保理商和供应商需要将销售合同被转让的情况通知购货商，并签订保理商、供应商、购货商之间的三方合同
	暗保理	供应商不将债权转让情况通知客户，货款到期时仍由销售商出面催款，再向银行偿还借款
是否具备融资功能	折扣保理（融资保理）	在销售合同到期前，保理商将剩余未收款部分先预付给销售商，一般不超过全部合同的70%~90%
	到期保理	保理商并不提供预付账款融资，而是在赊销到期时才支付，届时不管货款是否收到，保理商都必须向销售商支付货款

对于企业而言，应收账款保理的财务管理作用主要体现在：

（1）融资功能。应收账款保理实质上是利用未到期应收账款作为抵押从而获得银行短期借款的一种融资方式。

(2) 减轻企业应收账款的管理负担。

(3) 减少坏账损失、降低经营风险。

(4) 改善企业的财务结构。应收账款保理业务是将企业的应收账款与货币资金进行置换，增强了资产的流动性，提高了企业债务清偿能力。

【例15】（多选·2022）关于应收账款保理的作用，下列表述正确的有（　　）。

A.增强企业资产的流动性　　　　B.降低企业的经营风险

C.优化企业的股权结构　　　　　D.减轻企业应收账款的管理负担

【答案】ABD

【解析】应收账款保理对于企业而言，其财务管理作用主要体现在：(1) 融资功能；(2) 减轻企业应收账款的管理负担；(3) 减少坏账损失，降低经营风险；(4) 改善企业的财务结构。企业通过出售应收账款，将流动性稍弱的应收账款置换为具有高度流动性的货币资金，增强了企业资产的流动性，提高了企业的债务清偿能力。选项A、B、D当选。

第四节　存货管理

一、存货管理的目标

存货管理的目标在于在保证生产或销售经营需要的前提下，最大限度地降低存货成本。具体包括以下几个方面：①保证生产正常进行；②提高销售机动性；③便于维持均衡生产，降低产品成本；④降低存货取得成本；⑤防止意外事件的发生。

二、存货的成本

与存货有关的成本（持有成本），包括取得成本、储存成本、缺货成本（见图7–10）。存货的总成本计算公式如下：

$$存货的总成本(TC)=取得成本+储存成本+缺货成本$$

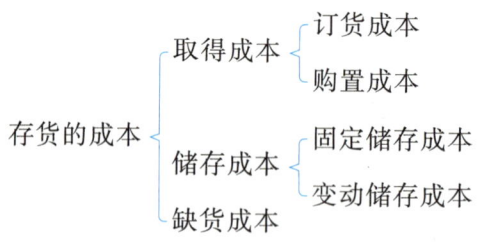

图7–10　存货的成本

（一）取得成本

取得成本是为取得某种存货而发生的成本，包括订货成本和购置成本。

1. 订货成本

订货成本是指企业从发出订单到收到存货整个过程所付出的成本，如办公费、差旅费、邮资、电话费、运输费等支出。

订货成本中与订货次数无关的称为订货的固定成本（如采购机构的基本开支）；与订货次数相关的部分称为订货的变动成本（如差旅费和运输费）。订货成本的表达式如下：

$$订货成本 = F_1 + \frac{D}{Q} \times K$$

式中，F_1表示订货的固定成本，D表示存货全年的总需求，Q表示每次进货量，K表示每次订货的变动成本。

2. 购置成本

购置成本是指存货本身的价值，经常用数量（D）与单价的乘积（U）来确定，即：

$$购置成本 = D \times U$$

（二）储存成本

储存成本是指为保持存货而发生的成本，如存货占用资金所应计的利息（机会成本）、仓库费用、保险费用、存货破损和变质损失等，储存成本可以进一步分为固定储存成本和变动储存成本。

固定储存成本与存货数量的多少无关，如仓库折旧、仓库职工的固定月工资等；变动储存成本则与存货的数量有关，如存货资金的应计利息、存货的破损和变质损失、存货的保险费用等。储存成本的公式表达如下：

$$储存成本 = 固定储存成本 + 变动储存成本 = F_2 + K_c \times \frac{Q}{2}$$

式中，F_2表示固定储存成本，K_c表示单位变动储存成本，Q表示每次进货量，Q/2表示全年存货的平均储存量。

（三）缺货成本

缺货成本指由于存货供应中断而造成的损失，包括材料供应中断造成的停工损失、产成品库存缺货造成的拖欠发货损失、丧失销售机会的损失和商业信誉的损失等。

（四）存货的总成本

如果以TC来表示储备存货的总成本，则有：

$$TC = D \times U + F_1 + \frac{D}{Q} \times K + F_2 + K_c \times \frac{Q}{2} + TC_s$$

式中，TC_s指缺货成本。

企业存货的最优化，就是使企业存货总成本即上式中TC值最小。

【例16】（多选·2017）下列成本费用中，一般属于存货变动储存成本的有（　　）。

A. 库存商品保险费　　　　　　　　B. 存货资金应计利息
C. 存货毁损和变质损失　　　　　　D. 仓库折旧费

【答案】ABC

【解析】储存成本也分为固定成本和变动成本。固定成本与存货数量的多少无关，如仓库折旧、仓库职工的固定工资等。变动成本与存货的数量有关，如存货资金的应计利息、存货的破损和变质损失、存货的保险费用等。

三、最优存货量的确定

在确定最优存货量的时候，主要采用经济订货模型对最优存货量进行测算。在经济订货基本模型中，与经济订货批量相关的成本包括变动订货成本和变动储存成本。

(一)经济订货基本模型

使存货年总成本最低的进货批量,叫作经济订货批量或经济批量,也叫作最佳采购批量。

1. 经济订货批量基本模型假设

(1) 存货总需求量是已知常数。
(2) 不存在订货提前期,即可以随时补充存货。
(3) 货物是一次性入库。
(4) 单位货物成本为常数,无批量折扣。
(5) 库存储存成本与库存水平呈线性关系。
(6) 货物是一种独立需求的物品,不受其他货物影响。
(7) 不允许缺货,即无缺货成本。

2. 经济订货批量基本模型的相关计算

根据经济订货批量的假设条件,存货的总成本 $TC=F_1+\frac{D}{Q}\times K+D\times U+F_2+K_c\times\frac{Q}{2}$。由订货批量引起的成本变化称为与批量相关的存货总成本,而订货批量会引起订货的变动成本 $\frac{D}{Q}\times K$ 和变动储存成本 $K_c\times\frac{Q}{2}$ 变化,所以:

$$\text{与批量相关的存货总成本}=\frac{D}{Q}\times K+K_c\times\frac{Q}{2}$$

对上式求导,使一阶导数等于0,可以求出使相关成本最小的Q值,该值被称为经济订货批量,用EOQ表示;EOQ对应的相关成本称为与经济订货批量相关的存货总成本,用TC(EOQ)表示。

$$EOQ=\sqrt{2KD/K_c}$$
$$TC(EOQ)=\sqrt{2KDK_c}$$
$$\text{最佳订货次数}=D/EOQ$$

式中:EOQ表示经济订货批量;D表示存货年需要量;K表示每次订货的变动成本;K_c表示单位变动储存成本。

【提示】实际上,当变动订货成本"$\frac{D}{Q}\times K$"与变动储存成本"$K_c\times\frac{Q}{2}$"相等时,总成本最小,据此也能求解出经济订货批量。

【例17】(单选·2020)某公司存货年需求量为36000千克,经济订货批量为600千克,一年按360天计算,则最佳订货期为( )天。

A.100   B.1.67   C.60   D.6

【答案】D

【解析】最佳订货周期=360÷(36000÷600)=6(天)。

【例18】甲公司是一家制造类企业,为生产产品,全年需要购买A材料250000件,该材料进货价格为150元/件,每次订货需支付运费、订单处理费等变动费用500元,材料年单位变动储存成本为10元/件。一年按360天计算,则:

$$\text{经济订货批量}=\sqrt{\frac{2\times 250000\times 500}{10}}=5000\text{(件)}$$

全年最佳订货次数=250000/5000=50（次）

最佳订货周期=360/50=7.2（天）

经济订货批量平均占用资金=5000/2×150=375000（元）

年存货相关总成本=$\sqrt{2\times 250000\times 500\times 10}$ =50000（元）

变动订货成本=500×50=25000（元）

变动储存成本=5000/2×10=25000（元）

(二) 经济订货基本模型的扩展

1.再订货点

如果存货不能及时供应，就要提前订货。一般情况下，从采购到收到货物需要一定的时间，因此需要在存货有一定剩余的时候就要实施采购，提前采购货物的时间叫作订货提前期，再订货点就是在提前订货的情况下，为确保存货用完时订货刚好到达，企业再次发出订货单时应保持的存货库存量。例如，企业订货日至到货期的时间为3天，每日存货需要量为150件，那么提前订货期就是3天，再订货点就是450件（3×150）。再订货点的计算公式如下：

再订货点(R)=L×d=平均交货时间×每日需求量

在经济订货批量的基本假设下，订货和存货量的情况可以用图7-11进行描述。在经济订货基本模型中，由于"货物是一次性入库"，所以最高存货量就是每次采购量，货物到货后被陆续消耗直至再订货点R（还剩余部分存货），这时企业再次开展采购活动，在发出采购指令直至货物到达期间，企业内部剩余的存货被消耗殆尽，当货物送达时，企业的存货量恢复至最高存货量Q，接下来再次重复前面的过程，直至一年。通过图7-11可以看出企业的年均存货量应为最高存货量的一半。

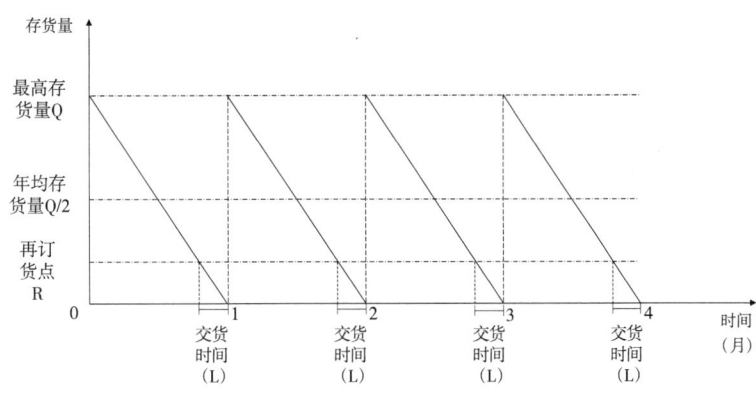

图7-11　订货提前期

2.存货陆续供应和使用模型

如果改变经济订货基本模型的某些相关假设，就可以扩展经济订货模型，如存货陆续供应模型（见图7-12）。存货陆续供应模型将经济订货基本模型中货物一次性入库的假设变为存货陆续入库。

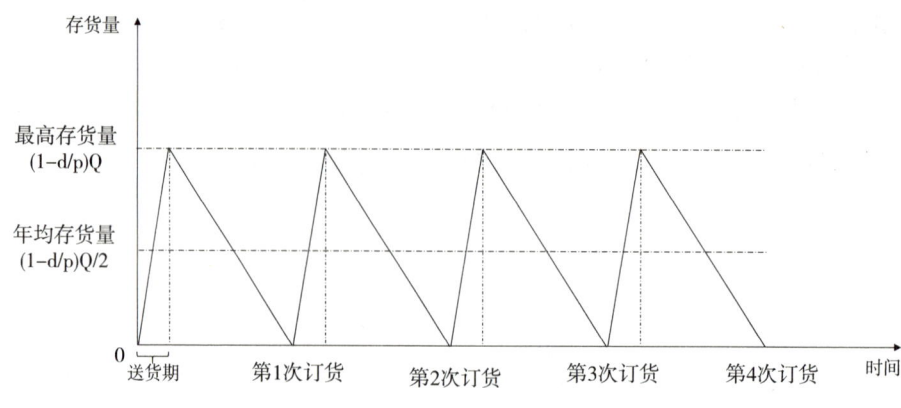

图7-12 存货陆续供应模型

存货陆续供应模式的相关计算：

$$送货期=每批订货数/每日送货量=Q/p$$

$$变动订货成本=年订货次数\times每次订货成本=D/Q\times K$$

$$变动储存成本=年平均库存量\times单位存货的年储存成本=Q/2\times(1-d/p)\times K_c$$

存货陆续供应和使用的经济订货量公式为：

$$经济订货量 EOQ=\sqrt{\frac{2KD}{K_c(1-\frac{d}{p})}}$$

与经济订货批量相关的存货总成本 $TC(EOQ)=\sqrt{2KDK_c(1-\frac{d}{p})}$

式中：d 表示日需求量；p 表示日送货量。

【例19】某生产企业使用A零件，可以外购，也可以自制。如果外购，单价为4000元，一次订货成本为10000元；如果自制，单位成本为3000元，每次生产准备成本为6000元，每日产量为5000件。零件的全年需求量为360000件，储存变动成本为零件价格的20%，每日平均需求量为1000件。假设不考虑固定订货成本和固定储存成本。

要求：分别计算零件外购和自制的总成本，以选择较优的方案。

（1）外购零件时：

经济订货批量下存货相关总成本= $\sqrt{2\times10000\times360000\times4000\times20\%}$ =2400000（元）

外购总成本=360000×4000+2400000=1442400000（元）

（2）自制零件时：

经济订货批量下存货相关总成本= $\sqrt{2\times6000\times360000\times3000\times20\%\times(1-\frac{1000}{5000})}$ =1440000（元）

自制总成本=3000×360000+1440000=1081440000（元）

自制总成本小于外购总成本，所以应当选择自制。

（三）保险储备

在交货期内，如果发生需求量增大或交货时间延误，就会发生缺货。为防止由此造成的损失，就需要多储备一些存货以备应急之需，这种储备称为保险储备。

1. 保险储备下的再订货点

$$再订货点=预计交货期内的需求+保险储备$$

= 平均交货时间×每日平均需用量+保险储备
= L×d+B

【例20】 某公司全年需要零配件72000件，假设一年按360天计算，最佳订货量为9000件，订货日至到货日的时间为3天，公司确定的保险储备为1000件，则：

再订货点=72000/360×3+1000=1600（件）

2. 保险储备下的总成本

与保险储备量相关的总成本=缺货损失+保险储备的储存成本
= 每年订货次数×缺货数量×缺货概率×单位缺货损失+保险储备量×单位存货的年变动储存成本

3. 保险储备下的决策原理

最佳的保险储备应该使缺货损失和保险储备的储存成本之和达到最低。

四、存货的控制系统

（一）ABC控制系统

ABC控制法就是把企业种类繁多的存货依据其重要程度、价值大小或者资金占用等标准分为三大类，详情如表7-15所示。

表7-15　　　　　　　ABC控制系统具体分类标准

类别	性质	品种数量比	价值比	管理方法
A类	高价值	10%~15%	50%~70%	重点控制、严格管理
B类	中等价值	20%~25%	15%~20%	重视程度依次降低，采取一般管理
C类	低价值	60%~70%	10%~35%	

【例21】（单选·2013）采用ABC控制法进行存货管理时，应该重点控制的存货类别是（　　）。

A. 品种较多的存货　　　　　　B. 数量较多的存货
C. 库存时间较长的存货　　　　D. 单位价值较大的存货

【答案】 D

【解析】 ABC控制法就是把企业种类繁多的存货依据其重要程度、价值大小或者资金占用等标准分为三大类，A类高价值存货，品种数量少，应作为管理的重点，选项D当选。

（二）适时制库存控制系统

适时制库存控制系统又称零库存管理、看板管理系统。它是指制造企业事先与供应商和客户协调好，只有当制造企业在生产过程中需要原料或零件时，供应商才会将原料或零件送来；而每当产品生产出来就被客户拉走。

适时制库存控制系统的优点在于降低库存成本，其缺点是适时制库存控制系统需要的是稳定而标准的生产程序以及与供应商的诚信，否则，任何一环出现差错都将导致整个生产线的停止。

【例22】（多选·2014）企业如果采取适时制库存控制系统，则下列表述中正确的有（　　）。

A. 库存成本较低
B. 制造企业必须事先和供应商和客户协调好
C. 需要的是稳定而标准的生产程序以及与供应商的诚信

D. 供应商必须提前将企业生产所需要的原料或零件送来，避免企业缺货

【答案】ABC

【解析】在适时制库存控制系统下，只有当制造企业在生产过程中需要原料或零件时，供应商才会将原料或零件送来。

第五节　流动负债管理

短期借款、短期融资券和商业信用是流动负债的主要来源。

一、短期借款

短期借款是指企业向银行或其他金融机构借入的期限在1年以内（含1年）的各种借款。

（一）短期借款的分类

按照不同的分类标准，短期借款通常有不同的分类，如表7-16所示。

表7-16　　　　　　　　　　短期借款分类

分类标准	分类
按照目的和用途不同	生产周转借款、临时借款、结算借款、票据贴现借款等
按偿还方式不同	一次性偿还借款、分期偿还借款
按利息支付方式不同	收款法借款、贴现法借款、加息法借款
按有无担保	抵押借款和信用借款

（二）短期借款的信用条件

短期借款的信用条件如表7-17所示。

表7-17　　　　　　　　　　短期借款信用条件

信用条件	说明
信贷额度	信贷额度是借款企业与银行在协议中规定的借款最高限额。信贷额度的有效限通常为1年。一般来讲，企业在批准的信贷额度内，可随时使用银行借款。但是，银行并不承担必须提供全部信贷数额的义务
周转信贷协定	周转信贷协定是银行承诺借款一定额度给企业，如果企业没有贷够额度，则对剩余部分付一定的承诺费。签订周转信贷协定的银行具有法律义务，在协定的有效期内，只要企业的借款总额未超过最高限额，银行必须满足企业任何时候提出的借款要求
补偿性余额	补偿性余额是银行要求借款企业在银行中保持按贷款限额或实际借用额一定比例（通常为10%~20%）计算的最低存款余额。对于企业而言，其实际利率=年利息/实际可用借款额×100%
借款抵押	为了降低风险，银行发放贷款时一般需要有抵押品担保。银行根据抵押品面值的30%~90%发放贷款，具体比例取决于抵押品的变现能力和银行对风险的态度
偿还条件	有到期一次偿还和在贷款期内定期（每月、每季）等额偿还。一般来讲，企业不希望采用后一种偿还方式，因为这会提高借款的实际年利率；而银行不希望采用前一种偿还方式，是因为这会加重企业的财务负担，增加企业的拒付风险，同时会降低实际贷款利率
其他承诺	银行有时候还会要求企业为取得贷款而作出其他承诺，如及时提供财务报表

【例23】某企业获100万元的周转信贷额度,约定年利率为10%,承诺费率为0.5%,年度内企业实际动用贷款60万元,使用了12个月。请计算该笔借款的实际成本。

利息=60×10%=6(万元)

承诺费=(100-60)×0.5%=0.2(万元)

实际的借款成本=6+0.2=6.2(万元)

【例24】某企业向银行借款500万元,利率为5.4%,银行要求保留10%的补偿性余额,则该借款的实际利率为:

实际利率=(500×5.4%)/[500×(1-10%)]=6%

(三)短期借款的成本

短期借款的成本包括利息、手续费等。短期借款成本的高低主要取决于借款利率的高低和利息的支付方式。

借款利率分为优惠利率、浮动优惠利率和非优惠利率三种。

(1)优惠利率,是银行向财力雄厚、经营状况良好的企业贷款时采用的利率,为贷款利率的最低限。

(2)浮动优惠利率,是一种随其他短期利率的变动而浮动的优惠利率。

(3)非优惠利率,是银行贷款给一般企业时收取的高于优惠利率的利率。

短期借款利息的支付方式有收款法、贴现法和加息法三种。

(1)收款法。收款法是借款到期时向银行支付利息,因此,短期贷款实际利率就是名义利率。

(2)贴现法。贴现法又称折价法,贴现法是银行向企业发放贷款时,先从本金中扣除利息部分,而到期时借款企业要偿还贷款全部本金的一种计息方法。在贴现法下,贷款实际利率大于贷款的名义利率。

(3)加息法。加息法是银行发放分期等额偿还贷款时采用的利息收取方法。在加息法下,贷款实际利率大于贷款的名义利率。

短期贷款实际利率一般按照"贷款实际利率=实际支付的利息/实际取得贷款额"计算,加息法付息由于贷款金额分期均衡偿还,借款企业相当于只平均使用了贷款本金的一半,却支付了全额利息,这样企业所承担的实际利率大约是名义利率的2倍。

不同付息类别下利率的关系如表7-18所示。

表7-18 不同付息类别下利率的关系

项目	实际利率	实际利率与名义利率的关系
收款法付息 (到期一次还本付息)	=贷款额×名义利率/贷款额 =名义利率	实际利率=名义利率
贴现法付息 (预扣利息)	$=\dfrac{贷款额×名义利率}{贷款额-贷款额×名义利率}×100\%$ =名义利率/(1-名义利率)×100%	实际利率>名义利率
加息法付息 (分期等额偿还本息)	$\approx \dfrac{贷款额×名义利率}{贷款额/2}$ =2×名义利率	实际利率>名义利率
补偿性余额	$=\dfrac{贷款额×名义利率}{贷款额×(1-补偿性余额比例)}$	实际利率>名义利率

【例25】假如某企业年初从银行贷款100万元,期限1年,年利率为10%,按照贴现法付息,则年末应偿还的金额为100万元。该借款的实际利率为:

借款实际利率=$\dfrac{100\times10\%}{100\times(1-10\%)}$=11.11%

【例26】（单选·2020）某公司借入名义年利率为10%的银行借款6000万元，分12个月等额偿还本息，则按照加息法计算的该借款的实际年利率为（　　）。

A.20%　　　　　　B.10.25%　　　　　　C.21%　　　　　　D.10%

【答案】A

【解析】采用加息法时，贷款本金分期均衡偿还，借款企业实际上只是平均使用了贷款本金的一半，却支付了全额利息。这样企业所负担的实际利率大约为名义利率的2倍。按照加息法计算的该借款的实际年利率=10%×2=20%。

二、短期融资券

短期融资券是由企业依法发行的无担保短期本票。

（一）我国短期融资券的发行条件

（1）发行人为非金融企业。

（2）发行和交易的对象是银行间债券市场的机构投资者，不向社会公众发行和交易。

（3）融资券由符合条件的金融机构承销，企业不得自行销售融资券，发行融资券募集的资金用于本企业的生产经营。

（4）融资券采用实名记账方式在中央国债登记结算有限责任公司（简称中央结算公司）登记托管，中央结算公司负责提供有关服务。

（5）债务融资工具发行利率、发行价格和所涉费率以市场化方式确定，任何商业机构不得以欺诈、操纵市场等行为获取不正当利益。

（二）短期融资券种类

（1）按发行人分类，短期融资券分为金融企业的融资券和非金融企业的融资券。在我国，目前发行和交易的是非金融企业的融资券。

（2）按发行方式分类，短期融资券分为经纪人承销的融资券和直接销售的融资券。非金融企业发行融资券一般采用间接承销方式进行，金融企业发行融资券一般采用直接发行方式进行。

（三）短期融资券的优缺点

发行短期融资券有以下的优点：

（1）短期融资券的筹资成本较低。发行短期融资券的资本成本比发行企业债券的资本成本更低。

（2）短期融资券筹资数额比较大。短期融资券一次性的筹资数额比银行借款筹资数额大。

发行短期融资券有以下的缺点：

发行短期融资券的条件比较严格，具备一定的信用等级的实力强的企业才能发行短期融资券筹资。

【例27】（单选·2013）下列关于短期融资券的表述中，错误的是（　　）。

A. 短期融资券不向社会公众发行

B. 必须具备一定信用等级的企业才能发行短期融资券

C. 相对于发行公司债券而言，短期融资券的筹资成本较高

D. 相对于银行借款筹资而言，短期融资券的一次性筹资数额较大

【答案】C
【解析】相对于发行公司债券而言，发行短期融资券的筹资成本较低，选项C当选。

三、商业信用

商业信用是指在商品交易中由于延期付款或预收货款所形成的企业间的借贷关系。

（一）商业信用的形式

商业信用的形式包括应付账款、应付票据、预收货款、应计未付款。

应付账款是供应商给企业提供的一个商业信用。商业信用条件常包括以下两种：

（1）有信用期，但无现金折扣，如"N/30"表示30天内按发票金额全数支付。

（2）有信用期和现金折扣，如"2/10，N/30"表示10天内付款享受现金折扣2%，若买方放弃折扣，30天内必须付清款项。放弃现金折扣的信用成本率计算如下：

$$放弃现金折扣的信用成本率 = \frac{折扣率}{1-折扣率} \times \frac{360}{付款期-折扣期}$$

若放弃现金折扣的信用成本率大于短期借款利率（或短期投资报酬率）应选择享受折扣，否则应当放弃折扣。

【例28】某公司按照"2/20，N/60"的条件从另一公司购入价值1000万元的货物，由于资金调度的限制，该公司放弃了获取2%现金折扣的机会，则公司为此承担的信用成本率是：

放弃现金折扣的信用成本率=2%/(1-2%)×360/(60-20)=18.37%

（二）商业信用筹资的优缺点

商业信用筹资的优点：

（1）商业信用容易获得。

（2）企业有较大的机动权（还款和延期方便）。

（3）企业一般不用提供担保。

商业信用筹资的缺点：

（1）商业信用筹资成本高。

（2）容易恶化企业的信用水平。商业信用的期限短，还款压力大。

（3）受外部环境影响较大。主要受商品和资金市场的影响。

四、流动负债的利弊

流动负债的主要经营优势在于：①容易获得，有灵活性，能有效地为企业的季节性信贷需要进行融资；②短期借款一般比长期借款具有更少的约束性条款。

流动负债的经营劣势在于企业需要持续地重新谈判或滚动安排负债。

【例29】（判断·2011）与长期负债融资相比，流动负债融资的期限短、成本低，其偿债风险也相对较小。（　）

【答案】×

【解析】与长期负债融资相比，流动负债融资的期限短，企业需要持续地重新谈判或滚动安排负债，所以其偿债风险也相对较大。

扫一扫，提个小建议

图书勘误、评价建议，"微信"扫一扫。您的感受是我们最好的动力！助您奇兵制胜！

知识梳理

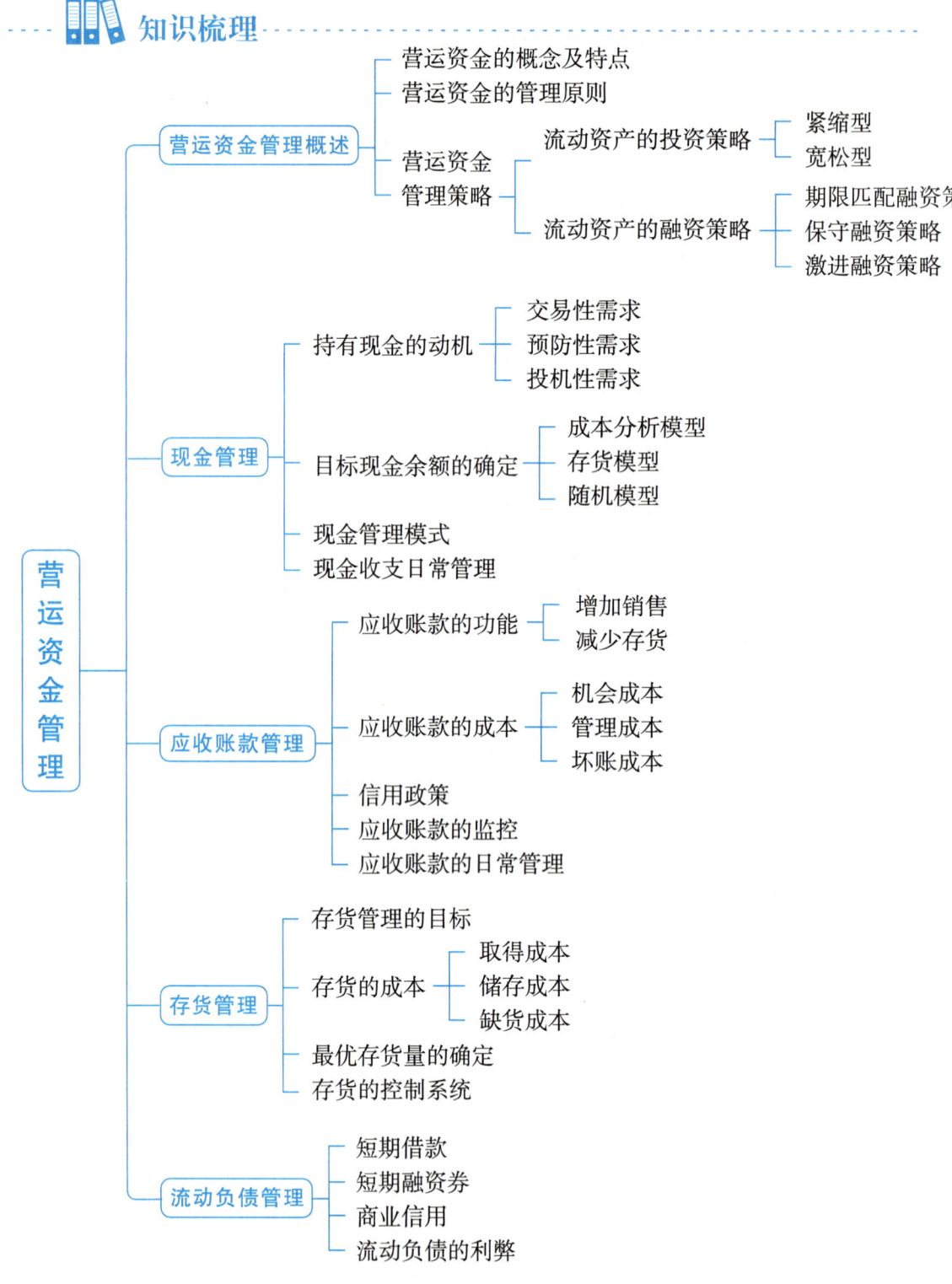

第八章 成本管理

本章概述

本章介绍成本管理的相关知识,主要涉及本量利分析与应用、标准成本控制与分析、作业成本与责任成本等内容。第二节本量利分析与应用和第三节标准成本控制与分析是本章重点内容,要求能够熟练掌握。整体来看,本章各部分内容较为分散,每节都相对独立,前后章节的关联性也不强,各个知识点的基本原理不难理解,整体学习难度不大。

第一节 成本管理概述

成本是生产经营中的一种耗费,属于商品经济中的一个价值范畴。简单来说,成本就是为了获得某种利益或达到一定目标所发生的耗费或支出。

成本管理,是指企业生产经营过程中实施的成本预测、成本决策、成本计划、成本控制、成本核算、成本分析和成本考核等一系列管理活动的总称。

一、成本管理的意义

成本管理是企业日常经营管理的一项中心工作,对企业营运有着重要的意义,具体体现在以下几个方面:

(1) 通过成本管理降低成本,为企业扩大再生产创造条件。
(2) 通过成本管理增加企业利润,提高企业经济效益。
(3) 通过成本管理帮助企业取得竞争优势,增强企业的竞争能力和抗风险能力。

二、成本管理的目标

成本管理的目标按涉及的层面可以区分为总体目标和具体目标两个方面。

(一) 总体目标

在竞争性经济环境中成本管理的总体目标主要依据企业竞争战略制定。

(1) 在成本领先战略中,成本管理的总体目标是追求成本水平的绝对降低。
(2) 在差异化战略中,成本管理的总体目标是在保证实现产品、服务等方面差异化的前提下,对产品全生命周期成本进行管理,实现成本的持续降低。

（二）具体目标

成本管理的具体目标是对总体目标的进一步细分，主要包括成本计算的目标和成本控制的目标。

（1）成本计算的目标是为所有内、外部信息使用者提供成本信息。成本计算的目标包括以下内容：①确定存货等资产价值和企业盈亏状况，即按照成本会计制度的规定计算成本，满足编制会计报表的需要；②通过向管理人员提供成本信息，提高人们的成本意识；③通过成本差异分析，评价管理人员的业绩，促进管理人员采取改善措施；④通过盈亏平衡分析等方法，提供成本管理信息，有效地满足现代经营决策对成本信息的需求。

（2）成本控制的目标是降低成本水平。成本控制目标因竞争战略的不同而有所差异，不同竞争战略的成本控制目标如表8-1所示。

表8-1 不同竞争战略的成本控制目标

战略类型	成本控制目标
成本领先战略	成本控制的目标是在保证一定产品质量和服务的前提下，最大限度地降低企业内部成本，表现为对生产成本和经营费用的控制
差异化战略	成本控制的目标是在保证企业实现差异化战略的前提下，降低产品全生命周期成本，实现持续性的成本节省，表现为对产品所处生命周期不同阶段发生成本的控制，如对研发成本、供应商成本和消费成本等的控制

三、成本管理的原则和主要内容

（一）成本管理的原则

企业进行成本管理一般应遵循融合性原则、适应性原则、成本效益原则和重要性原则。

（二）成本管理的主要内容

成本管理的主要内容如图8-1所示。

图8-1 成本管理的主要内容

1. 成本预测

成本预测是以现有条件为前提，在历史成本资料的基础上，根据未来可能发生的变化，利用科学的方法，对未来的成本水平及其发展趋势进行描述和判断的成本管理活动。

2. 成本决策

成本决策是在成本预测及有关成本资料的基础上，综合经济效益、质量、效率和规模等指标，运用定性和定量的方法对各个成本方案进行分析并选择最优方案的成本管理活动。成本决策不仅是成本管理的重要职能，而且是企业营运决策体系的重要组成部分，对其他营运决策起着指导和约束作用。

3. 成本计划

成本计划是以营运计划和有关成本数据、资料为基础，根据成本决策所确定的目标，通过一定的程序，运用一定的方法，针对计划期企业的生产耗费和成本水平进行的具有约束力的成本筹划管理活动。

4. 成本控制

成本控制是成本管理者根据预定的目标，对成本发生和形成过程以及影响成本的各种因素施加主动的影响或干预，把实际成本控制在预期目标内的成本管理活动。成本控制的关键是选取适用于本企业的成本控制方法，它决定着成本控制的效果。

5. 成本核算

成本核算是根据成本核算对象，按照国家统一的会计制度和企业管理要求，对营运过程中实际发生的各种耗费按照规定的成本项目进行归集、分配和结转，取得不同成本核算对象的总成本和单位成本，向有关使用者提供成本信息的成本管理活动。成本核算分为财务成本核算和管理成本核算。财务成本核算采用历史成本计量，管理成本核算既可以用历史成本，也可以用现在成本或未来成本。

6. 成本分析

成本分析是成本管理的重要组成部分，是利用成本核算提供的成本信息及其他有关资料，分析成本水平与构成的变动情况，查明影响成本变动的各种因素和产生的原因，并采取有效措施控制成本的成本管理活动。成本分析的方法主要有对比分析法、连环替代法和相关分析法等。

7. 成本考核

成本考核是对成本计划及其有关指标实际完成情况进行定期总结和评价，并根据考核结果和责任制的落实情况，进行相应奖励和惩罚，以监督和促进企业加强成本管理责任制，提高成本管理水平的成本管理活动。成本考核的关键是评价指标体系的选择和评价结果与约束激励机制的衔接。

第二节　本量利分析与应用

一、本量利分析概述

（一）本量利分析的含义和基本假设

本量利分析简称CVP分析，它是在成本性态分析和变动成本法的基础上，通过研究企业在一定期间内的成本、业务量和利润三者之间的内在联系，揭示变量之间的内在规律，为企业预测、决策、规划和业绩考评提供必要的财务信息的一种定量分析方法。其中，"本"指成本，包括固定成本和变动成本；"量"指业务量，一般指销售量；"利"一般指营业利润。本量利分析主要包括盈亏平衡分析、边际分析、目标利润分析、敏感性分析等内容。

为了便于建立简单的数学模型来反映成本、业务量和利润之间的关系，本量利分析需基于一定的假设条件才得以成立。一般来说，本量利分析主要基于以下四个基本假设：

（1）总成本由固定成本和变动成本两部分组成，固定成本总额保持不变，变动成本在一定的范围内与业务量呈正比例变动。按成本性态划分成本是本量利分析的前提条件。

（2）销售收入与业务量呈完全线性关系。当销售量在相关范围内变化时，产品的单价不会发生变化，销售收入会随着销售量的变化而变化。

（3）产销平衡，即假定每期生产的产品能在当期全部售出，不考虑存货变动对利润的影响。因为盈亏平衡分析是一种短期决策，仅仅考虑特定时期全部成本的收回，而存货中包含了以前时期的成本，所以不在考虑范围之内。

（4）产品产销结构稳定。因为在生产销售多种产品的情况下，盈亏平衡点会受到多种产品贡献和产销结构的影响，只有在产销结构不变的基础上进行的盈亏平衡分析才是有效的。

（二）本量利分析的基本原理

1. 本量利分析的基本关系式

本量利分析的相关因素有：销售量、单价、单位变动成本、固定成本、息税前利润等。这些因素之间的关系可以用下列基本公式反映：

利润=销售收入−总成本
　　=销售收入−（变动成本+固定成本）
　　=销售量×单价−销售量×单位变动成本−固定成本
　　=销售量×（单价−单位变动成本）−固定成本

2. 边际贡献

边际贡献又称边际利润、贡献毛益，是指销售收入减去变动成本后的差额，是衡量产品为企业贡献利润的能力。边际贡献从销售总量和单个产品的角度可以分为边际贡献总额和单位边际贡献。边际贡献率是指边际贡献在销售收入中所占的百分比，边际贡献率从销售总量、单个产品的角度可以分为边际贡献率与变动成本率。它的计算如表8-2所示。

表8-2　　　　　　　　　　边际贡献（率）的计算

类型	名称	公式
两个绝对值	边际贡献总额	边际贡献总额=销售收入−变动成本 　　　　　　=（单价−单位变动成本）×销售量 　　　　　　=销售收入×边际贡献率
	单位边际贡献	单位边际贡献=单价−单位变动成本 　　　　　　=单价×边际贡献率
两个相对值	边际贡献率	边际贡献率=边际贡献总额/销售收入 　　　　　=单位边际贡献/单价
	变动成本率	变动成本率=变动成本总额/销售收入 　　　　　=单位变动成本/单价

【提示】变动成本率+边际贡献率=1

利润=边际贡献−固定成本
　　=销售量×单位边际贡献−固定成本
　　=销售收入×边际贡献率−固定成本

【例1】 某企业生产一产品,售价为25元/件,单位变动成本10元,固定成本总额20000元,当年产销量10000件。试计算该产品单位边际贡献、边际贡献总额、边际贡献率及利润。

单位边际贡献=单价−单位变动成本=25−10=15(元)

边际贡献总额=单位边际贡献×产销量=15×10000=150000(元)

边际贡献率=15/25×100%=150000/(25×10000)×100%=60%

利润=150000−20000=130000(元)

(三)本量利分析的优缺点

本量利分析的优点是广泛应用于规划企业经济活动和营运决策等方面,简便易行、通俗易懂且容易掌握;缺点是仅考虑单因素变化的影响,是一种静态分析方法,且对成本性态较为依赖。

二、单一产品盈亏平衡分析

(一)盈亏平衡分析

盈亏平衡分析,也称保本分析,是研究当企业恰好处于盈亏平衡状态时本量利关系的一种定量分析方法,是本量利分析的核心内容。

盈亏平衡点,是指企业一定时期总收入等于总成本、利润为零时的业务量或销售额。单一产品的盈亏平衡点有两种表现形式:盈亏平衡点的业务量和盈亏平衡点的销售额。

盈亏平衡点的业务量=固定成本/(单价−单位变动成本)=固定成本/单位边际贡献

盈亏平衡点的销售额=盈亏平衡点的业务量×单价=固定成本/(1−变动成本率)=固定成本/边际贡献率

盈亏平衡作业率=盈亏平衡点的业务量/正常经营业务量(实际业务量或预计业务量)×100%
=盈亏平衡点的销售额/正常经营销售额(实际销售额或预计销售额)×100%

从盈亏平衡点的计算公式可以看出,降低盈亏平衡点主要有以下三个途径:

(1)降低固定成本总额,在其他因素不变时,盈亏平衡点和固定成本的降低幅度相同。

(2)降低单位变动成本,在其他因素不变时,盈亏平衡点和单位变动成本的降低幅度不一致。

(3)提高销售单价,其他因素不变时,盈亏平衡点和销售单价的变动幅度不一致。

【例2】 (单选·2022)根据本量利分析原理,若其他因素不变,下列措施中,能够提高安全边际且不会降低保本点的是( )。

A.提高销售单价　　　　　　　　B.降低固定成本总额

C.增加销售量　　　　　　　　　D.提高单位变动成本

【答案】 C

【解析】 盈亏平衡点(保本点)的业务量=固定成本/(单价−单位变动成本),所以提高销售单价、降低固定成本总额均会使保本点降低,选项A、B不当选。安全边际(量)=销售量−盈亏平衡点销售量,提高单位变动成本会使盈亏平衡点销售量增加,导致安全边际降低,选项D不当选。提高销售量,能够提高安全边际,且不会降低保本点,选项C当选。

（二）本量利关系图

1. 传统式本量利关系图

如图8-2所示，在传统式本量利关系图中，横坐标代表销售量，纵坐标代表销售收入或成本，坐标系中的三条函数线分别是销售收入线$y=px$、总成本线$y=a+bx$和固定成本线$y=a$，销售收入线和总成本线的交叉点E（x_0、y_0）就是盈亏平衡点。总成本与固定成本之差是变动成本，从图中可以直观地看出，随着销售量的增加，变动成本也越来越大。销售收入与总成本之差是利润大小，在盈亏平衡点E处，销售收入等于总成本，此时利润恰好为零；在盈亏平衡点E左边，由销售收入线和总成本线围成的区域是亏损区域；在盈亏平衡点E右边，由销售收入线和总成本线围成的区域是盈利区；可见，盈亏平衡点越低，亏损区会越小，盈利区会越大。实际销售额Y_1与盈亏平衡点的销售额y_0的距离表示安全边际额的大小；实际销售量X_1与盈亏平衡点的销售量X_0的距离表示安全边际量的大小。

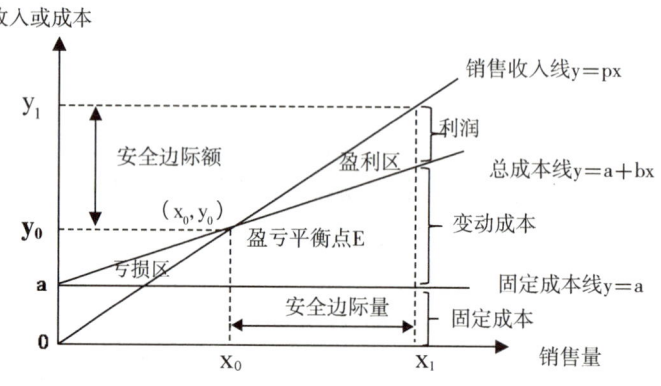

图8-2 传统式本量利关系

2. 边际贡献式本量利关系图

边际贡献式本量利关系图与传统式本量利关系图相似，只不过固定成本线被变动成本线取代，如图8-3所示。边际贡献式本量利关系图主要反映销售收入减去变动成本后形成的边际贡献，而边际贡献在弥补固定成本后形成利润。边际贡献式本量利关系图的优点是能表示出边际贡献的数值，当边际贡献超过固定成本后企业进入盈利状态。

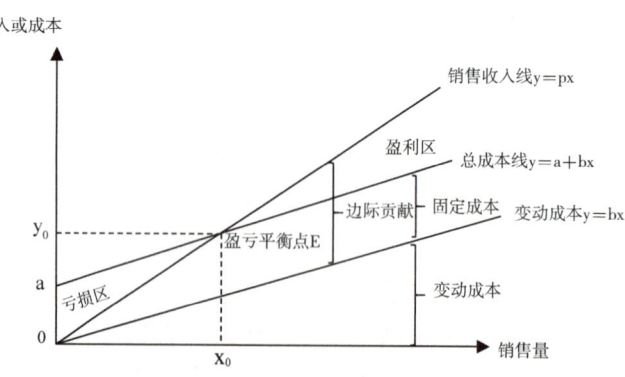

图8-3 边际贡献式本量利关系

3. 利量式本量利关系图

图8-4表示的是利量式本量利关系。在利量式本量利关系图中，横坐标代表销售量，纵

坐标代表销售利润,坐标系中的边际贡献线y=cm·x("cm"表示单位边际贡献)和利润线y=cm·x-a("a"表示固定成本)平行。利润线与x轴的交点(X_0,0)是盈亏平衡点,在盈亏平衡点左边,由利润线和横坐标轴围成的区域是亏损区域;在盈亏平衡点右边,由利润线和横坐标轴围成的区域是盈利区。边际贡献与利润的差(注意,并不是边际贡献线与利润线之间的距离)是固定成本。

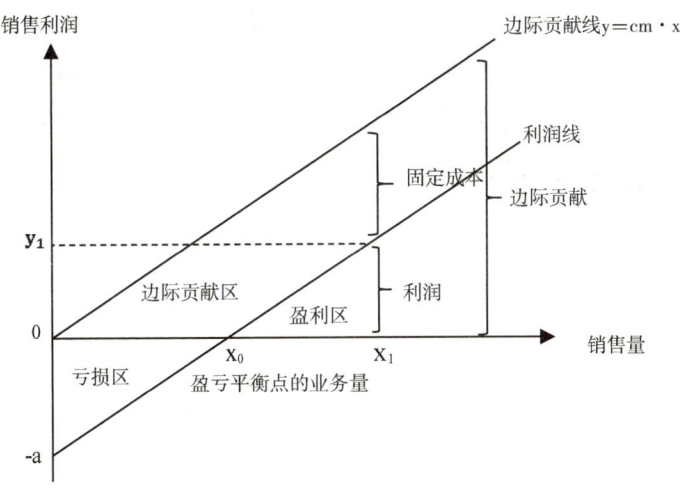

图8-4 利量式本量利关系

(三)安全边际分析

安全边际,是指正常(或实际、预计)销售量超过盈亏平衡点销售量的差额。安全边际分析,是指通过分析正常销售额超过盈亏平衡点销售额的差额,衡量企业在盈亏平衡的前提下,能够承受因销售额下降带来的不利影响的程度和企业抵御营运风险的能力。安全边际分析主要包括安全边际和安全边际率两个指标。

安全边际=实际销售量(销售额)或预期销售量(销售额)–盈亏平衡点的销售量(销售额)

安全边际率=安全边际量(安全边际额)/实际销售量(销售额)或预期销售量(销售额)×100%

盈亏平衡作业率与安全边际率的关系:

盈亏平衡点的销售量+安全边际量=正常销售量

盈亏平衡作业率+安全边际率=1

【提示】利润=安全边际额×边际贡献率

销售利润率=安全边际率×边际贡献率

【例3】甲公司生产一种产品,单价为10元/件,单位变动成本为6元,每月固定成本为1200元,本月正常销售量为800件,计算该公司本月盈亏平衡点的销售量和安全边际率。

盈亏平衡点的销售量=固定成本/(单价–单位变动成本)=1200/(10-6)=300(件)

安全边际量=800-300=500(件)

安全边际率=500/800×100%=62.5%

【提示】预计销售量(销售额)和实际正常销售量(销售额)与盈亏平衡点的销售量(销售额)差距越大,安全边际或安全边际率就越大,反映出该企业经营风险越小,反之则相反。

通常采用安全边际率这一指标来评价企业经营是否安全。评价企业经营安全程度的一般性标准如表8-3所示。

表8-3　　　　　　　　　　企业经营安全程度评价标准

项目	标准				
安全边际率	40%以上	30%~40%	20%~30%	10%~20%	10%以下
经营安全程度	很安全	安全	较安全	值得注意	危险

边际分析法的优点是直观地反映企业营运风险，促进提高企业营运效益；缺点是决策变量与相关结果之间关系较为复杂，所选取的变量直接影响边际分析的实际应用效果。

三、产品组合盈亏平衡分析

在市场经济环境下，很多企业同时生产经营多种产品，对多种产品进行盈亏平衡分析的方法主要包括：加权平均法、联合单位法、分算法、主要产品法等。

（一）加权平均法

加权平均法，是指在掌握各种产品边际贡献的基础上，以各种产品的预计销售收入占总收入的比重为权数，确定企业加权平均的边际贡献率，进而分析多品种条件下盈亏平衡的一种方法。具体计算如下：

某种产品的销售额权重=该产品的销售额/各种产品的销售额合计

综合边际贡献率=∑（各产品的边际贡献率×各产品的销售额权重）=1-综合变动成本率

盈亏平衡点的销售额（综合）=固定成本总额/综合边际贡献率=固定成本总额/(1-综合变动成本率)

某产品盈亏平衡点销售额=盈亏平衡点的销售额（综合）×该产品销售额权重

某产品盈亏平衡点业务量=某产品盈亏平衡点销售额÷某产品单价

（二）联合单位法

联合单位法是指在事先确定各种产品间产销实物量比例的基础上，将各种产品产销实物量的最小比例作为一个联合单位，确定每一联合单位的单价、单位变动成本，进行本量利分析的一种分析方法。

联合单位是指固定实物比例构成的一组产品。例如，甲企业同时生产A、B、C、D四种产品，四种产品的产销量长期保持固定的比例关系4:3:2:1。那么，4件A产品、3件B产品、2件C产品和1件D产品就构成一组产品，简称联合单位。在这种情况下联合盈亏平衡点的业务量的计算公式如下：

$$联合盈亏平衡点的业务量 = \frac{固定成本总额}{联合单价 - 联合单位变动成本}$$

上式中，联合单价为一个联合单位的全部收入，联合单位变动成本为一个联合单位的全部变动成本。

某产品盈亏平衡点的业务量=联合盈亏平衡点的业务量×一个联合单位中包含的该产品的数量

（三）分算法

分算法是在一定的条件下，将全部固定成本按一定标准在各种产品之间进行合理分配，确定每种产品应补偿的固定成本数额,然后再对每一种产品按单一品种条件下的情况分别进行本量利分析的方法。

(四)主要产品法

在企业产品品种较多的情况下,如果存在一种产品是主要产品,它提供的边际贡献占企业边际贡献总额的比重较大,则可以按该主要品种的有关资料进行本量利分析,与单一品种的本量利分析相同。

【提示】主要产品法下,只能根据边际贡献选择一种主要产品,固定成本应主要由该产品负担。

【例4】甲公司生产和销售A、B、C三种产品,全年固定成本总额为270000元。三种产品的相关资料如表8-4所示。

表8-4　　　　　　　　　　A、B、C产品的相关资料

产品	销量(件)	单价(元)	单位变动成本(元)	边际贡献率
A	15000	30	18	40%
B	10000	45	36	20%
C	5000	60	42	30%

要求用加权平均法、联合单位法、分算法、顺序法等分析方法进行多种产品的本量利分析。

1. 加权平均法

销售收入总额=15000×30+10000×45+5000×60=1200000(元)

边际贡献总额=450000×40%+450000×20%+300000×30%=360000(元)

加权平均边际贡献率=360000/1200000×100%=30%

或者:

A产品的销售比重=450000/1200000×100%=37.5%

B产品的销售比重=450000/1200000×100%=37.5%

C产品的销售比重=300000/1200000×100%=25%

加权平均边际贡献率=40%×37.5%+20%×37.5%+30%×25%=30%

综合盈亏平衡点的销售额=270000/30%=900000(元)

A产品的盈亏平衡点的销售额=900000×37.5%=337500(元)

A产品的盈亏平衡点的业务量=337500/30=11250(件)

B产品的盈亏平衡点的销售额=900000×37.5%=337500(元)

B产品的盈亏平衡点的业务量=337500/45=7500(件)

C产品的盈亏平衡点的销售额=900000×25%=225000(元)

C产品的盈亏平衡点的业务量=225000/60=3750(件)

2. 联合单位法

产品销量比=A:B:C=15000:10000:5000=3:2:1

联合单价=30×3+45×2+60×1=240(元)

联合单位变动成本=18×3+36×2+42×1=168(元)

联合盈亏平衡点的业务量=270000/(240-168)=3750（件）

A产品的盈亏平衡点的业务量=3750×3=11250（件）

A产品的盈亏平衡点的销售额=11250×30=337500（元）

B产品的盈亏平衡点的业务量=3750×2=7500（件）

B产品的盈亏平衡点的销售额=7500×45=337500（元）

C产品的盈亏平衡点的业务量=3750×1=3750（件）

C产品的盈亏平衡点的销售额=3750×60=225000（元）

3.分算法

边际贡献总额=450000×40%+450000×20%+300000×30%=360000（元）

固定成本分配率=270000/360000=0.75

分配给A产品的固定成本=180000×0.75=135000（元）

A产品的盈亏平衡点的业务量=135000/(30-18)=11250（件）

分配给B产品的固定成本=90000×0.75=67500（元）

B产品的盈亏平衡点的业务量=67500/(45-36)=7500（件）

分配给C产品的固定成本=90000×0.75=67500（元）

C产品的盈亏平衡点的业务量=67500/(60-42)=3750（件）

可见，固定成本总额270000元按顺序首先由B、C产品的边际贡献合计（90000元+90000元）补偿，剩余"270000-180000=90000元"的固定成本应由A产品的一部分边际贡献补偿。A产品的销售量需要达到90000/(30-18)=7500（件）。

即B产品的销售量为10000件、C产品的销售量为5000件、A产品的销售量为7500件，甲公司达到盈亏平衡状态。

四、目标利润分析

(一) 目标利润分析

目标利润分析将目标利润引进本量利分析的基本模型，在单价和成本水平既定、确保目标利润实现的前提下，揭示成本、业务量和利润三者之间的关系。

目标利润=销售量×(单价–单位变动成本)–固定成本

实现目标利润销售量=(固定成本+目标利润)/(单价–单位变动成本)

实现目标利润销售额=(固定成本+目标利润)/边际贡献率

或：实现目标利润销售额=实现目标利润销售量×单价

【例5】（单选·2022）某产品单价为60元，单位变动成本为20元，固定成本总额为50000元，假设目标利润为10000元，则实现目标利润的销售量为（　　）。

A.1250件　　　　B.2000件　　　　C.3000件　　　　D.1500件

【答案】D

【解析】实现目标利润的销售量=（固定成本+目标利润）/单位边际贡献=（50000+10000)/(60-20)=1500（件）。选项D当选。

上述公式中的目标利润一般是指息税前利润。其实，从税后利润出发进行目标利润的规划和分析，更符合企业生产经营的需要。如果企业预测的目标利润是税后利润，则上述公式应做如下调整：

由于：税后利润=（息税前利润−利息）×（1−所得税税率）

因此：实现目标利润的销售量=（固定成本+$\dfrac{税后目标利润}{1-所得税税率}$+利息）/单位边际贡献

实现目标利润的销售额=（固定成本+$\dfrac{税后目标利润}{1-所得税税率}$+利息）/边际贡献率

【提示】公式无须死记硬背，已知目标利润时，利用本量利的基本模型，倒求销量或者销售额即可。

（二）实现目标利润的措施

通常情况下，企业要实现目标利润，在其他因素不变时，销售数量或销售价格应当提高，而固定成本或单位变动成本则应下降。

【例6】（判断·2021）基于本量利分析模型，若其他因素不变，目标利润的变动会影响盈亏平衡点的销售额。（ ）

【答案】×

【解析】目标利润的变动会影响实现目标利润的销售量或销售额，不影响盈亏平衡点的销售额。本题表述错误。

五、敏感性分析

利润敏感性分析，就是研究本量利分析中影响利润的诸因素发生微小变化时，对利润的影响方向和程度。敏感性分析的主要优点是简单易行，分析结果易于理解，能为企业的规划、控制和决策提供参考，主要缺点是敏感性分析对决策模型和预测数据具有依赖性，决策模型的可靠程度和数据的合理性会影响敏感性分析的可靠性。

基于本量利分析的利润敏感性分析主要解决两个问题：一是各因素的变化对最终利润变化的影响程度；二是当目标利润要求变化时允许各因素的升降幅度。

（一）各因素对利润的影响程度

$$敏感系数=利润变动百分比/因素变动百分比$$

若某些因素较小的变动能导致利润较大的变动，即利润对这些因素的变化十分敏感，称这些因素为敏感因素。与此相反，有些因素虽然变动幅度较大，却只对利润产生较小的影响，称为不敏感因素。

【例7】假设某企业生产和销售一种产品，计划年度内的销售量为5000件，单价为50元/件，单位变动成本为20元，固定成本为60000元。如果销量、单价、单位变动成本和固定成本分别增长20%，请计算各因素的敏感系数。

不改变任何条件时，利润=5000×（50−20）−60000=90000（元）

（1）计算销售量的敏感程度：

销售量=5000×（1+20%）=6000（件）

利润=6000×（50−20）−60000=120000（元）

利润变化百分比=（120000−90000）/90000×100%=33.33%

销售量的敏感系数=33.33%/20%=1.67

当销售量变动20%时，利润会以更大的幅度（33.33%）变动，这是由企业的固定成本导致的。利润对销售量的敏感系数实际上就是经营杠杆系数，对销售量进行敏感分析，其实就是分析经营杠杆现象。

（2）计算单价的敏感程度：

单价=50×(1+20%)=60（元）

利润=5000×(60−20)−60000=140000（元）

利润变化百分比=(140000−90000)/90000×100%=55.56%

单价的敏感系数=55.56%/20%=2.78

当单价变动20%时，利润会变动55.56%，因此单价对利润的影响很大，涨价是提高盈利的有效手段；反之，价格下跌也将对企业构成很大威胁。

（3）计算单位变动成本的敏感程度：

单位变动成本=20×(1+20%)=24（元）

利润=5000×(50−24)−60000=70000（元）

利润变化百分比=(70000−90000)/90000×100%=−22.22%

单位变动成本的敏感系数=−22.22%/20%=−1.11

单位变动成本每上升1%，利润将减少1.11%，由此可知单位变动成本对利润的影响较小。但是敏感系数的绝对值大于1，说明单位变动成本的变化会造成利润更大的变化，仍属于敏感系数。

（4）计算固定成本的敏感程度：

固定成本=60000×(1+20%)=72000（元）

利润=5000×(50−20)−72000=78000（元）

利润变化百分比=(78000−90000)/90000×100%=−13.33%

固定成本的敏感系数=−13.33%/20%=−0.67

固定成本每增加1%，利润将减少0.67%。这说明该企业在进行目标利润分析时，固定成本是最不敏感的因素。

（二）目标利润要求变化时允许各因素的升降幅度

对各因素允许升降幅度的分析，实质上是各因素对利润影响程度分析的反向推算，在计算上表现为敏感系数的倒数。

【例8】已知甲企业销售量为10000件时，利润为100000元，且销售量的敏感系数为2。则如果企业目标利润达到110000元，销售量需要达到什么水平？

销售量的敏感系数为2，意味着销售量每上升1%，利润上升2%，则：

$$利润变动百分比=\frac{110000-100000}{100000}\times100\%=10\%$$

$$销售量的敏感系数=\frac{利润变动百分比}{销量变动百分比}=\frac{10\%}{销量变动百分比}=2$$

可得出，销量变动百分比为5%，因此销售量需达到10000×(1+5%)=10500（件）。

六、本量利分析在经营决策中的应用

在经营决策中应用本量利分析法的关键在于确定"成本分界点"。所谓"成本分界点"就是两个备选方案预期成本相同情况下的业务量。找到了"成本分界点",就可以在一定的业务量范围内,选择出最优的方案。

经营决策实质还是利用本量利的基本模型找到利润最大的方案,该方案即为最优方案。

(一)产品生产和定价策略

企业为了预测利润,把目标利润确定下来,首先要预测盈亏平衡点,超过盈亏平衡点再扩大销售量或增加销售额才谈得上利润,盈亏平衡分析在产品生产和定价策略中经常用到。例如,计算可接受最低售价或盈亏平衡点业务量等。

(二)生产工艺设备的选择

企业生产经营的最终目的是获取利润,在决策时,应该选择利润最大的方案。在生产工艺设备的选择中,当新旧设备所生产的产品一致时,可按表8-5进行决策。

表8-5　　　　　　　　　　　　　新旧设备的决策

项目	决策方案
销量>成本分界点的销量	选择固定成本高,但单位变动成本低的方案
销量<成本分界点的销量	选择固定成本低,但单位变动成本高的方案

(三)新产品投产的选择

【例9】丙公司目前只生产L产品,L产品单价为600元/件,单位变动成本为450元,年产销量为2万件。丙公司拟计划开发一种新产品,现有两种方案可选。

方案一:投产新产品M,M产品预计单价为1000元/件,边际贡献率为30%,预计年产销量2.2万件。开发M产品需增加一台新设备,将导致公司每年的固定成本增加100万元。

方案二:投产新产品N,N产品的年边际贡献总额预计为630万元。开发N产品可利用L产品的现有设备,但是将使现有L产品年产销量减少10%。

丙公司拟运用本量利分析法作出新产品开发决策。不考虑增值税及其他因素影响。其计算分析过程如表8-6所示。

表8-6　　　　　　　　　　　　　计算分析过程　　　　　　　　　　　　　单位:元

项目	投产新产品M	投产新产品N
年销售量(件)	22000	—
单位边际贡献	1000×30%=300	—
边际贡献总额	22000×300=6600000	6300000
原有产品减产损失	0	(600−450)×20000×10%=300000
增加的固定成本	1000000	0
投产新产品增加的息税前利润	6600000−1000000=5600000	6300000−300000=6000000

丙公司应该开发N产品,因为开发N产品增加的年息税前利润(600万元)大于开发M产品增加的年息税前利润(560万元)。

第三节 标准成本控制与分析

一、标准成本控制与分析的相关概念

（一）标准成本及标准成本法

1. 标准成本

标准成本，是指在正常的生产技术水平和有效的经营管理条件下，企业经过努力应达到的产品成本水平。其分类如表8-7所示。

表8-7　　　　　　　　　　标准成本的分类

类型	含义
理想标准成本	是一种理论标准，是企业在现有条件下能达到的最优成本水平；在生产过程无浪费、机器无故障、人员无闲置、产品无废品等假设条件下制定的成本标准
正常标准成本	指在正常情况下，企业经过努力可以达到的成本标准。这一标准考虑了生产中不可避免的损失、故障、偏差等

一般来说，理想标准成本小于正常标准成本。正常标准成本具有客观性、现实性和激励性等特点，在实践中得到广泛应用。

2. 标准成本法

标准成本法，是指企业以预先制定的标准成本为基础，通过比较标准成本与实际成本，核算和分析成本差异、揭示成本差异动因、实施成本控制、评价成本管理业绩的一种成本管理方法。

企业应用标准成本法的主要目的是通过比较标准成本与实际成本，揭示两者之间的差异，寻找差异存在的原因，不断改善产品成本。

（二）标准成本控制与分析

标准成本法的流程一般应包括如下五个步骤，即：确定应用对象、制定标准成本、实施过程控制、成本差异计算与动因分析以及标准成本的修订与改进。标准成本控制与分析流程如图8-5所示。

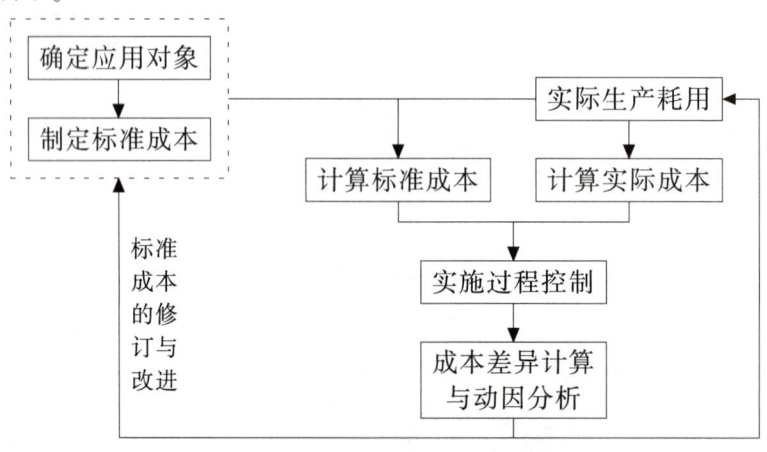

图8-5　标准成本控制与分析流程

(三) 标准成本法的优缺点

标准成本法的优点包括：一是能够及时反馈各成本项目不同性质的差异；二是可以使企业预算编制更为科学和可行，有助于企业的经营决策。

标准成本法的缺点包括：一是要求企业产品的成本标准比较准确、稳定，在使用条件上存在一定的局限性；二是对标准管理要求较高，系统维护成本较高；三是标准成本需要根据市场价格波动频繁更新，导致成本差异可能缺乏可靠性，降低成本控制效果。

二、标准成本的制定

产品标准成本通常由直接材料标准成本、直接人工标准成本和制造费用标准成本构成。每一成本项目的标准成本应分为用量标准和价格标准。

产品的标准成本=直接材料标准成本+直接人工标准成本+制造费用标准成本

(一) 直接材料标准成本的制定

直接材料标准成本，是指直接用于产品生产的材料标准成本，包括标准单价和标准用量两方面。

$$直接材料标准成本=\sum(单位产品的材料标准用量 \times 材料的标准单价)$$

【提示】直接材料的标准单价通常是企业以订货合同的价格为基础，考虑到未来物价、供求等各种变动因素后按材料种类分别计算的；直接材料的标准用量一般由生产部门负责。

【例10】乙公司是一家制造企业，长期以来只生产A产品。生产A产品需要耗用X、Y、Z三种材料，其直接材料成本标准如表8-8所示。

表8-8　　　　　　　　　　A产品直接材料成本标准

项目	标准		
	X材料	Y材料	Z材料
价格标准	10元/千克	15元/千克	20元/千克
用量标准	3千克/件	2千克/件	2千克/件
标准成本	10×3=30（元/件）	15×2=30（元/件）	20×2=40（元/件）
单位产品直接材料标准成本	30+30+40=100（元/件）		

(二) 直接人工标准成本的制定

直接人工标准成本，是指直接用于产品生产的人工标准成本，包括标准工时和标准工资率。

直接人工标准成本=单位产品的标准工时×小时标准工资率

小时标准工资率=标准工资总额/标准总工时

【提示】制定直接人工的标准工时，一般由生产部门负责。在制定时需考虑正常的工作间隙，并适当考虑生产条件的变化，生产工序、操作技术的改善，以及相关工作人员主观能动性的充分发挥等因素，合理确定单位产品的工时标准；制定直接人工的标准工资率，一般由人事部门负责。

【例11】乙公司是一家制造企业，长期以来只生产A产品。生产A产品的月标准工资总额为120000元，月标准总工时为6000小时，A产品的单位产品工时用量标准为3小时/件。则A产品的直接人工标准成本的计算如下：

小时标准工资率=120000/6000=20（元/小时）

直接人工标准成本=20×3=60（元/件）

（三）制造费用标准成本的制定

制造费用的用量标准，即工时用量标准，其含义与直接人工用量标准相同。制造费用价格标准，即制造费用的分配率标准。

标准制造费用分配率=标准制造费用总额/标准总工时

制造费用标准成本=工时用量标准×标准制造费用分配率

制造费用成本标准应区分固定制造费用项目和变动制造费用项目分别进行。

直接材料、直接人工和制造费用等的标准成本的制定的具体内容如表8-9所示。

表8-9　　　　　　　　　　标准成本制定的具体内容

成本项目	用量标准	价格标准
直接材料	材料用量标准	材料价格标准
直接人工	工时用量标准	标准工资率
制造费用	工时用量标准	标准制造费用分配率

【例12】乙公司是一家制造企业，长期以来只生产A产品。生产A产品的月标准总工时为6000小时，A产品的单位产品工时用量标准为3小时/件。公司利用标准成本信息编制制造费用预算，A产品的标准变动制造费用总额为36000元，每月的标准固定制造费用总额为31800元。则A产品制造费用的标准成本计算过程如下：

标准变动制造费用分配率=36000/6000=6（元/小时）

变动制造费用标准成本=6×3=18（元/件）

标准固定制造费用分配率=31800/6000=5.3（元/小时）

固定制造费用标准成本=5.3×3=15.9（元/件）

单位产品制造费用标准成本=18+15.9=33.9（元）

三、成本差异的计算与分析

（一）成本差异

成本差异是指一定时期生产一定数量的产品所发生的实际成本与相关的标准成本之间的差额。

总差异=实际成本-标准成本

=实际产量下实际成本-实际产量下标准成本

=实际用量×实际价格-实际产量下标准用量×标准价格

=（实际用量-实际产量下标准用量）×标准价格+实际用量×（实际价格-标准价格）

=用量差异+价格差异

（1）超支差异：实际成本>标准成本，成本差异表现为正数。

（2）节约差异：实际成本<标准成本，成本差异表现为负数。

（二）成本差异的计算与分析

成本差异如图8-6所示

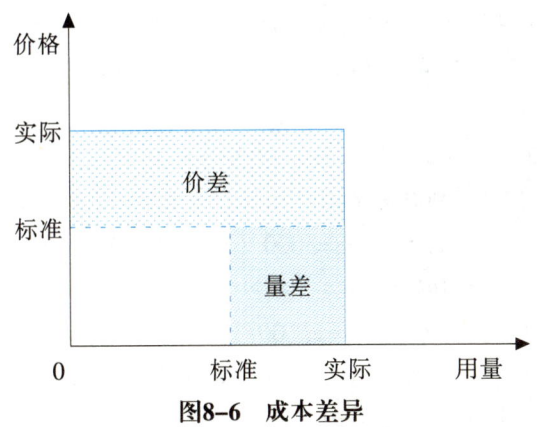

图8-6 成本差异

用量差异=(实际用量−实际产量下标准用量)×标准价格

价格差异=实际用量×(实际价格−标准价格)

1. 直接材料成本差异的计算分析

直接材料成本差异是指直接材料实际成本与标准成本之间的差额，该项差异可分解为直接材料价格差异和直接材料数量差异。

直接材料成本差异=实际成本−标准成本
=实际用量×实际单价−实际产量下标准用量×标准单价
=直接材料数量差异+直接材料价格差异

直接材料数量差异=(实际用量−实际产量下标准用量)×标准单价

直接材料价格差异=实际用量×(实际单价−标准单价)

【例13】甲公司采用标准成本制度核算产品成本。本月实际产量为225件产品，生产实际领用原材料32000千克，其实际成本为20000元。该产品直接材料的标准消耗量为200千克/件，标准单价为0.6元/千克，则其直接材料成本差异计算如下：

直接材料实际产量下标准成本=225×200×0.6=27000（元）

直接材料成本差异=20000−27000=−7000（元）（节约）

直接材料数量差异=(32000−225×200)×0.6=−7800（元）（节约）

直接材料实际单价=20000/32000=0.625（元/千克）

直接材料价格差异=32000×(0.625−0.6)=20000−32000×0.6=800（元）（超支）

由以上计算可以得出，该产品本月耗用原材料发生7000元节约差异，其中由于生产部门耗用材料数量低于标准，从而节约了7800元，原材料价格上升导致成本超支800元。

2. 直接人工成本差异的计算分析

直接人工成本差异，是指直接人工实际成本与标准成本之间的差额，该差异可分解为工资率差异和人工效率差异。

直接人工成本差异=实际成本−标准成本
=实际工时×实际工资率−实际产量下标准工时×标准工资率
=直接人工工资率差异+直接人工效率差异

直接人工效率差异=(实际工时−实际产量下标准工时)×标准工资率

直接人工工资率差异=实际工时×(实际工资率−标准工资率)

【例14】甲公司本月实际产量为225件产品，生产该产品本月消耗实际工时1500小时，实际工资额为12600元，该产品直接人工的工时标准为5小时/件，标准工资率为8元/小时，则直接人工差异计算如下：

直接人工实际产量下标准成本=225×5×8=9000（元）

直接人工成本差异=12600−9000=3600（元）（超支）

直接人工效率差异=(1500−225×5)×8=3000（元）（超支）

直接人工实际工资率=12600/1500=8.4（元/小时）

直接人工工资率差异=1500×(8.4−8)=12600−1500×8=600（元）（超支）

由以上计算可以得出，该产品本月的直接人工成本总体上超支3600元。其中，人工效率差异超支3000元，工资率差异超支600元。

3. 变动制造费用成本差异的计算分析

变动制造费用项目的差异，是指变动制造费用项目的实际发生额与变动制造费用项目的标准成本之间的差额，该差异可分解为变动制造费用项目的价格差异和数量差异。

变动制造费用成本差异=总变动制造费用−标准变动制造费用

=实际工时×实际变动制造费用分配率−实际产量下标准工时×标准变动制造费用分配率

=变动制造费用效率差异+变动制造费用耗费差异

变动制造费用效率差异=(实际工时−实际产量下标准工时)×变动制造费用标准分配率

变动制造费用耗费差异=实际工时×(变动制造费用实际分配率−变动制造费用标准分配率)

【提示】效率差异是用量差异，耗费差异属于价格差异。

【例15】甲公司本月生产了某产品225件，生产该产品本月消耗实际工时1500小时，实际变动制造费用发生额为6450元，该产品变动制造费用的工时标准为5小时/件，标准分配率为4元/小时，则变动制造费用成本差异计算如下：

实际产量下标准变动制造费用=225×5×4=4500（元）

变动制造费用成本差异=6450−4500=1950（元）（超支）

变动制造费用效率差异=(1500−225×5)×4=1500（元）（超支）

变动制造费用实际分配率=6450/1500=4.3（元/小时）

变动制造费用耗费差异=1500×(4.3−4)=6450−1500×4=450（元）（超支）

由以上计算可以得出，该产品本月变动制造费用总体上超支1950元。其中，效率降低（工时增加）导致效率差异超支1500元，费用分配率提高导致变动制造费用超支450元。

4. 直接材料、直接人工、变动制造费用差异责任归属

直接材料、直接人工、变动制造费用差异责任归属如表8–10所示。

表8–10　　　　直接材料、直接人工、变动制造费用差异的责任归属

项目	价格差异			用量差异		
	直接材料价格差异	直接人工工资率差异	变动制造费用耗费差异	直接材料数量差异	直接人工效率差异	变动制造费用效率差异
主要责任部门	采购部门	劳动人事部门	主要是生产部门			

5. 固定制造费用成本差异的计算分析

固定制造费用项目成本差异是指固定制造费用项目实际成本与其标准成本之间的差额。

固定制造费用项目成本差异=固定制造费用项目实际成本−固定制造费用项目标准成本

=实际工时×实际分配率−实际产量下标准工时×标准分配率

标准分配率=固定制造费用标准成本总额（预算总额）/预算总工时

1）两差异分析法

两差异分析法是指将固定制造费用总差异分为耗费差异和能量差异两部分。

耗费差异=实际固定制造费用−预算产量下标准固定制造费用

=实际固定制造费用−标准工时×预算产量×标准分配率

能量差异=预算产量下标准固定制造费用−实际产量下标准固定制造费用

=预算产量下标准工时×标准分配率−实际产量下标准工时×标准分配率

=（预算产量下标准工时−实际产量下标准工时）×标准分配率

2）三差异分析法

三差异分析法是将两差异分析法下的能量差异进一步分解为产量差异和效率差异，即将固定制造费用成本差异分为耗费差异、产量差异和效率差异三个部分。其中耗费差异的计算与两差异法下一致。

耗费差异=实际固定制造费用−预算产量下标准固定制造费用

=实际固定制造费用−预算产量×标准工时×标准分配率

=实际固定制造费用−预算产量下标准工时×标准分配率

产量差异=（预算产量下标准工时−实际产量下实际工时）×标准分配率

效率差异=（实际产量下实际工时−实际产量下标准工时）×标准分配率

【例16】甲企业某产品单位工时标准为2小时/件，标准固定制造费用分配率为8元/小时。本月预算产量为10000件，实际产量为12000件，实际工时为21600小时，固定制造费用为250000元。其固定制造费用的成本差异计算如下：

1. 两差异分析法

固定制造费用成本差异=250000−12000×2×8=58000（超支）

其中：

固定制造费用耗费差异=250000−10000×2×8=90000（超支）

固定制造费用能量差异=(10000×2−12000×2)×8=−32000（节约）

2. 三差异分析法

固定制造费用成本差异=250000−12000×2×8=58000（超支）

其中：

固定制造费用耗费差异=250000−10000×2×8=90000（元）（超支）

固定制造费用产量差异=10000×2×8−21600×8=−12800（元）（节约）

固定制造费用效率差异=(21600−12000×2)×8=−19200（元）（节约）

第四节　作业成本与责任成本

一、作业成本

（一）作业成本法的相关概念

作业成本法以"作业消耗资源、产出消耗作业"为原则，按照资源动因将资源费用追溯或分配至各项作业计算出作业成本，然后再根据作业动因将作业成本追溯或分配至各成本对象，最终完成成本计算的过程。作业成本法一般适用于具备以下特征的企业：作业类型较多且作业链较长；同一生产线生产多种产品；企业规模较大且管理层对产品成本准确性要求较高；产品、客户和生产过程多样化程度较高；间接或辅助资源费用所占比重较大等。

作业成本法基于资源耗用的因果关系进行成本分配：根据作业活动耗用资源的情况，将资源耗费分配给作业；再依照成本对象消耗作业的情况，把作业成本分配给成本对象，如图8-7所示。

图8-7　作业成本法流程

1. 资源费用

资源费用是指企业在一定期间内开展经济活动所发生的各项资源耗费，包括各种房屋及建筑物、设备、材料、商品等有形资源的耗费，也包括信息、知识产权、土地使用权等各种无形资源的耗费，还包括人力资源耗费以及其他各种税费支出等。

2. 作业

作业的相关概念如表8-11所示。

表8-11　作业的相关概念

作业	说明
含义	作业可以是一项非常具体的任务或活动，也可以泛指一类任务或活动，它贯穿产品生产经营的全过程，从产品设计、原料采购、生产加工直至产品的发运销售
分类	①主要作业：主要作业是指被产品、服务或顾客等最终成本对象消耗的作业 ②次要作业：次要作业是指被原材料、主要作业等介于中间地位的成本对象消耗的作业
特征	①作业是投入产出因果联动的实体 ②作业贯穿产品生产经营的全过程 ③作业应当可量化

3. 成本对象

成本对象是指企业追溯或分配资源费用、计算成本的对象物。成本对象可以是工艺、流程、零部件、产品、服务、分销渠道、客户、作业、作业链等需要计量和分配成本的项目。

4. 成本动因

成本动因的相关概念如表8-12所示。

表8-12　　　　　　　　　　　　成本动因的相关概念

成本动因	说明
含义	成本动因亦称成本驱动因素，是指诱导成本发生的原因，是成本对象与其直接关联的作业和最终关联的资源之间的中介
分类	①资源动因：资源动因是引起作业成本变动的驱动因素，反映作业量与耗费之间的因果关系。根据资源动因可以将资源费用分配给各有关作业
	②作业动因：作业动因是引起产品成本变动的驱动因素，反映产品产量与作业成本之间的因果关系。根据作业动因可以将作业成本分配给各成本对象

5. 作业中心

作业中心又称成本库，是指构成一个业务过程的相互联系的作业集合，用来汇集业务过程及其产出的成本。

（二）作业成本法的应用程序

作业成本法的具体步骤如下。

第一步，资源识别及资源费用的确认与计量。

第二步，成本对象选择。企业应将当期所有的资源费用，遵循因果关系和受益原则，根据资源动因和作业动因，分项目由作业追溯或分配至相关的成本对象，确定成本对象的成本。

第三步，作业认定。作业认定，是指企业识别由间接或辅助资源执行的作业集，确认每一项作业完成的工作以及执行该作业所耗费的资源费用，并据以编制作业清单的过程，包括以下两种形式。①根据企业生产流程，自上而下进行分解；②通过与企业每一部门负责人和一般员工进行交流，自下而上确定他们所做的工作，并逐一认定各项作业。

第四步，作业中心设计。作业中心设计，是指企业将认定的所有作业按照一定的标准进行分类，形成不同的作业中心，并将其作为资源费用的追溯或分配对象的过程。作业中心可以是某一项具体的作业，也可以是由若干个相互联系的能够实现某种特定功能的作业的集合。企业可按照受益对象、层次和重要性，将作业分为五类，并分别设计相应的作业中心，详情如表8-13所示。

表8-13　　　　　　　　　　　　作业的分类

分类	含义	举例
产量级作业	明确地为个别产品（或服务）实施的、使单个产品（或服务）受益的作业。作业数量与产品（或服务）的数量呈正比例变动	产品的加工、检验等
批别级作业	为一组（或一批）产品（或服务）实施的，使该组（批）产品（或服务）受益的作业。其数量与产品（或服务）的批量数呈正比例变动	设备调试、生产准备等
品种级作业	为生产和销售某种产品（或服务）实施的、使该种产品（或服务）的每个单位都受益的作业。其数量与品种的多少呈正比例变动	新产品的设计、现有产品质量与功能改进、生产流程监控、工艺变换需要的流程设计、产品广告等

续表

分类	含义	举例
顾客级作业	为服务特定客户所实施的作业	向个别客户提供的技术支持活动、咨询活动、独特包装等
设施级作业	为提供生产产品（或服务）的基本能力而实施的作业。其使所有产品（或服务）都受益，但与产量或者销量无关	管理作业、针对企业整体的广告活动等

第五步，资源动因选择与计量。资源动因是引起资源耗用的成本动因，它反映了资源耗用与作业量之间的因果关系。企业应根据不同的资源，选择合适的资源动因。例如，对电力资源可以选择"消耗的电力度数"作为资源动因。然后，根据各项作业所消耗的资源动因数，将各资源库的价值分配到各作业中心。

如果某项作业所消耗的资源具有专属性，则该资源的价值可直接记入该作业的作业中心。例如，"产品质量检验"作业中检验人员的工资、专用设备的折旧费等成本，一般可以直接归属于检验作业。

第六步，作业成本归集。作业成本归集，是指企业根据资源耗用与作业之间的因果关系，将所有的资源费用直接追溯或按资源动因分配至各作业中心，计算各作业总成本的过程。

作业成本归集应遵循以下两个基本原则。

①为执行某种作业直接消耗的资源，应直接追溯至该作业中心。

②为执行两种或两种以上作业共同消耗的资源，应按照各种作业中心的资源动因量比例分配至各作业中心。

第七步，作业动因选择与计量。

（1）作业动因的含义与原则。作业动因是引起作业耗用的成本动因，它反映了作业耗用与最终产出的因果关系，是将作业成本分配到流程、产品、分销渠道、客户等成本对象的依据。

选择作业动因应该遵循以下原则。

①在作业中心仅包含一种作业的情况下，所选择的作业动因应该是引起该作业耗用的成本动因。

②在作业中心由若干个作业集合而成的情况下，企业可采用回归分析法或分析判断法，分析比较各具体作业动因与该作业中心成本之间的相关性，选择相关性最大的作业动因，即代表性作业动因作为作业成本分配的基础。

（2）作业动因的分类。

作业动因的分类如表8-14所示。

表8-14　　　　　　　　　　　　　　作业动因的分类

作业动因类型	含义	示例	适用情况
交易动因	用执行频率或次数计量的成本动因	接受或发出订单数、处理收据数等	每次执行所需要的资源数量相同或接近
持续时间动因	用执行时间计量的成本动因	产品安装时间、检查小时等	每次执行所需要的时间存在显著的不同
强度动因	不易按照频率、次数或执行时间进行分配而需要直接衡量每次执行所需资源的成本动因	特别复杂产品的安装、质量检验等	作业的执行比较特殊或复杂

第八步，作业成本分配。作业成本分配，是指企业将各作业中心的作业成本按作业动因分配至产品等成本对象，并结合直接追溯的资源费用，计算出各成本对象的总成本和单位成本的过程。作业成本的具体分配步骤如下：

步骤一：分配次要作业成本至主要作业，计算主要作业的总成本和单位成本；

次要作业成本分配率=次要作业总成本/该作业动因总量

某主要作业分配的次要作业成本=该主要作业耗用的次要作业动因量×该次要作业成本分配率

主要作业总成本=直接追溯至该作业的资源费用+分配至该主要作业的次要作业成本之和

主要作业单位成本=主要作业总成本/该主要作业动因总量

步骤二：分配主要作业成本至成本对象，计算各成本对象的总成本和单位成本。

某成本对象分配的主要作业成本=该成本对象耗用的主要作业成本动因量×主要作业单位成本

某成本对象总成本=直接追溯至该成本对象的资源费用+分配至该成本对象的主要作业成本之和

某成本对象单位成本=该成本对象总成本/该成本对象的产出量

第九步，作业成本信息报告。

（三）作业成本法的优缺点

作业成本法的优点包括：有助于企业提高产品定价、作业与流程改进、客户服务等决策的准确性；改善和强化成本控制，促进绩效管理的改进和完善；推进作业基础预算，提高作业、流程、作业链（或价值链）管理的能力。

作业成本法的缺点包括：部分作业的识别、划分、合并与认定，成本动因的选择以及成本动因计量方法的选择等均存在较大的主观性、操作较为复杂，开发和维护费用较高。

（四）作业成本管理

作业成本管理是基于作业成本法，以提高客户价值、增加企业利润为目的一种新型管理方法。企业需要为客户创造有价值的商品，只有客户认可，才能有销售，企业才会有利润产生，即作业成本管理的实质在于，创造客户认同的价值，增加企业追求的利润。

1. 作业成本管理包含成本分配观和流程观两个维度的含义

成本分配观和流程观的含义如表8-15所示。

表8-15　　　　　　　　　　　　成本分配观和流程观

类型	含义
成本分配观	作业成本分配观是按照"资源费用→作业→成本对象"的路径分析作业。该分析方法说明成本对象引起作业需求，而作业需求又引起资源的需求。因此，成本分配是从资源到作业，再从作业到成本对象，而这一流程正是作业成本计算的核心
流程观	流程观是按照"成本动因→作业→业绩计量"的路径来分析作业。为企业提供引起作业的原因（成本动因）以及作业完成情况（业绩计量）的信息。流程观关注的是确认作业成本的根源、评价已经完成的工作和已实现的结果

2. 流程价值分析

流程价值分析关心的是作业的责任，包括成本动因分析、作业分析和业绩考核三个部分。其基本思想是以作业来识别资源，将作业分为增值作业和非增值作业，并把作业和流程联系起来，确认流程的成本动因，计量流程的业绩，从而促进流程的持续改进。

1）成本动因分析

成本动因通常选择作业活动耗费资源的计量标准来计量。要进行作业成本管理，必须找出导致作业成本发生的原因。例如，搬运材料的根本原因可能是车间布局不合理。一旦得知了根本原因，就可以采取相应的措施改善作业，如改善车间布局，减少搬运成本。

2）作业分析

作业分析的主要目标是认识企业的作业过程，以便从中发现持续改善的机会及途径。改进流程首先需要将每一项作业分为增值作业或非增值作业，明确增值成本和非增值成本，然后进一步确定如何削减非增值成本。

（1）增值作业与非增值作业

增值作业与非增值作业如表8-16所示。

表8-16　　　　　　　　　增值作业和非增值作业

类型	相关内容
增值作业	增值作业是那些顾客认为可以增加其购买的产品或服务的有用性，有必要保留在企业中的作业。增值作业应当同时满足：①该作业导致了状态的改变；②该状态的变化不能由其他作业来完成；③该作业使其他作业得以进行
非增值作业	非增值作业是指即便消除也不会影响产品对顾客服务的潜能，不必要的或可消除的作业。如果一项作业不能同时满足增值作业的三个条件，就可断定其为非增值作业。比如，检验作业、次品返工作业

（2）增值成本与非增值成本。增值成本即是那些以完美效率执行增值作业所发生的成本，或者说，是高效增值作业产生的成本。而那些增值作业中因为低效率所发生的成本则属于非增值成本。执行非增值作业发生的成本全部是非增值成本。

【提示】非增值成本来源于增值作业和非增值作业。增值成本全部来源于增值作业。

（3）成本节约的途径（见图8-8）。

成本节约的途径 $\begin{cases} 作业消除 \\ 作业选择 \\ 作业减少 \\ 作业共享 \end{cases}$

图8-8　成本节约的途径

作业消除：消除非增值作业，降低非增值成本。

作业选择：对所有能够达到同样目的的不同作业，选择其中最佳的方案。

作业减少：以不断改进的方式降低作业消耗的资源或时间。

作业共享：利用规模经济来提高增值作业的效率。

【例17】（多选·2021）在作业成本法下，下列属于批别级作业的有（　　）。

A.设备调试　　　　B.厂房维护　　　　C.生产准备　　　　D.新产品设计

【答案】AC

【解析】批别级作业，是指为一组（或一批）产品（或服务）实施的、使该组（该批）产品（或服务）受益的作业。该类作业的发生是由生产的批量数而不是单个产品（或服务）引起的，其数量与产品（或服务）的批量数呈正比例变动。选项A、C属于批别级作业，选项B属于设施级作业，选项D属于品种级作业。选项A、C当选。

3）作业业绩考核

作业成本管理的目的是找出并消除非增值作业，提高增值作业的效率，削减非增值成本。作业业绩考核指标包括财务指标和非财务指标，如表8-17所示。

表8-17　　　　　　　　　　　作业业绩考核指标

考核指标	相关说明
财务指标	主要集中在增值成本和非增值成本上，可以提供增值与非增值报告，以及作业成本趋势报告
非财务指标	主要体现在效率、质量和时间三个方面，如投入产出比、次品率和生产周期等

二、责任成本

（一）责任成本管理的含义

责任成本管理，是指企业针对内部不同主体划分不同的责任中心，根据其权利范围、职责承担、收益享有等关系，来确认考核内容，从而考核该中心工作业绩的一种成本管理模式。

责任成本管理流程主要包含划分责任中心，明确责任范围；编制责任预算，制定考核标准；跟踪记录信息，进行责任核算；评价、考核工作业绩，编制责任报告。

（二）责任中心及其考核

按照企业内部责任中心的权责范围以及业务活动的不同特点，责任中心一般可以划分为成本中心、利润中心和投资中心。

1. 成本中心

成本中心是指有权发生并控制成本的单位。成本中心是责任中心应用最广泛的一种形式，一般不会产生收入，企业通常只计量考核其发生的成本。成本中心具有以下特点：

（1）不考核收入，只考核成本。

（2）只对可控成本负责，不负责不可控成本。可控成本应满足以下三个条件：第一，该成本的发生是成本中心可以预见的；第二，该成本是成本中心可以计量的；第三，该成本是成本中心可以调节和控制的。凡不符合上述三个条件的成本都是不可控成本。

（3）责任成本是成本中心考核和控制的主要内容。成本中心考核和控制主要使用的指标包括预算成本节约额和预算成本节约率。

$$预算成本节约额=实际产量预算责任成本-实际责任成本$$
$$预算成本节约率=预算成本节约额/实际产量预算责任成本\times100\%$$

【例18】（单选·2022）关于成本中心及其业绩考核，下列说法错误的是（　　）。

A.成本中心既对可控成本负责，又对不可控成本负责

B.成本中心一般不会产生收入

C.与利润中心相比，成本中心的权利和责任都较小

D.成本中心仅考核发生的成本，不考核收入

【答案】A

【解析】成本中心不考核收入，只考核成本；成本中心只对可控成本负责，不负责不可控成本，选项A当选。

2. 利润中心

利润中心是指既能控制成本，又能控制收入和利润的责任单位。利润中心有两种表现形式：自然利润中心和人为利润中心，其含义如表8-18所示。

表8-18　　　　　　　　　　　　　利润中心

分类	含义
自然利润中心	自然形成的，直接对外提供劳务或销售产品以取得收入的责任中心
人为利润中心	人为设定的，通过企业内部各责任中心之间使用内部结算价格结算半成品内部销售收入的责任中心

一般情况下，利润中心的考核指标包括边际贡献、可控边际贡献和部门边际贡献等。

1）边际贡献

$$边际贡献=销售收入总额-变动成本总额$$

边际贡献反映了该利润中心的盈利能力，但它对业绩评价没有太大的作用。

2）可控边际贡献

$$可控边际贡献=边际贡献-该中心负责人可控固定成本$$

可控边际贡献也称部门经理边际贡献，它衡量了部门经理有效运用其控制的资源的能力，是评价利润中心管理者业绩的理想指标。但是该指标难以区分与生产能力相关的可控和不可控成本，此外，可控边际贡献忽略了应追溯但又不可控的生产能力成本，不能全面反映该利润中心对整个公司所做的经济贡献。

3）部门边际贡献

$$部门边际贡献=可控边际贡献-该中心负责人不可控固定成本$$

部门边际贡献扣除了利润中心管理者不可控的间接成本，反映了部门为企业利润和弥补与生产能力有关的成本所做的贡献，它更多地用于评价部门业绩而不是利润中心管理者的业绩。

【例19】某利润中心本期销售收入为7000万元，变动成本总额为3800万元，中心负责人可控的固定成本为1300万元，其不可控但由该中心负担的固定成本为600万元。则该利润中心的考核指标计算为：

边际贡献=7000-3800=3200（万元）

可控边际贡献=3200-1300=1900（万元）

部门边际贡献=1900-600=1300（万元）

3. 投资中心

投资中心是指既能控制成本、收入和利润，又能对投入的资金进行控制的责任中心，如事业部、子公司等。投资中心是最高层次的责任中心，它拥有最大的决策权，也承担最大的责任。

【提示】与投资中心相比，利润中心没有投资决策权，在考核利润时也不考虑所占用的资产。

对投资中心进行业绩评价时，不仅要使用利润指标，还要考虑投资收益率和剩余收益等指标。

1）投资收益率

$$投资收益率=息税前利润/平均经营资产$$

$$平均经营资产=（期初经营资产+期末经营资产）/2$$

投资收益率主要说明投资中心运用公司的每单位资产对公司整体利润贡献的大小。用投资收益率考核投资中心业绩时，主要有以下优点：

（1）根据现有的会计资料计算，比较客观，可用于部门之间以及不同行业之间的比较。

（2）可以促使经理人员关注经营资产的运用效率。

（3）有利于资产存量的调整，优化资源配置。

投资收益率的主要缺点是：过于关注投资利润率也会引起短期行为的产生，追求局部利益最大化而损害整体利益最大化目标，导致经理人员为眼前利益而牺牲长远利益。

2）剩余收益

$$剩余收益=息税前利润-平均经营资产\times最低投资收益率$$

【提示】最低投资收益率通常可以采用企业整体的最低期望投资收益率，也可以是企业为该投资中心单独规定的最低投资收益率。

剩余收益指标弥补了投资收益率指标会使局部利益与整体利益相冲突的不足。但因为剩余收益是一个绝对指标，因此其难以在不同规模的投资中心之间进行业绩比较。剩余收益同样仅反映当期业绩，会引起投资中心管理者短期行为的产生。

【例20】甲公司为某企业集团的一个投资中心，2021年年初已投资700万元，预计可实现利润98万元，现有一个投资额为300万元的投资机会，预计可获利润36万元，该企业集团要求的最低投资收益率为10%。请用投资收益率指标和剩余收益指标分别说明是否进行该项投资。

（1）用投资收益率指标衡量业绩：

接受新投资机会前的投资收益率=98/700×100%=14%

该投资机会的投资收益率=36/300=12%

接受新投资机会后的投资收益率=(98+36)/(700+300)×100%=13.4%

就企业集团而言，接受投资后，投资收益率增加了，甲公司应接受该新投资。但是对于甲公司来说，接受该投资会导致甲公司的投资收益率下降，因此甲公司可能不会接受该投资。

（2）用剩余收益指标衡量业绩：

接受新投资机会前的剩余收益=98-700×10%=28（万元）

接受新投资机会后的剩余收益=(98+36)-(700+300)×10%=34（万元）

接受投资后，甲公司的剩余收益会增加，因此甲公司应接受该投资机会。

（三）内部转移价格的制定

内部转移定价是企业内部转移价格的制定和应用方法。制定内部转移价格的目的是防止成本转移带来的责任中心之间的责任转嫁，使每个责任中心都能作为单独的组织单位进行业绩评价。此外，制定内部转移价格可以作为一种价格信号引导下级部门采取明智的决策，保证局部利益和整体利益一致。企业在应用内部转移定价工具方法制定内部转移价格时，一般应遵循合规性、效益性和适应性原则。

内部转移定价通常包括三种类型：价格型、成本型和协商型，如表8-19所示。

表8-19　　　　　　　　　　内部转移价格的制定

种类	确定方法	适用性
价格型内部转移定价	以市场价格为基础，由成本和毛利构成	一般适用于内部利润中心
成本型内部转移定价	以标准成本等相对稳定的成本数据为基础制定	一般适用于内部成本中心
协商型内部转移定价	通过内部供求双方协商制定的内部转移价格	主要适用于分权程度较高的企业。上限是市场价，下限是单位变动成本

【提示】成本型内部转移价格适用于内部转移的产品或劳务没有市场价格的情况，包括完全成本、完全成本加成、变动成本以及变动成本加固定制造费用四种形式。

扫一扫，提个小建议

图书勘误、评价建议，"微信"扫一扫。您的感受是我们最好的动力！助您奇兵制胜！

知识梳理

成本管理
- 成本管理概述
  - 成本管理的意义
  - 成本管理的目标
  - 成本管理的原则和主要内容
- 本量利分析与应用
  - 本量利分析概述
  - 单一产品盈亏平衡分析
    - 盈亏平衡分析
    - 本量利关系图
    - 安全边际分析
  - 产品组合盈亏平衡分析
    - 加权平均法
    - 联合单位法
    - 分算法
    - 主要产品法
  - 目标利润分析
  - 敏感性分析
  - 本量利分析在经营决策中的应用
- 标准成本控制与分析
  - 标准成本控制与分析的相关概念
  - 标准成本的制定
  - 成本差异的计算与分析
    - 直接材料成本差异
    - 直接人工成本差异
    - 变动制造费用成本差异
    - 固定制造费用成本差异
      - 两差异分析法
      - 三差异分析法
- 作业成本与责任成本
  - 作业成本
  - 责任成本
    - 成本中心
    - 利润中心
    - 投资中心
  - 内部转移价格的制定
    - 价格型内部转移定价
    - 成本型内部转移定价
    - 协商型内部转移定价

第九章 收入与分配管理

本章概述

本章将系统介绍收入与分配管理的相关知识,具体包括收入管理、纳税管理、分配管理等内容,第二节收入管理和第四节分配管理是本章的重点。其中,收入部分阐述了销售的预测和销售定价管理,涉及多种运用于销售的预测和销售定价管理的分析方法;分配管理部分介绍了目前主流的股利政策与股利分配方式,需要注意区分股票股利、股票分割和股票回购之间的异同。本章计算量适中,学习过程中应偏重对概念的理解。

第一节 收入与分配管理概述

收入与分配管理作为现代企业财务管理的重要内容之一,对于维护企业与各相关利益主体的财务关系、提升企业价值具有重要意义。具体表现为以下四个方面:
(1) 收入与分配管理集中体现了企业所有者、经营者与劳动者之间的利益关系。
(2) 收入与分配管理是企业维持简单再生产和实现扩大再生产的基本条件。
(3) 收入与分配管理是企业优化资本结构、降低资本成本的重要举措。
(4) 收入与分配管理是国家建设资金的重要来源。

收入与分配管理需要遵循依法分配原则、分配与积累并重原则、兼顾各方利益原则、投资与收入对等原则。收入与分配管理的内容包括收入管理、纳税管理和分配管理三方面的内容。

第二节 收入管理

销售收入是企业收入的主要构成部分,是企业能够持续经营的基本条件,销售收入的制约因素主要是销量与价格。销售预测分析与销售定价管理是收入管理的主要内容。

一、销售预测分析

销售预测是指根据以往的销售情况以及使用系统内部内置或用户自定义的销售预测模型获得的对未来销售情况的预测。销售预测方法包括定性分析法和定量分析法,如图9-1所示。

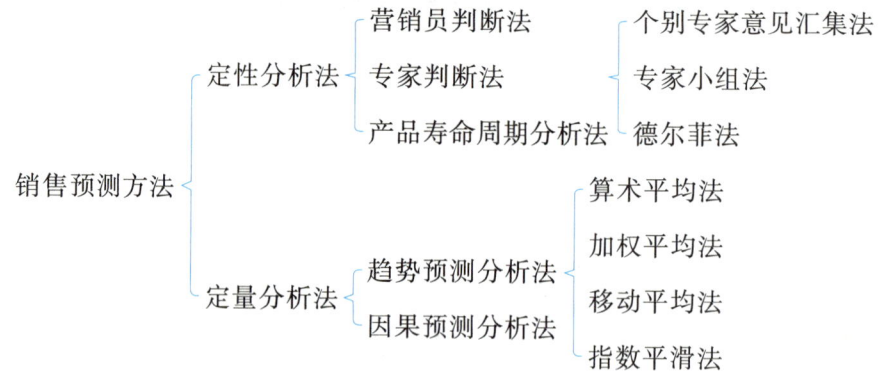

图9-1 销售预测方法

（一）销售预测的定性分析法

定性分析法即非数量分析法,是指由专业人员根据实际经验,对预测对象的未来情况及发展趋势作出预测的一种分析方法。一般适用于预测对象的历史资料不完备或无法进行定量分析时,主要有几种方法,如表9-1所示。

表9-1　　　　　　　　　　　　销售预测的定性分析法

种类	内容
营销员判断法	营销员判断法又称意见汇集法,是由企业熟悉市场情况及相关变化信息的销售人员对未来销售进行预测,再将各种判断意见加以综合分析、整理,并得出预测结论的方法。 优点：用时短、成本低、比较实用。 缺点：具有较多的主观因素和较大的片面性
专家判断法	专家判断法是由专家根据他们的经验和判断力对特定产品的未来销售量进行判断和预测的方法,具体包括个别专家意见汇集法、专家小组法、德尔菲法等
产品寿命周期分析法	产品寿命周期分析法是运用产品寿命周期原理,根据产品的销售增长率指标及其发展变化趋势,判断产品所处的寿命周期阶段,估计其未来前景,并据此进行销售预测的一种定性分析方法

【例1】（单选·2020）属于销售预测定量分析方法的是（　　）。
A.营销员判断法　　　　　　　　　　B.专家判断法
C.产品寿命周期分析法　　　　　　　D.趋势预测分析法
【答案】D
【解析】销售预测的定性分析法包括营销员判断法、专家判断法、产品寿命周期分析法,选项A、B、C不当选。销售预测的定量分析方法包括趋势预测分析法和因果预测分析法,选项D当选。

（二）销售预测的定量分析法

定量分析法（数量分析法）,是指企业在预测对象有关资料完整的基础上,运用一定的数学方法进行销售预测,包括趋势预测分析法和因果预测分析法两大类。

1. 趋势预测分析法

趋势预测分析法主要包括算术平均法、加权平均法、移动平均法、指数平滑法等。

1）算术平均法

算术平均法，是将若干历史时期的实际销售量或销售额作为样本值，求出其算术平均数，并将该平均数作为下期销售量的预测值。算术平均法适用于每期销售量波动不大的产品的销售预测。其计算公式如下：

$$Y = \frac{\sum X_i}{n}$$

其中：Y表示预测值；X_i表示第i期的实际销售量；n表示期数。

【例2】甲公司是国内知名白色家电生产公司，其主要产品油烟机近五年的销售量如表9-2所示。

表9-2　　甲公司油烟机近5年的销售量

时间	2017年	2018年	2019年	2020年	2021年
销售量（万台）	195	202	198	200	210

利用算术平均法预测2022年销售量：

2022年销售量=(195+202+198+200+210)÷5=201（万台）

2）加权平均法

加权平均法，是将若干历史时期的实际销售量或销售额作为样本值，将各个样本值按照一定的权数计算得出加权平均数，并将该平均数作为下期销售量的预测值。

一般地，由于市场变化较大，离预测期越近的样本值对其影响越大，而离预测期越远的则影响越小，所以权数的选取应遵循"近大远小"的原则。加权平均法较算术平均法更为合理，计算也较方便，因而在实践中应用较多。计算公式如下：

$$Y = \sum_{i=1}^{n} W_i X_i$$

其中：Y表示预测值；W_i表示第i期的权数（$0<W_i \leq W_{i+1}<1$，且$\sum W_i=1$）；X_i表示第i期的实际销售量；n表示期数。

【例3】甲公司是国内知名白色家电生产公司，其主要产品油烟机近5年的销售量及各期权数如表9-3所示。

表9-3　　甲公司油烟机近五年的销售量及各期权数

时间	2017年	2018年	2019年	2020年	2021年
销售量（万台）	195	202	198	200	210
权数	0.05	0.15	0.20	0.25	0.35

利用加权平均法预测2022年销售量：

2022年销售量=195×0.05+202×0.15+198×0.20+200×0.25+210×0.35=203.15（万台）

3）移动平均法

移动平均法是用一组最近的实际数据来预测销售的方法，具体操作如下：

(1) 假设预测值主要受最近m期销售量的影响,从n期的时间数列销售量中选取m期(m数值固定,且m<n/2)数据作为样本值,求其m期的算术平均数,并不断向后移动计算观测其平均值,以最后一个m期的平均数作为未来第n+1期销售预测值,即:

$$Y_{n+1}=\frac{X_{n-(m-1)}+X_{n-(m-2)}+\cdots+X_{n-1}+X_n}{m}$$

(2) 为使预测值更能反映销售量变化的趋势,可以对上述结果按趋势值进行修正,其计算公式为:

$$\overline{Y}_{n+1}=Y_{n+1}+(Y_{n+1}-Y_n)$$

其中,Y_n表示预测前期的预测销售量。由于移动平均法只选用了n期数据中的最后m期作为计算依据,故而代表性较差。

【例4】沿用[例3]的资料,假定甲公司2021年的销售量预测值为208万台,要求用移动平均法求2022年的预测销售量。

预测销售量=(200+210)÷2=205(万台)

修正预测销售量=205+(205-208)=202(万台)

4)指数平滑法

指数平滑法实质上是一种加权平均法,是以事先确定的平滑指数a及(1-a)作为权数进行加权计算,预测销售量的一种方法。其计算公式为:

$$Y_{n+1}=aX_n+(1-a)Y_n$$

其中:Y_{n+1}表示未来第n+1期的预测值;Y_n表示第n期预测值,即预测前期的预测值;X_n表示第n期的实际销售量,即预测前期的实际销售量;a表示平滑指数;n表示期数。

一般地,平滑指数的取值通常在0.3~0.7之间,其取值大小决定了前期实际值与预测值对本期预测值的影响。指数平滑法运用比较灵活,适用范围较广,但在平滑指数的选择上具有一定的主观随意性。

【例5】甲公司是国内知名白色家电生产公司,其主要产品油烟机2021年的实际销售量为210万台,2021年的预测销售量为208万台,如果平滑指数为0.6,则利用指数平滑法:

预测2022年销售量=0.6×210+0.4×208=209.2(万台)

2. 因果预测分析法

因果预测分析法是指通过影响产品销售量(因变量)的相关因素(自变量)以及它们之间的函数关系,并利用这种函数关系进行产品销售预测的方法。因果预测分析法最常用的是回归分析法。回归直线方法,即假设产品销售量(y)与其影响因素(x)之间存在线性变动关系。其预测公式为:

$$y=a+bx$$

其常数项a、b的计算公式为:

$$b=\frac{n\sum xy-\sum x\sum y}{n\sum x^2-(\sum x)^2};\quad a=\frac{\sum y-b\sum x}{n}$$

求出a、b值以后,带入y=a+bx,即可以得出预测公式,再根据x的取值,最后求出y的值。

二、销售定价管理

（一）销售定价管理的含义

销售定价管理是指在调查分析的基础上，选用合适的产品定价方法，为销售的产品制定最为恰当的售价，并根据具体情况运用不同价格策略，以实现经济效益最大化的过程。

（二）影响产品价格的因素

影响产品价格的因素非常复杂，主要包括以下几个方面。

1. 价值因素

价格是价值的货币体现，价值的大小决定着价格的高低，而价值量的大小又是由生产产品的社会必要劳动时间决定的。因此，提高社会劳动生产率，缩短生产产品的社会必要劳动时间，可以相对地降低产品价格。

2. 成本因素

成本是影响定价的基本因素。企业必须获得可以弥补已发生成本费用的足够多的收入，才能长期生存发展下去。虽然短期内的产品价格有可能会低于其成本，但从长期来看，产品价格应等于总成本加上合理的利润，否则企业无利可图，难以长久生存。

3. 市场供求因素

市场供求变动对价格的变动具有重大影响。当一种产品的市场供应大于需求时，就会对其价格产生向下的压力；而当其供应小于需求时，则会推动价格的提升。市场供求关系是永远矛盾的两个方面，因此，产品价格也会不断地波动。

4. 竞争因素

市场竞争程度不同，对定价的影响也不同。市场竞争越激烈，对价格的影响也越大。在完全竞争的市场，企业几乎没有定价的主动权；在不完全竞争的市场，竞争的强度主要取决于产品生产的难易和供求形势。为了做好定价决策，企业必须充分了解竞争者的情况，最重要的是竞争对手的定价策略。

5. 政策法规因素

各个国家对市场物价的高低和变动都有限制和法律规定，同时国家会通过生产市场、货币金融等手段间接调节价格。企业在制定定价策略时一定要很好地了解本国及所在国有关方面的政策和法规。

（三）企业的定价目标

定价目标是企业在对其生产或经营的产品制定价格时，有意识的要求达到的目的和标准。企业的定价目标如表9-4所示。

表9-4　　　　　　　　　　　企业的定价目标

定价目标	特征	适用性
实现利润最大化	通常是通过为产品制定一个较高的价格，从而提高产品单位利润率	(1) 适用于处于领先或垄断地位的企业；(2) 适用于在行业竞争中具有很强的竞争优势，并能长时间保持这种优势的企业
保持或提高市场占有率	注重企业长期经营利润，产品价格往往需要低于同类产品价格，在短期内可能要牺牲一定的利润空间	这种定价目标要求企业具有潜在的生产经营能力，总成本的增长速度低于总销量的增长速度，商品的需求价格弹性较大，即适用于薄利多销的企业

续表

定价目标	特征	适用性
稳定市场价格	行业中的领头企业制定一个价格,其他企业的价格则与之保持一定的比例关系,有利于创造相对稳定的市场环境,减少风险,避免过度竞争	产品标准化的行业,如钢铁制造业等
应对和避免竞争	参照对市场有决定性影响的竞争对手的产品价格变动情况,随时调整本企业产品价格	主要适用于中小型企业
树立企业形象及产品品牌	(1)树立优质高价形象,产生品牌的增值效应; (2)树立大众化平价形象	树立优质高价形象使某些品牌产品具有较高质量的认知价值,会被某一客户群所认同和接收;而大众化的平价定位会树立企业形象,扩大销量,获得利润

（四）产品定价方法

常见的产品定价方法如图9-2所示。

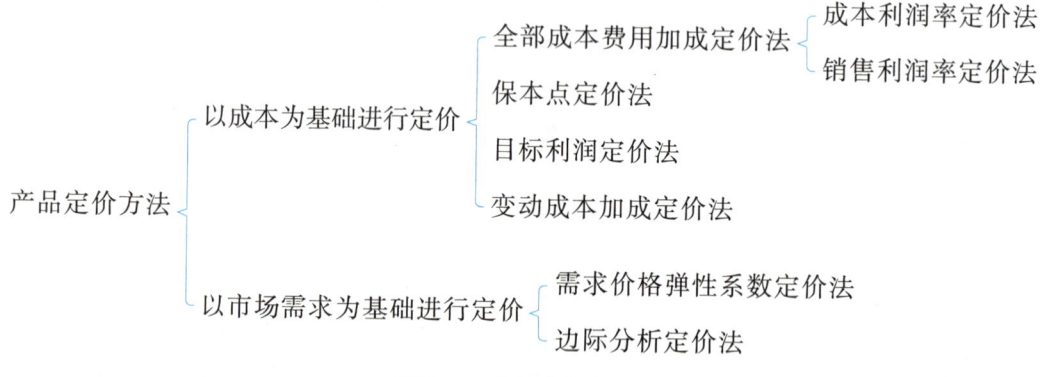

图9-2 产品定价方法

1. 以成本为基础的定价方法

成本的选择基础可以是变动成本、制造成本和全部成本费用。变动成本是指在特定的业务量范围内会随业务量的变动而变动的成本,变动成本一般作为增量产量的定价依据。制造成本是指企业为生产产品或提供劳务等发生的直接费用支出,一般包括直接材料、直接人工和制造费用。利用制造成本定价不利于企业简单再生产的继续进行。全部成本费用是指企业为生产、销售一定种类和数量的产品所发生的所有成本和费用总额,包括制造成本、管理费用、销售费用、财务费用等各种期间费用。

1）全部成本费用加成定价法

全部成本费用加成定价法是在全部成本费用的基础上加上合理利润来进行定价的方法。不同行业的企业可以根据自身情况使用成本利润率或者销售利润率进行定价。

全部成本加成定价法可以保证全部生产耗用得到补偿,但这种方法很难适应市场需求的变化,常常导致定价过高或过低。

（1）成本利润率定价。

$$成本利润率=预测利润总额/预测成本总额\times 100\%$$

$$单位产品价格=\frac{单位成本\times(1+要求的成本利润率)}{1-适用税率}$$

【提示】适用税率并非企业所得税,而是指类似于消费税的价内税(下同)。

(2) 销售利润率定价。

$$销售利润率=预测利润总额/预测销售总额\times 100\%$$

$$单位产品价格=\frac{单位成本}{1-销售利润率-适用税率}$$

【提示】上式中的单位成本是指单位制造成本与单位产品负担的期间费用之和。

【例6】甲公司是一家汽车整车生产企业,现拟推出一款新型汽车,已知该型号汽车单位制造成本为7万元,每台汽车将会发生0.7万元的期间费用,该型号汽车消费税税率为5%。公司高层要求该款产品的销售利润率为15%,假设不考虑其他税费。在采用销售利润率定价法下:

该型号的汽车价格=(7+0.7)÷(1-15%-5%)=9.625(万元)

2) 保本点定价法

保本点定价法是指在销量既定的条件下,根据刚好使利润等于零时的销售价格来进行定价。在利润为零时,满足方程式:单位产品价格×(1-适用税率)-单位固定成本-单位变动成本=0,所以:

$$单位产品价格=\frac{单位固定成本+单位变动成本}{1-适用税率}=\frac{单位完全成本}{1-适用税率}$$

【例7】甲公司是一家汽车整车生产企业,现拟推出一款新型汽车,本年度计划销售10万台。已知该型号汽车单位变动成本为3.5万元,分配的固定总成本为420000万元,该型号汽车消费税税率为5%。假设不考虑其他税费,在保本定价的法下,该型号的汽车价格为:

单位产品价格=(420000÷100000+3.5)÷(1-5%)=8.11(万元)

3) 目标利润定价法

目标利润定价法是根据预期目标利润、产品销售量、产品成本、适用税率等因素确定产品销售价格的方法。在目标利润定价法下,单位产品价格×产品销量×(1-适用税率)=目标利润总额+完全成本总额,所以:

$$单位产品价格=\frac{目标利润总额+完全成本总额}{产品销量\times(1-适用税率)}$$

或

$$单位产品价格=\frac{单位目标利润+单位完全成本}{1-适用税率}$$

其中:单位完全成本=单位制造成本+单位期间费用

【例8】沿用[例7]的资料,管理层制定的目标利润为80000万元,在目标利润定价法下,该型号的汽车价格为:

单位目标利润=80000÷100000=0.8(万元)

单位完全成本=3.5+420000÷100000=7.7(万元)

单位产品价格=(0.8+7.7)÷(1-5%)=8.95(万元)

4) 变动成本加成定价法

变动成本加成定价法一般用作判断是否接受额外订单。

在确定价格时产品成本仅以变动成本计算,此处所指变动成本是指完全变动成本,包括变动制造成本和变动期间费用。其计算与成本利润率定价法相似：

$$单位产品价格=\frac{单位变动成本\times(1+成本利润率)}{1-适用税率}$$

【例9】甲公司是一家汽车整车生产企业，现拟推出一款新型汽车，本年度计划销售10万台。已知该型号汽车单位变动成本为3.5万元，分配的固定总成本为420000万元，公司高层要求该款产品的成本利润率为40%，适用的消费税税率为5%，不考虑其他税费。假设甲公司接到一份1万台的额外订单，且有足够的生产能力，则订单价格不低于多少的时候，甲公司应当接受此订单？

利用变动成本加成定价法计算出单位产品价格：

单位产品价格=3.5×(1+40%)÷(1-5%)=5.16（万元）

当订单价格不低于5.16万元的时候，可以接受订单。

2. 以市场需求为基础的定价方法

以市场需求为基础的定价方法主要有需求价格弹性系数定价法和边际分析定价法等。

1）需求价格弹性系数定价法

需求价格弹性系数定价法是指运用需求价格弹性系数确定产品的销售价格的定价方法。需求的价格弹性表示在一定时期内一种商品的需求量变动对于该商品的价格变动的反应程度。

运用需求价格弹性系数确定产品的销售价格时，其基本计算公式为：

$$P=\frac{P_0 Q_0^{(1/|E|)}}{Q^{(1/|E|)}}$$

$$E=\frac{\Delta Q/Q_0}{\Delta P/P_0}$$

式中，P_0表示基期单位产品价格；Q_0表示基期需求量；E表示某种产品的需求价格弹性系数；ΔP表示价格变动量；ΔQ表示需求变动量。

2）边际分析定价法

边际分析定价法是指通过分析不同价格与销售量组合下的产品边际收入、边际成本和边际利润之间的关系进行定价决策的一种定量分析方法。边际分析定价法的决策原则是边际收入等于边际成本，即边际利润等于零时，利润将达到最大值。此时的价格就是最优销售价格。

（五）价格运用策略

常见的价格运用策略如图9-3所示。

价格运用策略
- 折让定价策略
- 心理定价策略
- 组合定价策略
- 寿命周期定价策略

图9-3 价格运用策略

1. 折让定价策略

折让定价策略是指在一定条件下以降低产品的销售价格来刺激购买者，从而达到扩大产品销售量的目的的定价策略。价格折扣的主要类型有现金折扣、数量折扣、团购折扣、预售折扣、季节折扣等。

2. 心理定价策略

心理定价策略是指企业定价时针对顾客的心理特点而采取的一种有利于扩大销售的定价策略。心理定价策略的主要类型有声望定价、尾数定价、双位定价和高位定价等。

3. 组合定价策略

组合定价策略是针对相关产品组合所采取的一种方法。它根据相关产品在市场竞争中的不同情况，使互补产品价格有高有低，或使组合售价优惠。

对于具有互补关系的相关产品，可以采取降低部分产品价格而提高互补产品价格，以促进销售，提高整体利润，如"便宜的整车+高价的配件"。对于具有配套关系的相关产品，可以对组合购买进行优惠，如"西服套装"。

4. 寿命周期定价策略

寿命周期定价策略就是借助产品生命周期帮助企业制定定价策略的定价方法，详情如表9-5所示。

表9-5　　　　　　　　　　　　　寿命周期定价策略

阶段	特征	定价策略
推广期	产品需要获得消费者的认同，进一步占有市场	低价促销
成长期	产品有了一定的知名度，销售量稳步上升	中等价格
成熟期	产品市场知名度处于最佳状态，同时市场需求接近饱和，竞争激烈	可以采用高价促销，同时必须考虑竞争者的情况，以保持现有市场销售量
衰退期	产品市场竞争力下降，销售量下滑	降价促销或维持现价并辅之以折扣等其他手段，同时积极开发新产品

第三节　纳税管理

一、纳税管理概述

（一）纳税管理的概念

企业纳税管理是指企业对其涉税业务和纳税实务所实施的研究和分析、计划和筹划、监控和处理、协调和沟通、预测和报告的全过程管理行为。纳税管理的目标是规范企业纳税行为、合理降低税收支出、有效防范纳税风险。

（二）纳税筹划

纳税筹划是指在不违反相关法律法规的前提下，通过对涉税业务进行策划，制作一整套完整的纳税操作方案，从而达到减轻税负的目的。纳税筹划的外在表现是降低税负和延期纳税。

（三）纳税筹划的原则

纳税筹划的原则如表9-6所示。

表9-6　　　　　　　　　　　　　纳税筹划的原则

纳税筹划的原则	说明
合法性原则	依法纳税是纳税筹划坚持的首要原则
系统性原则	也称整体性原则、综合性原则。一方面，企业要将筹划活动置于财务管理的大系统下，与企业的投资、筹资、营运及分配策略相结合；另一方面，企业需要缴纳的税种之间常常相互关联，一种税的节约可能引起另一种税的增加。纳税筹划要求企业必须从整体角度考虑纳税负担，在选择纳税方法时，要着眼于整体税负的降低
经济性原则	也称成本效益原则。纳税筹划在为企业带来税收利益的同时，必然发生相应的成本支出。企业在进行纳税筹划相关决策时，必须进行成本效益分析，选择净收益最大的方案
先行性原则	筹划策略的实施通常在纳税义务发生之前，企业进行税务管理时要对企业的筹资、投资、营运和分配活动等进行事先筹划和安排

（四）纳税筹划的方法

1. 减少应纳税额

减少应纳税额可以使用的方法如表9-7所示。

表9-7　　　　　　　　　　　　减少应纳税额的方法

方法	相关说明
税收优惠政策筹划法	利用免税政策、减税政策、退税政策、税收扣除政策、税率差异、分劈技术、税收抵免等税收优惠政策
转让定价筹划法	主要是指通过关联企业采用非常规的定价方式和交易条件进行的纳税筹划

2. 递延纳税

纳税人根据货币时间价值理论和通货膨胀因素，在合理合法的情况下，将应纳税款推迟一定期限，使应纳税额的现值减小，从而达到减轻税负的效果。企业实现递延纳税的一个重要途径是采取有利的会计处理方法，利用会计处理方法进行递延纳税的筹划主要包括存货计价方法的选择和固定资产折旧（如采用加速折旧法计提折旧）的纳税筹划等。

【例10】（单选·2017）在税法许可的范围内，下列纳税筹划方法中，能够导致递延纳税的是（　　）。

A. 固定资产加速折旧法　　　　　　B. 费用在母子公司之间合理分劈法
C. 转让定价筹划法　　　　　　　　D. 研究开发费用加计扣除法

【答案】A

【解析】利用会计处理方法进行递延纳税筹划主要包括存货计价方法的选择和固定资产折旧的纳税筹划，选项A当选。

二、企业筹资纳税管理

（一）内部筹资纳税管理

企业通常优先使用内部资金来满足资金需求，与外部股权筹资相比，其资本成本更低；与债务筹资相比，降低了企业的财务风险。

从税收角度来看，内部筹资虽然不能减少企业的所得税负担，但若将这部分资金以股利分配的形式发放给股东，股东会承担双重税负，若将这部分资金继续留在企业内部获取投资收益，投资者可以享受递延纳税带来的收益，股东也因此受益。

（二）外部筹资纳税管理

一般情况下，企业仅仅靠内部筹资是不够的，还需要进行外部筹资。外部筹资是通过增加债务还是权益来筹资，涉及企业的资本结构管理问题。资本结构管理的理论有很多，这里主要介绍权衡理论。权衡理论认为，有负债企业的价值等于无负债企业价值加上利息抵税的现值，再减去财务困境成本的现值。其表达式为：

$$V_L=V_U+PV(利息抵税)-PV(财务困境成本)$$

式中，V_L表示有负债企业的价值，V_U表示无负债企业的价值，PV（利息抵税）表示利息抵税的现值，PV（财务困境成本）表示财务困境成本的现值。

由上式可知，使用债务筹资带来的利息抵税可以增加企业的价值，但如果资产负债率过高，会使财务困境成本急剧上升，从而侵蚀利息抵税带来的收益。此外，进行债务筹资会产生杠杆效应，如果总资产收益率不足以覆盖债务利息率，则会导致企业亏损增大，价值降低。

所以企业在采用债务筹资方式筹集资金时，不仅要将资本结构控制在相对安全的范围内，还要确保总资产收益率（息税前）大于债务利息率。

三、企业投资纳税管理

（一）直接投资纳税管理

1. 直接对外投资纳税管理

1) 不同组织结构下的纳税筹划

企业面对不同的税收政策，可以通过计算比较不同组织结构面临的税收，选择税负较小的组织结构。不同组织结构面临的税收情况如表9-8所示。

表9-8　　　　　　　　　　　　不同组织结构下的纳税形式

企业形式	纳税形式
公司制企业	双重课税
合伙企业	只缴个人所得税
子公司	独立申报企业所得税
分公司	总公司汇总计算缴纳

2) 投资行业的纳税筹划

企业进行投资决策的时候，尽可能选择税收负担较轻的行业：

（1）国家重点扶持的高新技术企业，按15%的税率征收企业所得税；

（2）创业投资企业进行国家重点扶持和鼓励的投资，可以按投资额的一定比例抵扣应纳税所得额。

3) 投资地区的纳税筹划

企业在选择注册地点时，应考虑不同地区的税收优惠政策。例如，我国对设在西部地区属于国家鼓励类产业的企业，在2021年1月1日至2030年12月31期间减按15%的税率征收企业所得税。

4）投资收益取得方式的纳税筹划

在选择回报方式时，投资企业可以利用其在被投资企业中的地位，使被投资企业进行现金股利分配，这样可以减少投资企业取得投资收益的所得税负担。

根据企业所得税法规定，居民企业直接投资于其他居民企业取得的股息、红利等权益性投资收益为企业的免税收入，不包括连续持有居民企业公开发行并上市流通的股票不足12个月取得的投资收益。而企业卖出股份所取得的投资收益则需要缴纳企业所得税。

2. 直接对内投资纳税管理

直接对内投资纳税管理主要体现在固定资产投资和无形资产投资两个方面，详情如表9-9所示。

表9-9　　　　　　　　　固定资产投资和无形资产投资纳税管理

固定资产投资	税法对固定资产的涉税事项处理均有详细的规定，在投资环节的纳税筹划较少
无形资产投资	我国企业所得税法规定：我国制造业企业为开发新技术、新产品、新工艺发生的研究开发费用，未形成无形资产的计入当期损益，自2021年1月1日起，按照实际发生额的100%加计扣除；形成无形资产的，在上述期间按照无形资产成本的200%在税前摊销

（二）间接投资纳税管理

间接投资又称证券投资，是指企业用资金购买股票、债券、基金等金融资产，而不直接参与其他企业生产经营管理的一种投资活动。与直接投资相比，间接投资考虑的税收因素较少，但也有纳税筹划的空间。我国国债利息收入免交企业所得税，当可供选择债券的回报率较低时，应该将其税后投资收益与国债的收益相比，再作决策。

四、企业营运纳税管理

（一）采购的纳税管理

1. 增值税纳税人的纳税筹划

一般纳税人与小规模纳税人的区别如表9-10所示。

表9-10　　　　　　　　　一般纳税人与小规模纳税人的区别

纳税人身份	计税基础	适用税率
一般纳税人	不含税的增值额	较高
小规模纳税人	不含税的销售额	较低

一般纳税人以不含税的增值额为计税基础，小规模纳税人以不含税销售额为计税基础。增值率高的企业，适宜作为小规模纳税人；反之，适宜作为一般纳税人。当存在一个特定的增值率使增值税一般纳税人与小规模纳税人应缴税款数额相同时，我们把这个特定的增值率称为无差别平衡点增值率。增值率是增值额与不含税销售额的比值。

若实际增值率>无差别平衡点增值率，适用小规模纳税人；反之，则适用一般纳税人。

无差别平衡点增值率的推算过程如下：

一般纳税人应交增值税=不含税销售额×增值税税率−不含税购进额×增值税税率=增值额×增值税税率

小规模纳税人应交增值税=不含税销售额×征收率

当两者应交增值税相等时，有：

增值额×增值税税率=不含税销售额×征收率，变形可得：

增值额/不含税销售额=征收率/增值税税率

式中，"征收率/增值税税率"被称为无差别平衡点增值率。当一般纳税人适用的增值税税率为13%，小规模纳税人增值税的征收率为1%时，按照前式计算得出的无差别平衡点增值率7.69%。

2. 购货对象的纳税筹划

一般纳税人从一般纳税人处采购的货物，增值税进项税额可以抵扣；一般纳税人从小规模纳税人采购的货物，增值税不能抵扣（由税务机关代开的除外），但价格上可能会有优惠。在对购货对象进行纳税筹划时需要综合考虑以上两个因素，做出最优选择。

3. 结算方式的纳税筹划

结算方式包括赊购、现金、预付等。在购货价格无明显差异时，要尽可能选择赊购方式。在三种购货方式的价格有差异的情况下，应该综合考虑货物价格、付款时间和进项税额抵扣时间。

4. 增值税专用发票管理

根据进项税额抵扣时间的规定，对于取得防伪税控系统开具的增值税专用发票，纳税人应及时使用增值税发票选择确认平台确认需要抵扣的增值税发票电子信息。

（二）生产的纳税管理

生产的纳税管理可以从存货计价的纳税筹划、固定资产的纳税筹划和期间费用的纳税筹划三个方面进行管理。

1. 存货计价的纳税筹划

存货计价的方法有很多种，一经选用，不得随意变更。虽然从长期看来，存货的计价方法不会对应纳增值税总额产生影响，但是纳税人可以通过采用不同的存货计价方法来改变销售成本，继而改变所得税纳税义务在时间上的分布来影响企业价值。

不同情形可以采用的纳税管理：

（1）如果企业预计将长期盈利，则存货成本可以最大限度地在本期所得额中税前扣除，应选择使本期存货成本最大化的存货计价方法。

（2）如果企业预计将亏损或者已经亏损，选择的计价方法必须使亏损尚未得到完全弥补的年度的成本费用降低，尽量使成本费用延迟到以后能够完全得到抵补的时期，才能保证成本费用的抵税效果最大化。

（3）如果企业正处于所得税减税或免税期间时，应该选择减免税期间内存货成本最小化的计价方法，减少企业的当期摊入，尽量将存货成本转移到非税收优惠期间。

（4）当企业处于非税收优惠期间时，应选择使存货成本最大化的计价方法，以达到减少当期应纳税所得额、延迟纳税的目的。

2. 固定资产的纳税筹划

（1）对于盈利企业，新增固定资产入账时，其账面价值应尽可能低，在征得税务机关同意的情况下，尽可能在当期扣除相关费用，尽量缩短折旧年限或采用加速折旧法。

（2）对于亏损企业和享受税收优惠的企业，应尽量在税收优惠期间和亏损期间少提折旧，以达到抵税收益最大化。

3. 期间费用的纳税筹划

企业在生产经营过程中所发生的费用和损失，只有部分能够计入所得税扣除项目，且有些扣除项目还有限额规定。例如，企业发生的招待费支出，按照发生额的60%扣除，但最高不得超过当年销售收入的5‰。企业应该严格规划招待费的支出时间，对于金额巨大的招待费，争取在两个或多个年度分别支出，从而使扣除金额最多。

（三）销售的纳税管理

企业在进行销售的纳税管理时，应注意结算方式的纳税筹划和促销方式的纳税筹划两个方面的管理。

1. 结算方式的纳税筹划

不同销售结算方式下纳税义务的发生时间不同，企业可以在税法允许的范围内选择有利于企业的结算方式，以推迟纳税时间，获得纳税期的递延。

2. 促销方式的纳税筹划

关于促销方式纳税筹划的内容如表9-11所示。

表9-11 　　　　　　　　　　促销方式的纳税筹划

促销方式	相关说明
销售折扣	销售折扣，也称为现金折扣，是指企业在赊销的情况下，为了推销商品和及早收回销售货款而给予购货方的一种价格优惠。销售折扣不得从销售额中减除，不能减少增值税纳税义务
折扣销售	折扣销售是指销售方在销售货物或提供应税劳务时，因购货方购货数量较大等原因，为促进销售而给予购货方的价格优惠。如果销售额和折扣额在同一张发票上注明，可以以销售额扣除折扣额后的余额作为计税金额，减少企业的销项税额
实物折扣	实物折扣，是指销货方在销售过程中，当购买方购买货物时为其配送、赠送一定数量的货物。实物款额不能从货物销售额中减除，而且还需按"赠送他人"计征增值税
以旧换新	一般按新货物同期销售价格确定销售额，不得扣减旧货物的收购价格

【例11】甲公司是一家从事商业零售的增值税一般纳税人，为了吸引顾客，甲公司决定展开一轮持续3天的酸奶促销活动，现有以下两种促销方案：

方案一：买二赠一，即凡购买两箱酸奶就赠送一箱酸奶。

方案二：对所有酸奶采用七折销售，且销售额和折扣额在同一张发票上。

根据以往经验，如果采用方案一，则可以售出酸奶90000箱（包含赠送的酸奶）；如果采用方案二，则可以售出80000箱。酸奶不含税的销售单价为60元/箱，不含税进价为35元/箱，甲公司适用的增值税税率为13%，所得税税率为25%，不考虑其他税费。甲公司应该采用哪种方案才能获得最大利润？

对于方案一：

应纳增值税=90000×60×13%-90000×35×13%=292500（元）

应纳税所得额=60000×60-90000×35=450000（元）

应交所得税=450000×25%=112500（元）

净现金流量=60000×60×(1+13%)-90000×35×(1+13%)-292500-112500=103500（元）

对于方案二：

应纳增值税=80000×60×70%×13%-80000×35×13%=72800（元）

应纳税所得额=80000×60×70%-80000×35=560000（元）
应交所得税=560000×25%=140000（元）
净现金流量=80000×60×70%×(1+13%)-80000×35×(1+13%)-72800-140000=420000（元）
方案一的净现金流量低于方案二的净现金流量，所以甲公司应当采用方案二。

五、企业利润分配纳税管理

（一）所得税的纳税管理

纳税人发生年度亏损（应纳税所得额为负值），可以用下一纳税年度的所得弥补；下一年度的所得不足以弥补的，可以逐年延续弥补，但延续弥补期有时间上的限制，一般发生亏损后5年内可以进行弥补，但对于高新技术企业和科技型中小企业，自2018年1月1日起，亏损结转年限由5年延长至10年。发生亏损后，应增加收入或减少可抵扣项目，使应纳税所得额尽可能多，以尽快弥补亏损，获得抵税收益。

[例12] 甲企业2015年度发生年度亏损100万元，假设该企业2015—2021年利润总额如表9-12所示，公司的企业所得税税率为25%。请计算甲企业2015—2021年应交所得税。

表9-12　　　　　　　　甲企业2015—2021年利润总额　　　　　　　　单位：万元

年度	2015年	2016年	2017年	2018年	2019年	2020年	2021年
利润总额	-100	20	10	20	20	10	60

甲企业2015—2021年应交所得税如表9-13所示。

表9-13　　　　　　　　甲企业2015—2021年应交所得税　　　　　　　　单位：万元

年度	2015年	2016年	2017年	2018年	2019年	2020年	2021年
利润	-100	20	10	20	20	10	60
应纳税所得额	-100	-80	-70	-50	-30	-20	60
应交所得税	0	0	0	0	0	0	60×25%=15

（二）股利分配的纳税管理

1. 自然人股东的纳税筹划

我国对自然人股东从企业分得的收益的所得税征收的规定如表9-14所示。

表9-14　　　　针对自然人股东从企业分得的不同收益的税收规定

投资收益	持股期限	应纳税所得额	适用的个人所得税率	交易时印花税
现金股利和股票股利	1个月以内（含1个月）	全额	20%	—
	1~12个月（含1年）	暂减按全额×50%	20%	—
	超过1年	—	暂免征个人所得税	—
买卖股票资本利得收益	无限制	—	不征个人所得税	成交额×1‰

对于自然人股东而言，如果持股期限超过1年，由于股票转让投资收益的税负（印花税）高于股息红利收益的税负（0税负），上市公司发放股利有利于长期持股的个人股东获得纳税方面的好处。

2. 法人股东的纳税筹划

我国相关法律规定，投资企业从居民企业取得的股息等权益性收益所得只要符合相关规定都可享受免税收入待遇，而不论该投资企业是否为居民企业；投资企业通过股权转让等方式取得的投资收益需要计入应纳税所得额，按企业适用的所得税率缴纳企业所得税。

因此，基于法人股东考虑，公司进行股利分配可以帮助股东减少纳税负担。

六、企业重组纳税管理

企业重组是指使法律结构或经济结构发生重大变化的交易。企业重组的具体形式包括企业法律形式改变、债务重组、股权收购、资产收购、合并和分立等。企业重组的纳税管理主要从长期降低企业的各项纳税义务和减少重组环节的纳税义务两方面入手。

（一）企业合并的纳税筹划

这里的企业合并是指税法意义上的企业合并，即吸收合并和新设合并，而不包含会计意义上的控股合并。

1. 并购目标企业的选择

1）并购有税收优惠政策的企业

企业在选择并购目标时，应充分重视行业优惠因素和地区优惠因素，在同等条件下，优先选择享有税收优惠政策的企业，可以使并购后企业整体的税务负担较小。

2）并购亏损的企业

如果符合特殊性税务处理的规定，在综合考虑其他条件后，应该优先考虑亏损额接近法定最高亏损额弥补的企业。

3）并购上下游企业或关联企业

并购可以实现关联企业或上下游企业流通环节的减少，减少流转税纳税义务。

2. 并购支付方式的纳税筹划

1）股权支付

股权支付是指企业重组中购买、换取资产的一方支付的对价中以本企业或其控股企业的股权、股份作为支付的形式。

当企业符合特殊性税务处理的其他条件，且股权支付金额不低于其交易支付总额的85%时，可以使用资产重组的特殊性税务处理方法，这样可以相对减少合并环节的纳税义务，获得抵税收益。

2）非股权支付

对合并企业而言，需对被合并企业公允价值大于原计税基础的所得进行确认，缴纳所得税，并且不能弥补被合并企业的亏损。对于被合并企业的股东而言，需要对资产转让所得缴纳所得税。因此，在不影响控股权的情况下企业应尽量优先考虑股权支付，或尽量使股权支付金额不低于其交易支付总额的85%，以争取达到特殊性税务处理条件。

（二）企业分立的纳税筹划

1. 分立方式的选择

企业分立可以分为新设分立和存续分立，企业应该根据实际情况进行选择，详情如表9-15所示。

表9-15　　　　　　　　　　新设分立和存续分立

方式	概念	达到的效果
新设分立	新设分立是指一个公司将其全部财产分割，解散原公司，分立出的各方分别设立为新公司	(1) 通过新设分立，把一个企业分解成两个甚至更多个新企业，单个新企业应纳税所得额大大减少，符合小型微利企业条件，可以按照更低的税率征收所得税 (2) 通过分立，使某些新设企业符合高新技术企业的优惠条件，所适用的税率也就相对较低，从而使企业的总体税收负担低于分立前的企业
存续分立	存续分立是指原企业存续，将一个公司的一部分分立出去，成立一个或数个公司的行为	存续分立可以将企业某个特定部门分立出去，获得流转税的税收利益

2. 支付方式的纳税筹划

企业分立的支付方式有股权支付和非股权支付。分立企业应该优先考虑股权支付，或者尽量使股权支付金额不低于其交易支付总额的85%，争取达到企业分立的特殊性税务处理条件。

第四节　分配管理

一、股利政策与企业价值

股利政策是指关于公司是否发放股利、发放多少股利以及何时发放股利等方面的方针和策略。公司净利润的分配应按照下列顺序进行。

1. 弥补以前年度亏损

企业年度亏损可以用下一年度的税前利润弥补，下一年度不足弥补的，可以在5年之内用税前利润连续弥补，连续5年未弥补的亏损则用税后利润弥补。

2. 提取法定公积金

法定公积金提取比例为当年税后利润（弥补亏损后）的10%；当年法定公积金的累积额已达注册资本的50%时，可以不再提取；法定公积金可用于弥补亏损或转增资本，企业用法定公积金转增资本后，法定公积金的余额不得低于转增前公司注册资本的25%。

3. 提取任意公积金

根据我国《公司法》的规定，公司从税后利润提取法定公积金后，经股东会或股东大会决议，还可以从税后利润中提取任意公积金。

4. 向股东（投资者）分配股利（利润）

【例13】（单选·2012）下列关于提取任意盈余公积的表述中，不正确的是（　　）。
A. 应从税后利润中提取　　　　　　　B. 应经股东大会决议
C. 满足公司经营管理的需要　　　　　D. 达到注册资本的50%时不再计提
【答案】D

【解析】当法定公积金的累积额达到注册资本的50%时，可以不再提取，选项D错误。

（一）股利分配理论

股利分配理论包括股利无关理论和股利相关理论。

1. 股利无关理论

股利无关论（也称MM理论）认为，在一定的假设条件限定下，股利政策不会对公司的价值或股票的价格产生任何影响。一个公司的股票价格完全由公司投资决策的获利能力和风险组合决定，而与公司的利润分配政策无关。该理论是建立在完全资本市场理论之上的，假定条件包括：①市场具有强式效率，没有交易成本，没有任何一个股东的实力足以影响股票价格；②不存在任何公司或个人所得税；③不存在任何筹资费用；④公司的投资决策与股利决策彼此独立；⑤股东在股利收入和资本增值之间并无偏好。

股利无关论认为股利分配对公司的市场价值（或股票价格）不会产生影响。股利无关论认为：①投资者并不关心公司的股利的分配；②股利的支付比率不影响公司的价值。

2. 股利相关理论

股利相关理论认为股利政策会对公司的价值和股票的价格产生影响，股利相关理论包括四种。

1）"手中鸟"理论

该理论认为公司的股利政策与公司的股票价格是密切相关的，即当公司支付较高的股利时，公司的股票价格会随之上升，公司的价值将得到提高。

2）信号传递理论

该理论认为，在信息不对称的情况下，公司可以通过股利政策向市场传递有关公司未来获利能力的信息，从而会影响公司的股价。一般来讲，预期未来获利能力强的公司，往往愿意通过相对较高的股利支付水平吸引更多的投资者。

3）所得税差异理论

该理论认为，由于普遍存在的税率以及纳税时间的差异，资本利得收益比股利收益更有助于实现收益最大化目标，公司应当采用低股利政策。

4）代理理论

该理论认为，股利的支付能够减少公司拥有的现金，从而在一定程度上抑制公司管理人员的过度投资或者在职消费行为，有效地降低代理成本。高水平的股利政策降低了企业的代理成本，但同时增加了外部融资成本，理想的股利政策应当使两种成本之和最小。

【例14】（多选·2020）下列股利分配理论中，认为股利政策会影响公司的价值的有（　　）。

A.信号传递理论　　　　　　　　B.所得税差异理论
C."手中鸟"理论　　　　　　　　D.代理理论

【答案】ABCD

【解析】股利相关理论认为企业的股利政策会影响股票价格和公司价值。主要观点包括"手中鸟"理论（选项C）、信号传递理论（选项A）、所得税差异理论（选项B）、代理理论（选项D）。选项A、B、C、D当选。

(二) 股利政策

1. 剩余股利政策

剩余股利政策是企业在有良好的投资机会时，根据目标资本结构测算出既有权益资本与必需的权益资本之间的差额，先将税后利润满足权益资本需要，而后将剩余部分作为股利发放的政策。剩余股利政策有利于企业保持目标资本结构。剩余股利政策的理论依据是理论股利无关论。

1）剩余股利政策适用范围

剩余股利政策一般适用于公司初创阶段。

2）剩余股利政策的优缺点

优点：净利润优先保证企业再投资的需要，有助于降低再投资的资金成本，保持最佳的资本结构，实现企业价值的长期最大化。

缺点：股利发放额每年随投资机会和盈利水平的波动而波动，不利于投资者安排收入与支出，也不利于公司树立良好的形象。

2. 固定或稳定增长的股利政策

固定或稳定增长的股利政策是指公司将每年派发的股利额固定在某一特定水平或是在此基础上维持某一固定比率逐年稳定增长。公司只有在确信未来盈余不会发生逆转时才会宣布实施固定或稳定增长的股利政策。企业只有当对未来利润增长确有把握，并且这种增长被认为是不会发生逆转时，才会宣布实施固定或稳定增长的股利政策。固定或稳定增长的股利政策的理论依据是股利相关理论。

1）固定或稳定增长的股利的优缺点

优点：①有利于树立公司的良好形象，增强投资者对公司的信心，稳定公司股票价格；②有助于投资者安排收入与支出，有利于吸引那些打算进行长期投资并对股利有很强依赖性的股东；③为了将股利维持在稳定的水平上，即使推迟某些投资方案或暂时偏离目标资本结构，也可能比降低股利或股利增长率更为有利。

缺点：①股利的支付与企业的盈利相脱节，可能导致企业资金紧缺，财务状况恶化；②企业在无利可分的情况下，若依然实施固定或稳定增长的股利政策，也是违反《公司法》的。

2）固定股利或稳定增长股利政策的适用条件

固定或稳定增长的股利政策通常适用于经营比较稳定或正处于成长期的企业，但很难被长期采用。

【提示】采用固定或稳定增长的股利政策，要求公司对未来的盈利和支付能力能作出准确的判断。一般来说，公司确定的固定股利额不宜太高，以免陷入无力支付的被动局面。

3. 固定股利支付率政策

固定股利支付率政策是指公司将每年净利润的某一固定百分比作为股利分派给股东。这一百分比通常称为股利支付率。固定股利支付率政策的理论依据是股利相关理论。

1）固定股利支付率政策的适用范围

固定股利支付率政策适用于那些处于稳定发展期并且财务状况也比较稳定的公司。

2）固定股利支付率政策的优缺点：

优点：①股利的支付与公司盈余紧密地配合；②公司每年按固定的比例从税后利润中

支付现金股利，从企业支付能力的角度看这是一种稳定的股利政策。

缺点：①收益不稳定导致股利的波动所传递的信息容易成为影响股价的不利因素；②容易使公司面临较大的财务压力；③确定合适的固定股利支付率的难度大。

4. 低正常股利加额外股利政策

低正常股利加额外股利政策是指公司事先设定一个较低的正常股利额，一般情况下，公司每期都按此金额支付正常股利，只有企业盈利较多时，再根据实际情况发放额外股利。低正常股利加额外股利政策的理论依据是股利相关理论。

1）低正常股利加额外股利政策的适用范围

低正常股利加额外股利政策主要适用于经营状况和利润不稳定的企业，以及盈利水平随着经济周期波动较大的公司或行业。

2）低正常股利加额外股利政策的优缺点

优点：①赋予公司较大的灵活性，使公司在股利发放上留有余地，并具有较大的财务弹性；②使那些依靠股利度日的股东每年至少可以得到虽然较低但比较稳定的股利收入，从而吸引住这部分股东。

缺点：①各年度之间公司盈利的波动使额外股利不断变化造成分派的股利不同，容易给投资者造成收益不稳定的感觉；②如果公司在较长时间持续发放额外股利，额外股利可能会被股东误认为"正常股利"，一旦取消，传递出的信号可能会使股东认为这是公司财务状态恶化的表现，进而导致股价下跌。

【例15】甲公司2021年税后净利润为8000万元，公司当年流通在外的普通股为1000万股，董事会正在制定本年度的分红方案。已知甲公司2020年税后净利润是5000万元，股利支付率为40%。不同情形下的股利分配如下：

（1）甲公司2022年将有一个项目需要投资10000万元，公司的目标资本结构为权益资本占70%，债务资本占30%，甲公司决定采用剩余股利支付政策分配本年股利。则：

当年可以发放的股利=8000−10000×70%=1000（万元）

每股股利=1000÷1000=1（元/股）

（2）如果甲公司采用稳定增长的股利政策，每年发放的股利在上一年的基础上增加10%，则：

当年可以发放的股利=5000×40%×（1+10%）=2200（万元）

每股股利=2200÷1000=2.2（元/股）

（3）如果甲公司采用固定股利支付率政策，则：

当年可以发放的股利=8000×40%=3200（万元）

每股股利=3200÷1000=3.2（元/股）

（4）如果甲公司采用低正常股利加额外股利政策，每年每股最低发放0.5元，额外股利按照净利润的10%发放。则：

每股股利=0.5+8000×10%÷1000=1.3（元/股）

二、利润分配制约因素

利润分配受到多个因素的影响，主要包括法律、公司、股东及其他因素。

(一) 法律因素

制约利润分配的法律因素如表9-16所示。

表9-16　　　　　　　　　　制约利润分配的法律因素

限制因素	说明
资本保全约束	规定公司不能用资本（包括实收资本或股本和资本公积）发放股利
资本积累约束	规定公司必须按照一定的比例和基数提取各种公积金，股利只能从企业的可供股东分配利润中支付。当企业出现年度亏损时，一般不进行利润分配
超额累积利润约束	如果公司为了股东避税而使保留的盈余大大超过了公司目前及未来的投资需要时，将被加征额外的税款
偿债能力约束	要求公司考虑现金股利分配对其偿债能力的影响，确定在分配后仍能保持较强的偿债能力，以维持公司的信誉和借贷能力，从而保证公司的正常资金周转

(二) 公司因素

制约利润分配的公司因素如表9-17所示。

表9-17　　　　　　　　　　制约利润分配的公司因素

限制因素	说明
现金流量	公司在进行利润分配时，要保证正常的经营活动对现金的需求，以维持资金的正常周转，使生产经营得以有序进行
资产的流动性	现金股利的支付会减少企业的现金持有量，降低资产的流动性，而保持一定的资产流动性是企业正常运转的必备条件
盈余的稳定性	一般来讲，公司的盈余越稳定，其股利支付水平也就越高
投资机会	有良好投资机会的公司往往少发股利，缺乏良好投资机会的公司倾向于支付较高的股利。此外，如果公司将留存收益用于再投资所得报酬低于股东个人单独将股利收入投资于其他投资机会所得的报酬时，公司就不应多留存收益，而应多发股利
筹资因素	如果公司具有较强的筹资能力，一般会具有较强的股利支付能力
其他因素	不同发展阶段、不同行业公司的股利支付比例会有差异。此外，公司不宜经常改变利润分配政策，防止对股价造成不利影响。

(三) 股东因素

制约利润分配的股东因素如表9-18所示。

表9-18　　　　　　　　　　制约利润分配的股东因素

限制因素	说明
控制权	为防止控制权的稀释，持有控股权的股东希望少募集权益资金，少分股利
稳定的收入	依靠股利维持生活的股东要求支付稳定的股利
避税	高股利收入的股东出于避税考虑，往往倾向于较低的股利支付水平

(四) 其他因素

制约利润分配的其他因素如表9-19所示。

表9-19　　　　　　　　　　制约利润分配的其他因素

限制因素	说明
债务契约	如果债务合同限制股利支付，公司只能采取低股利政策
通货膨胀	在通货膨胀时期，企业一般会采取偏紧的利润分配政策

三、股利支付形式与程序

（一）股利支付的形式

1. 现金股利

现金股利是以现金形式分配给股东的股利，它是股利支付的最常见的方式。

2. 财产股利

财产股利是以现金以外的其他资产支付的股利，主要是以上市公司持有的其他公司的有价证券（如债券、股票等）作为股利支付给股东。

3. 负债股利

负债股利是以负债方式支付的股利，通常以公司的应付票据支付给股东，有时也以发放公司债券的方式去支付股利。

4. 股票股利

股票股利，是公司以增发自身股票的方式所支付的股利。发放股票股利有以下优点：

1) 股东角度

（1）理论上，派发股票股利后，每股市价会成反比例下降，但实务中有时股价并不成比例下降，甚至相对上升（因为投资者认为发放股票股利预示着公司会有较大的发展和成长）。

（2）降低税负。由于股利收入和资本利得税率的差异，如果股东把股票股利出售，还会给其带来资本利得纳税上的好处。

2) 公司角度

（1）降低资本成本。发放股票股利不需要向股东支付现金，在再投资机会较多的情况下，公司就可以为再投资提供成本较低的资金，从而有利于公司的发展。

（2）防止公司被恶意控制。发放股票股利可以降低公司股票的市场价格，既有利于促进股票的交易和流通，又有利于吸引更多的投资者成为公司股东，进而使股权更为分散，有效地防止公司被恶意控制。

（3）稳定股价。发放股票股利可以传递公司未来发展良好的信息，从而增强投资者的信心，在一定程度上稳定股票价格。

【例16】（多选·2020）发放股票股利对上市公司产生的影响有（　　）。

A.公司股票数量增加　　　　　　　　B.公司资产总额增加

C.公司股东权益总额增加　　　　　　D.公司股本增加

【答案】AD

【解析】对公司来说，发放股票股利并没有现金流出企业，也不会导致公司的财产减少，而只是将公司的未分配利润转化为股本和资本公积。但股票股利会增加流通在外的股票数量，同时降低股票的每股价值。它不改变公司股东权益总额，但会改变股东权益的构成。选项A、D当选。

（二）股利支付的程序

股利的支付程序涉及股利宣告、股权登记、股权除息以及股权支付四个程序，与之相对应的时间点被称为股利宣告日、股权登记日、除息日和股利发放日，如图9-4所示。

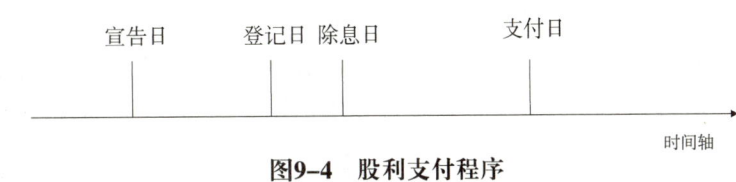

图9-4 股利支付程序

1. 股利宣告日

股利宣告日是指股东大会决议通过并由公司董事会将股利支付情况予以公告的日期。公告中将宣布每股应支付的股利、股权登记日、除息日和股利支付日。

2. 股权登记日

股权登记日是指董事会规定的登记有权领取本期股利的股东名单的截止日期，只有在股权登记日拥有公司股票的人才能够分得股利。

3. 除息日

除息日又称除权除息日，一般情况下股权登记日后的下一个交易日就是除息日，这一天或以后购入该公司股票的股东，不再享有该公司此次分红或配股。

4. 股利发放日

股利发放日是指公司按照公布的分红方案向股权登记日在册的股东实际支付股利的日期。

【例17】甲上市公司拥有股本10000万股。2021年6月5日，甲公司董事会公告了经股东大会形成的股利分派决议，根据该项决议，在2021年6月9日登记在册的股东，每持有甲公司10股股票将获得5股股票股利，股票股利将于2021年6月15日发放到各股东账户。截至2021年6月15日，甲公司按计划发放了股票股利。

本例中，股利宣告日是2021年6月5日，股权登记日是2021年6月9日，股权登记日的下一个交易日6月10日是除息日，股利发放日是2021年6月15日。

四、股票分割与股票回购

（一）股票分割

1. 股票分割的概念和作用

股票分割又称拆股，即将一股股票拆分成多股股票的行为，股票分割有如下作用：

（1）降低股票价格，从而促进股票的流通和交易，加大恶意收购公司股票的难度，同时，还可以为公司发行新股做准备。

（2）向市场和投资者传递"公司发展前景良好"的信号，有助于提高投资者对公司股票的信心。

2. 股票股利与股票分割的比较

股票股利与股票分割的异同如表9-20所示。

表9-20　　股票股利与股票分割的异同

内容	股票股利	股票分割
不同点	①面值不变；②股东权益结构改变；③属于股利支付方式	①面值变小；②股东权益结构不变；③不属于股利支付方式
相同点	①普通股股数增加；②每股收益和每股市价下降；③股东持股比例不变；④资产总额、负债总额、股东权益总额不变	

3. 股票的反分割

反分割又称股票合并或逆向分割，是指将多股股票合并为一股股票的行为，是股票分割的反向操作。反向分割会降低股票的流通性，提高购买的门槛。它向市场传递的信息通常是不利的。

（二）股票回购

股票回购是指上市公司利用现金等方式，从股票市场上购回本公司发行在外的一定数额的股票的行为。我国可以回购股票的情形有：①减少公司注册资本；②与持有本公司股份的其他公司合并；③将股份用于员工持股计划或者股权激励；④股东因对股东大会作出的公司合并、分立决议持异议，要求公司收购其股份；⑤将股份用于转换上市公司发行的可转换为股票的公司债券；⑥上市公司为维护公司价值及股东权益所必需。

1. 股票回购的动机

（1）股票回购可以减少股本，增加每股收益和每股股息，是现金股利的替代。

（2）股票回购可以减少所有者权益，从而改变公司的资本结构。

（3）一般情况下，股票回购向投资者传递公司股票被低估的信息。

（4）股票回购能够巩固股东既有的控制权，还可以有效地防止敌意收购。

2. 股票回购的影响

（1）符合股票回购条件的多渠道回购方式允许公司选择适当时机回购本公司股份，将进一步提升公司调整股权结构和管理风险的能力，提高公司整体质量和投资价值。

（2）因实施持股计划和股权激励的股票回购，资本所有者和劳动者形成利益共同体，有助于提高投资者回报能力；将股份用于转换上市公司发行的可转换为股票的公司债券实施的股票回购，也有助于拓展公司融资渠道，改善公司资本结构。

（3）当市场不理性，公司股价严重低于股份内在价值时，为了避免投资者损失，适时进行股份回购，减少股份供应量，有助于稳定股价，增强投资者信心。

（4）股票回购若用大量资金支付回购成本，一方面，容易造成资金紧张，降低资产流动性，影响公司的后续发展；另一方面，在公司没有合适的投资项目又持有大量现金的情况下，回购股份也能更好地发挥货币资金的作用。

（5）上市公司通过履行信息披露义务和公开的集中交易方式进行股份回购有利于防止操纵市场、内幕交易等利益输送行为。

3. 股票回购和股票反分割的区别

股票回购和股票反分割的区别如表9-21所示。

表9-21　　　　　　　　股票回购与股票反分割的异同

内容	股票回购	股票反分割
不同点	①面值不变；②股东权益结构改变；③所有者权益减少	①面值变大；②股东权益结构不变；③所有者权益保持不变
相同点	①普通股股数减少；②每股收益上升	

【例18】甲矿采企业是一家国内上市公司，其资产负债表的股东权益部分如表9-22所示。

表9-22　　　　　　　　　　　甲矿采企业股东权益　　　　　　　　　　　单位：万元

股本（每股面值1元，发行在外230000万股）	230000
资本公积	1100000
盈余公积	130000
未分配利润	2300000
股东权益合计	3760000

（1）如果对甲矿采企业按照1:10的比例进行股票分割，分割后的股东权益如表9-23所示。

表9-23　　　　　　　　　　甲矿采企业分割后的股东权益　　　　　　　　　　单位：万元

股本（每股面值0.1元，发行在外2300000万股）	230000
资本公积	1100000
盈余公积	130000
未分配利润	2300000
股东权益合计	3760000

（2）如果甲矿采企业发放10%的股票股利，即股东每持有10股股票就可获得1股该公司的股票，发放股票股利后股东权益如表9-24所示。

表9-24　　　　　　　　甲矿采企业发放股票股利后的股东权益　　　　　　　　单位：万元

股本（每股面值1元，发行在外253000万股）	253000（230000+23000）
资本公积	1100000
盈余公积	130000
未分配利润	2277000（2300000−23000）
股东权益合计	3760000

（3）如果甲矿采企业为了减少注册资本以每股10元的价格从二级市场上回购了5%的股票，注销后股东权益如表9-25所示。

表9-25　　　　　　　　　甲矿采企业回购股票后的股东权益　　　　　　　　　单位：万元

股本（每股面值1元，发行在外218500万股）	218500（230000−230000×5%）
资本公积	996500 [1100000−230000×5%×（10−1）]
盈余公积	130000
未分配利润	2300000
股东权益合计	3645000

【例19】（单选·2022）关于股票分割和股票股利，下列说法正确的是（　　）。

A.均会改变股票面值　　　　　　　　B.均会增加股份数量

C.均会增加股东权益总额　　　　　　D.均会改变股东权益的结构

【答案】B

【解析】股票股利不会改变股票面值，选项A不当选；股票分割和股票股利均会使普通股股数增加，选项B当选；股票分割和股票股利均不会改变股东权益总额，选项C不当选；股票分割不会改变股东权益结构，选项D不当选。

五、股权激励

股权激励是一种通过经营者获得公司股权形式给予企业经营者一定的经济权利，使他们能够以股东的身份参与企业决策、分享利润、承担风险，从而勤勉尽责地为公司的长期发展服务的一种激励方法。

股权激励模式主要包括股票期权模式、限制性股票模式、股票增值权模式、业绩股票激励模式等。

（一）股票期权模式

股票期权是指股份公司赋予激励对象（如经理人员）在未来某一特定日期内以预先确定的价格和条件购买公司一定数量股份的选择权。

1. 股票期权模式的优缺点

股票期权模式的优点：①能够降低委托—代理成本，将经营者的报酬与公司的长期利益绑在一起，实现了经营者与企业所有者利益的高度一致，使两者的利益紧密联系起来，并且有利于降低激励成本；②可以锁定期权人的风险，由于期权人事先没有支付成本或支付成本较低，如果行权时公司股票价格下跌，期权人可以放弃行权，几乎没有损失。

股票期权模式的缺点：①影响现有股东的权益；②可能遭遇来自股票市场的风险；③可能带来经营者的短期行为。

2. 股票期权模式的适用性

股票期权模式适合那些初始资本投入较少，资本增值较快，处于成长初期或扩张期的企业，如网络、高科技等风险较高的企业等。

（二）限制性股票模式

限制性股票指公司按照预先确定的条件授予激励对象一定数量的本公司股票，激励对象只有在工作年限或业绩目标符合股权激励计划规定条件的，才可出售限制性股票并从中获益。

1. 限制性股票模式的优缺点

限制性股票模式的优点：在限制期间公司不需要支付现金对价，便能够留住人才。

限制性股票模式的缺点：缺乏一个能推动企业股价上涨的激励机制，即在企业股价下跌的时候，激励对象仍能获得股份，这样可能达不到激励的效果，并使股东遭受损失。

2. 限制性股票模式的适用性

限制性股票模式比较适用于股价上涨空间有限的成熟期的企业。

（三）股票增值权模式

股票增值权是指公司授予经营者一种权利，如果经营者努力经营企业，在规定的期限内，公司股票价格上升或业绩上升，经营者就可以按一定比例获得这种由股价上扬或业绩提升所带来的收益，收益为行权价与行权日二级市场股价之间的差价或净资产的增值额。激励对象不用为行权支付现金，行权后由公司支付现金、股票或者股票和现金的组合。

1. 股票增值权模式的优缺点

优点：①比较容易操作，行权时直接兑换股票升值部分；②审批程序简单，无须解决股票来源。

缺点：①激励对象不能获得真正意义上的股票，激励效果相对较差；②公司方面需要提取奖励基金，从而使公司支付现金压力大。

2. 股票增值权模式的适用性

股票增值权模式比较适合现金流充裕且稳定的上市公司和现金流充裕的非上市公司。

（四）业绩股票激励模式

业绩股票激励指公司在年初确定一个较为合理的业绩目标，如果激励对象到年末时达到预定的目标，则公司授予其一定数量的股票或提取一定的奖励基金购买公司股票。

1. 业绩股票激励的优缺点

优点：激励对象获得激励股票后便成为公司的股东，与原股东有了共同利益，会更加努力地去提升公司的业绩，进而获得因公司股价上涨带来的更多收益。

缺点：由于公司确定的业绩目标的科学性很难保证，容易导致公司高管人员为获得业绩股票而弄虚作假，同时激励成本较高，可能造成公司支付现金的压力。

2. 业绩股票激励的适用性

业绩股票激励比较适合业绩稳定型的上市公司及其集团公司、子公司。

【例20】（单选·2021）某公司将1%的股票赠与管理者以激励其实现设定的业绩目标，如果目标未实现，公司有权将股票收回，这种股权激励模式是（ ）。

A.股票期权模式　　　　　　　B.股票增值权模式

C.业绩股票激励模式　　　　　D.限制性股票模式

【答案】D

【解析】限制性股票模式是指公司为了实现某一特定目标，先将一定数量的股票赠与或以较低价格售予激励对象。只有当实现预定目标后，激励对象才可将限制性股票抛售并从中获利；若预定目标没有实现，公司有权将免费赠与的限制性股票收回或者将售出股票以激励对象购买时的价格回购。选项D当选。

扫一扫，提个小建议

图书勘误、评价建议，"微信"扫一扫。您的感受是我们最好的动力！助您奇兵制胜！

知识梳理

- **收入与分配管理**
  - 收入与分配管理概述
  - 收入管理
    - 销售预测分析
      - 定性分析法
      - 定量分析法
    - 销售定价管理
      - 企业定价目标
      - 产品定价方法
        - 以成本为基础的定价方法
        - 以市场需求为基础的定价方法
  - 纳税管理
    - 纳税管理概述
    - 企业筹资纳税管理
    - 企业投资纳税管理
    - 企业营运纳税管理
      - 采购的纳税管理
      - 生产的纳税管理
      - 销售的纳税管理
    - 企业利润分配纳税管理
    - 企业重组纳税管理
      - 企业合并的纳税筹划
      - 企业分立的纳税筹划
  - 分配管理
    - 股利政策与企业价值
      - 股利分配理论
        - 股利无关理论
        - 股利相关理论
          - "手中鸟"理论
          - 信号传递理论
          - 所得税差异理论
          - 代理理论
      - 股利政策
    - 利润分配制约因素
    - 股利支付形式与程序
      - 现金股利
      - 财产股利
      - 负债股利
      - 股票股利
    - 股票分割与股票回购
      - 股票分割
      - 股票回购
    - 股权激励

第十章 财务分析与评价

本章概述

本章围绕财务分析与评价的内容展开叙述。在财务报表分析中,介绍了偿债能力、营运能力、盈利能力、发展能力以及现金流量等方面的财务评价指标,其中需要重点把握偿债能力、营运能力和盈利能力的相关评价指标。对于上市公司而言,股东关心的更多的是公司的市场价值,所以对上市公司的财务分析不仅需要注重对报表数据的分析,还需要将报表数据与公司的市场价值结合起来进行分析,可以结合市盈率和市净率等分析指标对上市公司市场价值进行分析。在财务评价中,介绍了杜邦分析法、沃尔评分法和经济增加值等方法,其中杜邦分析法是一种使用十分广泛的财务评价方法,需要熟练掌握用该方式对净资产收益率的分解。

第一节 财务分析与评价概述

一、财务分析的意义和内容

财务分析是根据企业财务报表等信息资料,采用专门方法,系统分析和评价企业财务状况、经营成果以及未来发展趋势的过程。

(一)财务分析的意义

财务分析对不同的信息使用者有不同的意义,财务分析的意义主要体现在以下几个方面:

(1)可以判断企业的财务实力。
(2)可以评价和考核企业的经营业绩,揭示财务活动存在的问题。
(3)可以挖掘企业潜力,寻求提高企业经营管理水平和经济效益的途径。
(4)可以评价企业的发展趋势。

(二)财务分析的内容

财务分析信息的需求者主要包括企业所有者、企业债权人、企业经营决策者和政府等。不同的信息需求者出于不同的利益考虑,对财务分析信息有着不同的要求。

(1)企业所有者比较重视企业盈利能力指标,较为关心企业资本的保值和增值情况,主要进行企业的盈利能力分析。

（2）企业债权人由于不能像股东一样参与剩余收益的分享，因此比较关注投资的安全性，重视企业的偿债能力指标，主要进行偿债能力分析。除此之外，也比较关心企业的盈利能力，因为良好的盈利能力更有利于保证债权人资金的安全。

（3）企业经营决策者是最了解企业经营状况的人员，应当关注企业经营的各个方面，包括营运能力、偿债能力、盈利能力及发展能力等，对企业信息进行全面掌握。

（4）政府既是宏观经济管理者，又是国有企业的所有者和重要的市场参与者，因此政府对企业财务分析的关注点因其不同身份而有所差异。

不同的需求者对财务分析有不同的要求，为了满足各类需求，财务分析一般包括：偿债能力分析、营运能力分析、盈利能力分析、发展能力分析和现金流量分析等方面。

二、财务分析的方法

（一）比较分析法

比较分析法，是指对两个或两个以上的可比数据进行对比，找出企业财务状况、经营成果中的差异与问题。根据比较对象的不同，比较分析法分为趋势分析法（比历史）、横向比较法（比同类）和预算差异分析法（比预算），其中最常用的是趋势分析法。

比较分析法的具体运用主要有重要财务指标的比较、会计报表的比较和会计报表项目构成的比较三种方式。

1. 重要财务指标的比较

$$定基动态比率=分析期数额/固定基期数额\times100\%$$

$$环比动态比率=分析期数额/前期数额\times100\%$$

2. 会计报表的比较

会计报表的比较是指将连续数期的会计报表的金额并列起来，比较各指标不同期间的增减变动金额和幅度，据以判断企业财务状况和经营成果发展变化的一种方法，具体包括资产负债表比较、利润表比较和现金流量表比较等。

3. 会计报表项目构成的比较

这种方法是以会计报表中的某个总体指标作为100%，再计算出各组成项目占该总体指标的百分比，从而比较各个项目百分比的增减变动，以此来判断有关财务活动的变化趋势。

采用比较分析法时，应注意以下几个问题：

（1）用于对比的各个时期指标的计算口径必须一致。

（2）应剔除偶发性项目的影响，使分析所利用的数据能反映正常的生产经营状况。

（3）应运用例外原则对某项有显著变动的指标作重点分析，研究其产生的原因，以便采取对策，趋利避害。

（二）比率分析法

比率分析法是通过计算各种比率指标来确定财务活动变动程度的方法。比率指标的类型主要有构成比率、效率比率和相关比率三类。

（1）构成比率反映部分与总体的关系，如资产构成比率、负债构成比率。构成比率用于考察总体中某个部分的形成和安排是否合理。其计算公式为：

$$构成比率(结构比率)=某个组成部分数值/总体数值\times100\%$$

(2) 效率比率反映投入与产出的关系，如成本利润率、营业利润率、资本金利润率等。效率比率用于进行得失比较，考察经营成果，评价经营效益。其计算公式为：

$$效率比率=所得/所费\times 100\%$$

(3) 相关比率反映有关经济活动的相互关系，如流动比率、资产负债率。相关比率用于考察企业相互关联的业务安排得是否合理，以保障经营活动顺畅进行。其计算公式为：

$$相关比率=某一指标/另一相关指标\times 100\%$$

采用比率分析法时，应当注意以下几个方面：①对比项目的相关性；②对比口径的一致性；③衡量标准的科学性。

（三）因素分析法

因素分析法是依据分析指标与其影响因素的关系，从数量上确定各因素对分析指标影响方向和影响程度的一种方法，主要分为连环替代法和差额分析法。

1. 连环替代法

连环替代法是将分析指标分解为各个可以计量的因素，并根据各个因素之间的依存关系，顺序用各因素的比较值（通常为实际值）替代基准值（通常为标准值或计划值），据以测定各因素对分析指标的影响。

设分析对象F是由相互关联的A、B、C三个因素相乘得到：$F=A\times B\times C$

基准值：$F_0=A_0\times B_0\times C_0$ ①

比较值：$F_1=A_1\times B_1\times C_1$

置换因素A：$A_1\times B_0\times C_0$ ②

置换因素B：$A_1\times B_1\times C_0$ ③

置换因素C：$A_1\times B_1\times C_1$ ④

②－①即为因素A变动对F指标的影响。

③－②即为因素B变动对F指标的影响。

④－③即为因素C变动对F指标的影响。

【例1】甲公司生产某产品只消耗一种材料。已知材料的计划成本为560万元，实际成本为540万元，实际比计划节约20万元。材料总成本由产品产量、单位产品材料消耗量和材料单价三个因素的乘积构成，因此可以把材料费用这一总指标分解为三个因素，然后逐个来分析它们对材料费用总额的影响程度。有关资料如表10-1所示。

表10-1　　　　　　　　　　甲公司的材料成本

项目	单位	计划数	实际数
产品产量	万件	10	9
单位产品材料消耗量	千克/件	8	10
材料单价	元/千克	7	6
材料成本总额	万元	560	540

采用连环替代法对影响材料成本总额的各有关因素分析如下：

计划指标：计划材料费用=$10\times 8\times 7=560$（万元）①

第一次替代（产品产量）=$9\times 8\times 7=504$（万元）②

第二次替代（单位产品材料消耗量）=$9\times 10\times 7=630$（万元）③

第三次替代（材料单价）=9×10×6=540（万元）=实际材料费用④

产品产量变动对材料成本的影响=②-①=504-560=-56（万元）

单位产品材料消耗量变动对材料成本的影响=③-②=630-504=126（万元）

材料单价变动对材料成本的影响=④-③=540-630=-90（万元）

全部因素变动影响合计=-56+126-90=-20（万元）

2.差额分析法

差额分析法是连环替代法的一种简化形式，是利用各个因素的比较值与基准值之间的差额，来计算各因素对分析指标的影响。

因素A变动对F指标的影响：$(A_1-A_0) \times B_0 \times C_0$。

因素B变动对F指标的影响：$A_1 \times (B_1-B_0) \times C_0$。

因素C变动对F指标的影响：$A_1 \times B_1 \times (C_1-C_0)$。

采用因素分析法主要有以下几个注意事项：

（1）因素分解的关联性。分析指标与影响因素之间必须存在因果关系。

（2）因素替代的顺序性。必须按照一定的顺序并依次替代。

（3）顺序替代的连环性。每次的替代都是在上一次替代的基础上进行。

（4）计算结果的假定性。各因素变动的影响数，会因替代顺序不同而有差别，因而计算结果带有假定性。

【例2】 沿用 [例1] 的数据，采用差额分析法对甲公司影响材料成本总额的各有关因素进行因素分析。

（1）产品产量变动对材料成本的影响为：(9-10)×8×7=-56（万元）

（2）单位产品材料消耗量变动对材料成本的影响为：9×(10-8)×7=126（万元）

（3）材料单价变动对材料成本的影响为：9×10×(6-7)=-90（万元）

三、财务分析的局限性

（一）资料来源的局限性

财务报表中的数据存在时效性、真实性、可靠性、可比性、完整性等问题。

（二）财务分析方法的局限性

（1）比较分析法要求比较的双方必须具有可比性。

（2）比率分析法的综合程度较低，另外，比率指标提供的信息与决策之间的相关性不高。

（3）因素分析法的一些假定往往与事实不符。

（4）在进行财务分析时，分析者往往只注重数据的比较而忽略经营环境的变化，得出的分析结论是不全面的。

（三）财务分析指标的局限性

财务分析指标的局限性主要体现在财务指标体系不严密、财务指标所反映的情况具有相对性、评价标准不统一、比较基础不统一等问题。

四、财务评价

财务评价是对企业财务状况和经营情况进行的总结、考核和评价。它以企业的财务报表和其他财务分析资料为依据,注重对企业财务分析指标的综合考核。

财务综合评价的方法有很多,包括杜邦分析法、沃尔评分法、经济增加值法等。

第二节 基本的财务报表分析

财务报表分析主要包括5个方面,如图10-1所示。

财务报表分析
- 偿债能力分析
- 营运能力分析
- 盈利能力分析
- 发展能力分析
- 现金流量分析

图10-1 财务报表分析

一、偿债能力分析

偿债能力是指企业偿还本身所欠债务的能力。对偿债能力进行分析有利于债权人进行正确的借贷决策;有利于投资者进行正确的投资决策;有利于企业经营者进行正确的经营决策;有利于正确评价企业的财务状况。

(一)短期偿债能力分析

企业在短期(一年内或一个营业周期内)需要偿还的负债主要指流动负债,因此短期偿债能力衡量的是对流动负债的清偿能力。企业短期偿债能力的衡量指标主要有营运资金、流动比率、速动比率和现金比率。

1. 营运资金

营运资金是指流动资产超过流动负债的部分。计算式为:

$$营运资金=流动资产-流动负债$$

表10-2   营运资金的大小情况说明

营运资金	说明	风险
营运资金>0	流动资产抵偿流动负债后还有剩余	财务状况稳定,不能偿债的风险较小
营运资金<0	流动资产不足以抵偿流动负债; 部分非流动资产以流动负债作为资金来源	不能偿债的风险很大

营运资金越多,流动负债的偿还越有保障;营运资金是绝对数,不便于不同企业之间的比较。

2. 流动比率

$$流动比率=流动资产/流动负债$$

流动比率表明每1元流动负债有多少流动资产作为保障,通常流动比率越大表明企业短期偿债能力越强。不同行业的流动比率，通常有明显差别。

运用流动比率分析时，应注意以下几个问题：

（1）流动比率高并不意味着企业短期偿债能力一定很强。由于各项流动资产的变现能力不同，且变现金额可能与账面金额存在较大差异，因此流动比率又是对短期偿债能力的粗略估计。

【提示】营业周期短、应收账款和存货周转速度快的企业，其流动比率低一些是可以接受的。

（2）流动比率必须与同行业平均水平、本企业历史水平对比，才能显示出高低。

（3）流动比率容易被人为操纵，且没有揭示流动资产的构成内容，只能大致反映流动资产整体的变现能力。

3. 速动比率

$$速动比率=速动资产/流动负债$$

其中，速动资产包括货币资金、交易性金融资产和各种应收款项，不包括存货、预付款项、一年内到期的非流动资产、其他流动资产等。

【提示】与流动资产相比，速动资产主要剔除了存货，原因是：①存货的变现速度比较慢；②有的存货已被抵押，影响变现；③存货成本和市价可能存在差异。

速动比率表明每1元流动负债有多少速动资产作为偿债保障，通常速动比率越大表明企业短期偿债能力越强。通常认为生产企业存货约占流动资产的50%左右，因此剔除存货影响的速动比率至少是1。

速动比率不是越高越好，企业速动比率过高，意味着现金及应收账款过多而增加机会成本。影响速动比率可信性的重要因素是应收账款的变现能力。速动比率和流动比率一样，不同的行业速动比率差别较大。例如，大量使用现金结算的企业（比如零售业），因应收账款较少，速动比率大大低于1是正常现象。

4. 现金比率

现金资产包括货币资金和交易性金融资产等。现金资产与流动负债的比值称为现金比率。

$$现金比率=(货币资金+交易性金融资产)/流动负债$$

现金比率表明每1元流动负债有多少现金资产作为偿债保障，现金比率剔除了应收账款对偿债能力的影响，最能反映企业直接偿付流动负债的能力。

经验表明，0.2的现金比率就可以接受。而这一比率过高，就意味着企业过多资源占用在盈利能力较低的现金资产上从而影响了企业盈利能力。

【提示】一般情况下，流动比率≥速动比率≥现金比率。

【例3】（单选·2022）某企业目前的速动比率大于1，若其他条件不变，下列措施中，能够提高该企业速动比率的是（　　）。

A.以银行存款偿还长期借款　　　　　　B.以银行存款购买原材料
C.收回应收账款　　　　　　　　　　　D.以银行存款偿还短期借款

【答案】D

【解析】速动比率=速动资产÷流动负债，选项A银行存款是速动资产，长期借款是非流动负债，偿还后速动资产减少，流动负债不变，速动比率降低。选项B银行存款减少，速动资产减少，流动负债保持不变，速动比率降低。选项C银行存款增加，应收账款减少，速动资产保持不变，流动负债保持不变，故速动比率保持不变。选项D银行存款和短期借款减少相同金额，但因为速动比率大于1，所以速动资产减少幅度小于流动负债的减少幅度，速动比率会变大。选项D当选。

(二) 长期偿债能力分析

长期偿债能力是指企业在较长的期间偿还债务的能力。长期偿债能力分析的财务指标主要有四项：资产负债率、产权比率、权益乘数和利息保障倍数。

1. 资产负债率

资产负债率=负债总额/资产总额×100%

资产负债率表明资产总额中通过负债取得的比例，可以衡量企业清算时资产对债权人权益的保障程度。一般情况下，资产负债率越小，表明企业长期偿债能力越强。

不同的利益相关者对资产负债率的要求不同，债权人希望资产负债率越低越好；股东在全部资本利润率大于借款利率时，希望负债比率越大越好；企业的经营者考虑风险与收益的平衡，对于高低负债率的选择取决于经营者的风险偏好等多种因素。

对资产负债率进行分析时，应结合以下几个方面。

(1) 营业周期：营业周期短的企业，资产周转速度快，可以适当提高资产负债率。
(2) 资产构成：流动资产占比较大的企业可以适当提高资产负债率。
(3) 企业经营状况：兴旺期间的企业可适当提高资产负债率。
(4) 客观经济环境：利率较高时，应降低资产负债率。
(5) 资产质量和会计政策。
(6) 行业差异：不同行业资产负债率有较大差异。

2. 产权比率

产权比率又称资本负债率，它是企业财务结构稳健与否的重要标志。

产权比率=负债总额/所有者权益×100%

一般情况下，产权比率指标越低，表明企业长期偿债能力越强，债权人权益保障程度越高。产权比率高，是高风险、高报酬的财务结构的表现；产权比率低，是低风险、低报酬的财务结构的表现。

产权比率与资产负债率对评价偿债能力的作用基本一致，只是资产负债率侧重于分析债务偿付安全性的物质保障程度，产权比率则侧重于揭示财务结构的稳健程度以及自有资金对偿债风险的承受能力。

3. 权益乘数

权益乘数=总资产/股东权益

权益乘数表明股东每投入1元钱可实际拥有和控制的（资产）金额，即资产总额相当于所有者权益的倍数。企业存在负债时，权益乘数大于1，企业负债比例越高，权益乘数越大。

产权比率与权益乘数是资产负债率的另外两种表现形式，是常用的反映财务杠杆水平的指标。

权益乘数=1/(1−资产负债率)=1+产权比率

4. 利息保障倍数

利息保障倍数是指企业息税前利润与应付利息之比，又称已获利息倍数，用以衡量偿付借款利息的能力。

$$利息保障倍数=息税前利润/应付利息$$
$$=(净利润+利润表中的利息费用+所得税)/应付利息$$

其中：应付利息指本期发生的全部应付利息，包括财务费用中的利息费用和计入固定资产成本的资本化利息。

一般情况下，利息保障倍数越高，企业长期偿债能力越强。从长期来看，该指标至少应大于1（即息税前利润至少要大于应付利息），企业才具有偿还债务利息的可能性；在短期内，利息保障倍数小于1时企业也仍然具有利息支付能力，因为计算息税前利润时减去的一些折旧和摊销费用并不需要支付现金。我们进行分析时需要比较企业连续多个会计年度（如5年）的利息保障倍数，以说明企业付息能力的稳定性。

(三) 影响偿债能力的其他因素

影响偿债能力的其他因素如表10-3所示。

表10-3　　　　　　　　　　影响偿债能力的其他因素

因素	影响
可动用的银行贷款指标或授信额度	可以提高企业偿债能力
资产质量	资产的账面价值与实际价值可能会存在差异；如果存在很快变现的长期资产会增加短期偿债能力
或有事项和承诺事项	会增加企业的潜在偿债压力，加大企业偿债义务

【例4】甲公司为一家上市公司，表10-4和表10-5分别是其2021年的资产负债表和利润表简表（利润表中，财务费用全部为利息费用，上年资本化利息为0，本年资本化利息为50万元），假设一年按360天计算。

表10-4　　　　　　　甲公司2021年12月31日资产负债表简表　　　　　　　单位：万元

资产	期末余额	期初余额	负债和所有者权益	期末余额	期初余额
流动资产：			流动负债：		
货币资金	82486	70802	应付票据	830	139
交易性金融资产	854	605	应付账款	500	100
应收票据	5385	4181	预收款项	1039	606
应收账款	3000	2000	应付职工薪酬	200	168
预付款项	1587	1548	应交税费	1303	1476
其他应收款	1063	514	其他应付款	3453	699
存货	18180	16788	一年内到期的非流动负债	70	53
其他流动资产	12604	4916			
流动资产合计	125159	101354	流动负债合计	7395	3241

续表

资产	期末余额	期初余额	负债和所有者权益	期末余额	期初余额
非流动资产：			非流动负债：		
长期股权投资	1332	594	长期借款	20000	15000
固定资产	15529	11653	应付债券	20000	10000
在建工程	7481	3280	递延所得税负债	740	740
无形资产	1017	1051	其他流动负债	210	200
长期待摊费用	546	636	非流动负债合计	40950	25940
递延所得税资产	73	55	负债合计	48345	29181
其他非流动资产	2279	143	所有者权益：		
非流动资产合计	28257	17412	实收资本（或股本）	9084	6000
			资本公积	55545	54890
			盈余公积	4674	3159
			未分配利润	35768	25536
			所有者权益（或股东权益）合计	105071	89585
资产合计	153416	118766	负债和所有者权益（或股东权益）合计	153416	118766

注：以公允价值计量且其变动计入当期损益的金融资产全部为交易性金融资产。

表10–5　　　　　　　　　　甲公司2021年利润表简表　　　　　　　　　　单位：万元

项目	2021年	2020年
一、营业收入	36484	30288
营业成本	15080	13580
减：税金及附加	221	218
销售费用	8326	6666
管理费用	2349	1109
研发费用	3999	2964
财务费用	2000	1250
资产减值损失	119	156
信用减值损失	135	86
加：公允价值变动收益	85	60
投资收益	944	169
资产处置收益	−4	−16
其他收益	1506	623
二、营业利润	6786	5095
加：营业外收入	100	20
减：营业外支出	7	5
三、利润总额	6879	5110
减：所得税费用	1719.75	1277.5
四、净利润	5159.25	3832.5

甲公司2021年偿债能力相关指标的计算如下。

1. 短期偿债能力

年初营运资金=101354-3241=98113（万元）

年末营运资金=125159-7395=117764（万元）

年初流动比率=101354/3241=31.27

年末流动比率=125159/7395=16.92

年初速动比率=（70802+605+4181+2000+514）/3241=24.10

年末速动比率=（82486+854+5385+3000+1063）/7395=12.55

年初现金比率=（70802+605）/3241=22.03

年末现金比率=（82486+854）/7395=11.27

2. 长期偿债能力

年初资产负债率=29181/118766=24.57%

年末资产负债率=48345/153416=31.51%

年初产权比率=29181/89585=32.57%

年末产权比率=48345/105071=46.01%

年初权益乘数=118766/89585=1.33

年末权益乘数=153416/105071=1.46

2020年利息保障倍数=（5110+1250）/1250=5.09

2021年利息保障倍数=（6879+2000）/（2000+50）=4.33

二、营运能力分析

营运能力主要指资产运用、循环的效率高低。企业营运能力分析主要包括：流动资产营运能力分析、固定资产营运能力分析和总资产营运能力分析三个方面。

（一）流动资产营运能力分析

1. 应收账款周转率

应收账款周转率反映的是应收账款的周转情况，包括应收账款周转次数和应收账款周转天数。

应收账款周转次数，是一定时期内商品或产品营业收入与应收账款平均余额的比值，表明一定时期内应收账款平均收回的次数。

应收账款周转次数=营业收入/应收账款平均余额

$$=\frac{营业收入}{（期初应收账款+期末应收账款）/2}$$

应收账款周转天数指应收账款周转一次（从销售开始到收回现金）所需要的时间。

应收账款周转天数=计算期天数/应收账款周转次数

=计算期天数×应收账款平均余额/营业收入

（1）计算和使用应收账款周转率指标时应注意的问题：①营业收入指扣除销售折扣和折让后的销售净额；理论上，应使用"赊销收入"作为周转额，由于赊销数据难以取得，在计算时通常使用利润表中的"营业收入"。②应收账款包括应收票据及应收账款等全部赊销账款在内。③应收账款应为未扣除坏账准备的金额。④在业绩评价时，最好使用多个时点的应收账款平均数作为应收账款余额，以减少季节性、偶然性和人为因素的影响。

(2) 应收账款周转率反映应收账款的周转速度及管理效率，在一定时期内应收账款周转次数多（或周转天数少），表明：①企业收账迅速、信用销售管理严格；②应收账款流动性强，企业短期偿债能力强；③可以减少收账费用、坏账损失，相对增加企业流动资产的投资收益。通过比较应收账款的周转天数和企业信用期限，可评价客户的信用程度，调整企业信用政策。

2. 存货周转率

存货周转率（次数）是指一定时期内企业营业成本与存货平均资金占用额的比率，是衡量和评价企业购入存货、投入生产、销售收回等各环节管理效率的综合性指标。

$$存货周转次数 = 营业成本/存货平均余额$$

$$= \frac{营业成本}{(期初存货 + 期末存货)/2}$$

其中，营业成本来源于利润表中的"营业成本"数值。

存货周转天数是指存货周转一次（即存货取得到存货销售）所需要的时间。

$$存货周转天数 = 计算期天数/存货周转次数$$

$$= 计算期天数 \times 存货平均余额/营业成本$$

一般来说，存货周转速度越快，存货占用水平越低，流动性越强，存货转化为现金或应收账款的速度越快，企业的短期偿债能力及盈利能力越强。

分析存货周转率指标应注意以下几个问题：

(1) 存货周转率与企业经营特点密切相关，应注意行业的可比性。

(2) 存货周转率只反映存货整体周转情况，不能说明企业经营各环节的存货的周转情况和管理水平。

(3) 应结合应收账款周转情况和信用政策进行分析。

3. 流动资产周转率

流动资产周转率（次数）是一定时期营业收入净额与企业流动资产平均占用额之间的比率。它是反映企业流动资产周转速度的指标。

$$流动资产周转次数 = 营业收入/流动资产平均余额$$

$$= \frac{营业收入}{(期初流动资产 + 期末流动资产)/2}$$

$$流动资产周转天数 = 计算期天数/流动资产周转次数$$

$$= 计算期天数 \times 流动资产平均余额/营业收入净额$$

在一定时期内，流动资产周转次数越多，表明流动资产利用效果越好，以相同的流动资产完成的周转额越多；流动资产周转天数越少，表明流动资产经历生产销售各阶段所用时间越短，可相对节约流动资产，增强盈利能力。

(二) 固定资产营运能力分析

固定资产周转率（次数）是指企业年营业收入与固定资产平均额的比率。它是反映企业固定资产周转情况、衡量固定资产利用效率的一项指标。

$$固定资产周转次数 = 营业收入/平均固定资产$$

$$= \frac{营业收入}{(期初固定资产+期末固定资产)/2}$$

固定资产周转率主要用于分析对厂房、设备等固定资产的利用效率，周转率越高，说明利用率越高，管理水平越好。如果固定资产周转率与同行业平均水平相比偏低，则说明企业对固定资产的利用率较低，提供的生产成果不够，企业的营运能力不强。它反映了企业资产的利用程度。

（三）总资产营运能力分析

总资产周转率（次数）是企业营业收入与企业资产平均总额的比率。它是衡量资产投资规模与销售水平之间配比情况的指标，反映企业总资产营运能力。

总资产周转次数=营业收入/平均资产总额

若企业各期资产总额比较稳定，则：

平均资产总额=(期初总资产+期末总资产)/2

若资金占用额波动性较大，则应按照更详细的资料计算平均资产总额，即：

月平均总资产=(月初总资产+月末总资产)/2

季平均占用额=(1/2季初+第一月末+第二月末+1/2季末)/3

年平均占用额=(1/2年初+第一季末+第二季末+第三季末+1/2年末)/4

【例5】 接 [例4] 的资料，假设年初、年末坏账准备均为0，甲公司2021年营运能力相关指标的计算如下：

$$应收账款周转次数 = \frac{36484}{(5385+3000+4181+2000)/2} = 5.01（次）$$

应收账款周转天数=360/5.01=71.86（天）

$$存货周转次数 = \frac{15080}{(18180+16788)/2} = 0.86（次）$$

存货周转天数=360/0.86=418.60（天）

$$流动资产周转次数 = \frac{36484}{(125159+101354)/2} = 0.32（次）$$

流动资产周转天数=360/0.32=1125（天）

$$固定资产周转率 = \frac{36484}{(15529+11653)/2} = 2.68（次）$$

$$总资产周转次数 = \frac{36484}{(153416+118766)/2} = 0.27（次）$$

三、盈利能力分析

盈利能力是企业获取利润、实现资金增值的能力。各类财务信息使用者都比较关注企业的盈利能力。反映企业盈利能力的指标主要有营业毛利率、营业净利率、总资产净利率和净资产收益率。

（一）营业毛利率

营业毛利率是营业毛利与营业收入之比，反映每1元营业收入所包含的毛利润是多少。

营业毛利率=营业毛利/营业收入×100%

=(营业收入−营业成本)/营业收入×100%

营业毛利率越高,表明产品的盈利能力越强。

(二) 营业净利率

营业净利率是净利润与营业收入之比,营业净利率反映每1元营业收入最终赚取了多少利润,用于反映产品最终的盈利能力。

$$营业净利率=净利润/营业收入\times100\%$$

(三) 总资产净利率

总资产净利率指净利润与平均总资产的比率,反映每1元资产创造的净利润。

$$总资产净利率=净利润/平均总资产\times100\%$$

$$=\frac{净利润}{营业收入}\times\frac{营业收入}{平均总资产}=营业净利率\times总资产周转率$$

总资产净利率衡量的是企业资产的盈利能力。总资产净利率越高,表明企业资产的利用效果越好。影响总资产净利率的因素是营业净利率和总资产周转率。

(四) 净资产收益率

净资产收益率又称权益净利率或权益报酬率,是净利润与平均所有者权益的比值,表示每1元权益资本赚取的净利润,反映权益资本经营的盈利能力。

$$净资产收益率=净利润/平均所有者权益\times100\%$$

$$=净利润/平均净资产$$

$$=\frac{净利润}{平均总资产}\times\frac{平均总资产}{平均净资产}=总资产净利率\times权益乘数$$

净资产收益率是盈利能力指标的核心,也是杜邦财务分析体系的核心,是投资者重点关注的指标。

一般情况下,净资产收益率越高,所有者和债权人的利益保障程度越高。但净资产收益率不是越高越好,如果不改善资产盈利能力,单纯通过加大举债力度提高权益乘数进而提高净资产收益率的做法十分危险,因为这有可能导致盈利能力无法涵盖增加的财务风险而使企业面临财务困境。

【例6】接 [例4] 的资料,甲公司盈利能力有关指标计算如下:

营业毛利率=(36484−15080)/36484×100%=58.67%

营业净利率=5159.25/36484×100%=14.14%

$$总资产净利率=\frac{5159.25}{(153416+118766)/2}\times100\%=3.79\%$$

$$净资产收益率=\frac{5159.25}{(105071+89585)/2}\times100\%=5.3\%$$

四、发展能力分析

衡量企业发展能力的指标主要有:营业收入增长率、总资产增长率、营业利润增长率、资本保值增值率和所有者权益增长率等。

(一) 营业收入增长率

$$营业收入增长率=\frac{本年营业收入增长额}{上年营业收入}\times100\%$$

其中:本年营业收入增长额=本年营业收入−上年营业收入

营业收入增长率越高,表明企业营业收入的增长速度越快,企业市场前景越好。

(二)总资产增长率

$$总资产增长率=\frac{本年资产增长额}{年初资产总额}\times100\%$$

总资产增长率越高,表明企业一定时期内资产经营规模扩张的速度越快。但在分析时需要关注资产规模扩张的质与量,以防企业盲目扩张。

(三)营业利润增长率

$$营业利润增长率=\frac{本年营业利润增长额}{上年营业利润总额}\times100\%$$

营业利润增长率越高,表明企业营业利润的增长速度越快,企业市场前景越好。

(四)资本保值增值率

扣除客观增减因素后所有者权益的期末总额与期初总额的比率称为资本保值增值率。严格来讲,资本保值增值既与本期筹资、接受捐赠、资产评估增值等事项无关,也与利润分配无关,而是取决于本期实现的净利润,故:

$$资本保值增值率=\frac{期初所有者权益+本期利润}{期初所有者权益}\times100\%$$

资本保值增值率主要反映企业资本的运营效益与安全状况,该指标越高,表明企业的资本保全状况越好,所有者权益增长越快。

(五)所有者权益增长率

$$所有者权益增长率=\frac{本年所有者权益增长额}{年初所有者权益}\times100\%$$

所有者权益增长率越高,表明企业的资本积累越多,应对风险、持续发展的能力越强。

【例7】接[例4]的资料,如果甲公司扣除客观因素影响后的期末所有者权益总额为101332万元,则发展能力相关指标计算如下:

营业收入增长率=(36484−30288)/30288×100%=20.46%

总资产增长率=(153416−118766)/118766×100%=29.18%

营业利润增长率=(6786−5095)/5095×100%=33.19%

所有者权益增长率=(105071−89585)/89585×100%=17.29%

五、现金流量分析

现金流量分析一般包括现金流量的结构分析、流动性分析、获取现金能力分析、财务弹性分析及收益质量分析。本书主要从获取现金能力及收益质量方面介绍现金流量分析,如图10-2所示。

```
                          ┌─ 营业现金比率
              ┌获取现金能力的分析┤ 每股营业现金净流量
              │           └─ 全部资产现金回收率
现金流量分析  ┤
              │           ┌─ 净收益营运指数
              └收益质量分析 ┤
                          └─ 现金营运指数
```

图10-2 现金流量分析

（一）获取现金能力的分析

1. 营业现金比率

$$营业现金比率 = 经营活动现金流量净额 / 营业收入$$

该比率反映每1元营业收入得到的经营活动现金流量净额，其数值越大越好。

2. 每股营业现金净流量

$$每股营业现金净流量 = 经营活动现金流量净额 / 普通股股数$$

该指标反映企业最大的分派股利能力，超过此限度，企业可能就要借款分红。

3. 全部资产现金回收率

全部资产现金回收率是通过企业经营活动现金流量净额与企业平均总资产之比来反映的，它说明企业全部资产产生现金的能力。

$$全部资产现金回收率 = 经营活动现金流量净额 / 平均总资产 \times 100\%$$

（二）收益质量分析

收益质量是指会计收益与公司业绩之间的相关性。如果会计收益能如实反映公司业绩，则其收益质量高；反之，则收益质量不高。收益质量分析，主要包括净收益营运指数分析与现金营运指数分析。

1. 净收益营运指数

$$净收益营运指数 = 经营净收益 / 净利润$$

其中：经营净收益 = 净利润 - 非经营净收益

净收益营运指数越小，非经营收益所占比重越大，收益质量越差，因为非经营收益不反映公司的核心能力及正常的收益能力，可持续性较低。

2. 现金营运指数

现金营运指数反映企业经营活动现金流量净额与企业经营所得现金的比值。

$$现金营运指数 = 经营活动现金流量净额 / 经营所得现金$$

其中：经营所得现金 = 经营净收益 + 非付现费用

现金营运指数小于1，说明收益质量不够好，反映企业为取得同样的收益占用了更多的营运资金，即同样的收益代表着较差的业绩。

【例8】接 [例4] 的资料，如果甲公司当年的经营活动现金流量净额为3863万元，普通股股数为9084万股，非经营净收益为512万元，非付现费用为240万元，则甲公司当年现金流量相关指标计算如下：

营业现金比率 = 3863/36484 = 0.11

每股营业现金净流量 = 3863/9084 = 0.43（元/股）

全部资产现金回收率 = $\dfrac{3863}{(153416+118766)/2} \times 100\% = 2.84\%$

净收益营运指数 = (5159.25−512)/5159.25 = 0.90

现金营运指数 = 3863/[(5159.25−512)+240] = 0.79

第三节 上市公司财务分析

一、上市公司特殊财务分析指标

(一) 每股收益

每股收益是综合反映企业盈利能力的重要指标,可以用来判断和评价管理层的经营业绩。每股收益概念包括基本每股收益和稀释每股收益。

1. 基本每股收益

$$基本每股收益=\frac{归属于公司普通股股东的净利润}{发行在外的普通股加权平均数}$$

其中:发行在外的普通股加权平均数=期初发行在外普通股股数+当期新发普通股股数×已发行时间/报告期时间−当期回购普通股股数×已回购时间/报告期时间

【例9】某上市公司2021年度归属于普通股股东的净利润为4840万元。2020年年末的股本为9000万股,2021年2月12日,经公司2020年度股东大会决议,以截止2020年年末公司总股本为基础,向全体股东每10股送红股5股,工商注册登记变更后公司总股本变为13500万股。2021年6月1日经批准回购本公司股票2400万股。

2021年基本每股收益=4840/(9000+9000×50%−2400×7/12)=0.40(元/股)

由于股票股利实质上是将以前年度的未分配利润转为普通股,转化与否都一直作为资本使用(即股票股利事实上没有增加公司的股权资本,也就是股票股利所代表的资本对全年利润都产生贡献),因此新增的4500万股不需要按照实际增加的月份加权计算(或理解为实际增加的月份数为全年12个月,即权数为1),可以直接计入分母;6月1日回购新股2400万股,在2021年度只流通5个月(对全年的利润贡献只有5个月)。

2. 稀释每股收益

稀释每股收益是指企业存在稀释性潜在普通股的情况下,以基本每股收益的计算为基础,在分母中考虑稀释性潜在普通股的影响,同时对分子做出相应的调整。

稀释性潜在普通股指假设当期转换为普通股会减少每股收益的潜在普通股。目前最常见的潜在普通股主要包括可转换公司债券、认股权证和股份期权等。

1) 可转换公司债券

对于发行了可转换债券的公司,在计算稀释每股收益时,基本每股收益计算式中的分子分母需要作调整,如表10−6所示。

表10-6　　　稀释每股收益下分子、分母的调整

分子的调整项目	可转换公司债券当期已确认为费用的税后利息等的影响额。 在"归属于公司普通股股东的净利润"基础上，加回可转换公司债券当期确认为费用的税后利息
分母的调整项目	假定可转换公司债券当期期初或发行日转换为普通股股数的加权平均数。 在"发行在外普通股的加权平均数"基础上，加上可转换债券转股数的加权平均数 增加的潜在普通股股数=(面值/转换价格)×时间权重
计算公式	可转换债券稀释每股收益（按年计算）= $$\dfrac{归属于普通股的净利润+当期确认的利息费用×(1-T)}{发行在外的普通股加权平均数+\dfrac{面值}{转换价格}×\dfrac{存续月数}{12}}$$ 【提示】以前年度发行的可转换债券，"存续月数"按12个月计算；当年发行的可转换债券，"存续月数"按实际存续时间计算。认股权证和股份期权的"存续月数"同理。

2）认股权证和股份期权

认股权证和股份期权的行权价格低于当期普通股平均市场价格时（此时认股权证和股份期权可能被执行），应当考虑稀释性。

（1）分子的净利润金额一般不变。

（2）分母的调整项目为增加的普通股股数，同时还应考虑时间权数。

认股权证或股份期权行权增加的普通股股数=行权认购的股数×(1-行权价格/普通股平均市场价格)

认股权证或股份期权稀释每股收益（按年计算）=

$$\dfrac{归属于普通股的净利润}{发行在外的普通股的加权平均数+认股总股数×\left(1-\dfrac{行权价格}{普通股平均市场价格}\right)×\dfrac{存续月数}{12}}$$

【例10】某上市公司2021年10月1日按面值发行年利率2%的可转换公司债券，面值10000万元，期限为6年，利息每年年末支付一次，发行结束一年后可以转换股票，转换价格为每股8元。2021年度该公司归属于普通股股东的净利润为4840万元。2021年发行在外的普通股加权平均数为12100万股。债券利息全部费用化，适用的所得税税率为25%。假设不考虑可转换公司债券在负债成分和权益成分之间的分拆，且债券票面利率等于实际利率。则稀释每股收益计算如下：

基本每股收益=$\dfrac{4840}{12100}$=0.4（元）

假设可转换公司债券全部转股，增加的净利润=10000×2%×3/12×(1-25%)=37.5（万元）

假设可转换公司债券全部转股：增加的年加权平均普通股股数=10000/8×3/12=312.5（万股）

增量股的每股收益=37.5/312.5=0.12（元），由于增量股的每股收益小于原基本的每股收益，所以可转换公司债券具有稀释作用。

稀释每股收益=(4840+37.5)/(12100+312.5)=0.39（元）

3. 每股收益的分析

（1）每股收益是综合性的盈利概念，在不同行业、不同规模的上市公司之间具有相当大的可比性。

（2）每股收益是企业能否成功达到其利润目标的标志，也是企业管理效率、盈利能力

和股利来源的标志。

（3）理论上，每股收益反映了投资者可望获得的最高股利收益，是衡量股票投资价值的重要指标，每股收益越高，则投资价值越大。

（4）每股收益多并不意味着每股股利多。

（5）每股收益不能反映股票的风险水平。

（二）每股股利

每股股利是企业股利总额与普通股股数的比值。

每股股利=现金股利总额/期末发行在外的普通股股数

每股股利反映的是上市公司每一普通股获取股利的大小；每股股利越大，则企业股本获利能力就越强；每股股利越小，则企业股本获利能力就越弱；但上市公司每股股利发放多少，除了受上市公司获利能力大小影响以外，还取决于企业的股利分配政策和投资机会。

股利发放率是反映每股股利和每股收益之间关系的重要指标，反映每1元净利润有多少用于普通股股东的现金股利发放，反映普通股股东的当期收益水平。

股利发放率=每股股利/每股收益

（三）市盈率

1. 市盈率概述

市盈率是股票每股市价与每股收益的比率，反映普通股股东为获取1元净利润所愿意支付的股票价格。

市盈率=每股市价/每股收益

市盈率反映股票的投资价值，即市场上投资者对股票投资收益和投资风险的预期，是投资者进行中长期投资的重要决策指标。市盈率越高，意味着投资者对股票的收益预期越看好，股票投资价值越大；市盈率越高，也说明为了获得一定的预期利润，投资者需要支付越高的价格，股票投资风险越大。

【提示】每股收益很小或接近亏损，股票市价不会降至为零，此时很高的市盈率不能说明任何问题。

2. 市盈率的影响因素

市盈率的影响因素有：①上市公司盈利能力的成长性；②投资者所获收益率的稳定性；③利率水平的变动。

3. 市盈率的局限性

（1）股票价格的高低受很多因素影响，非理性因素会使股票价格偏离其内在价值。

（2）由于市场不完全有效和信息不对称，投资者可能会对股票做出错误估计。

【例11】某上市公司2021年年末股东权益总额为22200万元，每股市价为7.2元。已知该公司2021年年末基本每股收益为0.4元。则该公司2021年年末市盈率计算如下：

$$市盈率=\frac{7.2}{0.4}=18（倍）$$

（四）每股净资产

每股净资产，又称每股账面价值，是指企业期末普通股净资产与期末发行在外的普通股股数之间的比率。

每股净资产=期末普通股净资产/期末发行在外的普通股股数

期末普通股净资产=期末股东权益−期末优先股股东权益

每股净资产反映发行在外的每股普通股所能分配的企业账面净资产的价值，它与股票面值、发行价格、每股市场价值乃至清算价值等有较大差距，是理论上的股票最低价值。利用该指标进行横向和纵向对比，可以衡量上市公司股票的投资价值。

在企业性质相同、股票市价相近的条件下，每股净资产指标越高，企业的发展潜力与其股票的投资价值越大，投资者所承担的投资风险越小。但在市场投机气氛较浓时，每股净资产不太受重视。

【例12】某上市公司2021年年末股东权益总额为22200万元，全部为普通股，年末发行在外的普通股股数为11100万股。则每股净资产计算如下：

每股净资产=22200/11100=2（元）

（五）市净率

市净率是每股市价与每股净资产的比率，是投资者用以衡量、分析个股是否具有投资价值的工具之一。

$$市净率=每股市价/每股净资产$$

市净率较低的股票，投资价值较高；反之，则投资价值较低；但有时较低的市净率反映的可能是投资者对公司前景的不良预期，而较高市净率则相反。

判断股票的投资价值时，需要综合考虑当时市场环境以及公司经营情况、资产质量和盈利能力等因素。

【例13】某上市公司2021年年末股东权益总额为22200万元，每股市价为7.2元。已知该公司2021年年末每股净资产为2元。则该公司2021年年末市净率计算如下：

市净率=7.2/2=3.6（倍）

二、管理层讨论与分析

管理层讨论与分析是上市公司定期报告中管理层对于本企业过去经营状况的评价分析以及对企业未来发展趋势的前瞻性判断，是对企业财务报表中所描述的财务状况和经营成果的解释，是对经营中固有风险和不确定性的揭示，同时也是对企业未来发展前景的预期。上市公司管理层讨论与分析包括报告期间经营业绩变动的解释和企业未来发展的前瞻性信息。对于管理层讨论与分析信息披露的监管，我国借鉴了西方国家的做法，采取强制与自愿相结合的做法。

第四节　财务评价与考核

财务分析的最终目的在于全面、准确、客观地揭示与披露企业财务状况和经营情况，并借以对企业经济效益优劣作出合理的评价。企业应将偿债能力、营运能力、盈利能力和发展能力等各项分析指标有机结合起来，作出综合性评价，才能从整体的意义上把握企业财务状况和经营成果。

一、企业综合绩效分析的方法

（一）杜邦分析法

杜邦分析法是利用各主要财务比率指标间的内在联系，对企业财务状况及经济效益进行综合系统评价的方法，其基本思想是将企业净资产收益率逐级分解为多项财务比率乘积，这样有助于深入分析比较企业经营业绩。它以净资产收益率为起点，以总资产净利率和权益乘数为基础，重点揭示企业盈利能力及权益乘数对净资产收益率的影响，以及各相关指标间的相互影响和作用关系。

"净资产收益率=营业净利率×总资产周转率×权益乘数"是杜邦分析的核心关系式，"营业净利率""总资产周转率""权益乘数"可以继续向下分解，如图10-3所示。

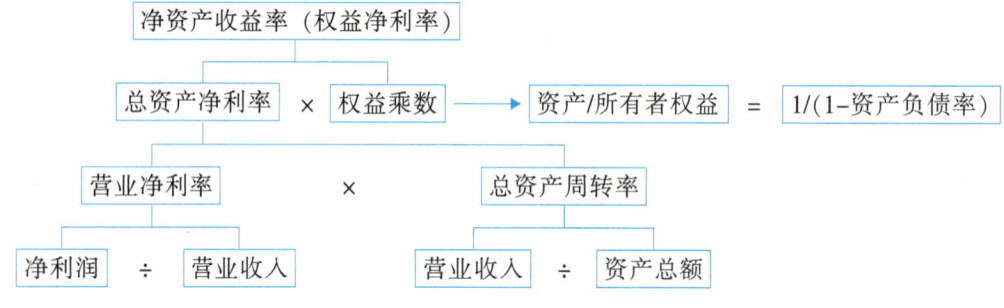

图10-3　杜邦分析体系

运用杜邦分析法主要有以下几个分析要点：

（1）净资产收益率是综合性最强的财务分析指标，是杜邦分析体系的核心，也是杜邦分析体系的起点。

（2）营业净利率反映企业净利润与营业收入的关系，其高低取决于营业收入与成本总额的高低。

（3）总资产周转率反映企业资产实现销售收入的综合能力。分析时，必须结合销售收入分析企业资产结构是否合理，即流动资产和长期资产的结构比率关系。同时还要分析流动资产周转率、存货周转率、应收账款周转率等有关资产使用效率指标，找出总资产周转率变化的确切原因。

（4）权益乘数表示企业的负债程度，反映了公司利用财务杠杆进行经营活动的程度。资产负债率高，权益乘数就大，说明公司负债程度高，公司会有较多的杠杆利益，但风险也高；反之，资产负债率低，权益乘数就小，说明公司负债程度低，公司会有较少的杠杆利益，但相应所承担的风险也低。

【例14】表10-7是甲医疗器械公司2020年和2021年的部分财务数据摘录。

表10-7　　　　　　　　甲公司部分财务数据摘录　　　　　　　　　　单位：亿元

年份	平均资产总额	平均负债总额	营业收入	净利润
2020年	66.29	10.58	35.42	6.28
2021年	69.11	13.67	41.83	7.51

根据上述财务数据计算出营业净利率、总资产周转率、权益乘数以及权益净利率，如表10-8所示。

表10-8　甲公司的营业净利率、总资产周转率、权益乘数以及权益净利率

年份	营业净利率	总资产周转率	权益乘数	权益净利率
2020年	6.28/35.42=17.73%	35.42/66.29=0.53	66.29/(66.29−10.58)=1.19	17.73%×0.53×1.19=11.18%
2021年	7.51/41.83=17.95%	41.83/69.11=0.61	69.11/(69.11−13.67)=1.25	17.95%×0.61×1.25=13.69%

通过上面的分解指标可以看出，与2020年相比，该公司2021年无论是营业净利率、总资产周转率还是权益乘数都有所提高，最终带来权益净利率的提高。该公司资产负债率较低，如果提高营业净利率和总资产周转率比较困难，可以考虑通过增大财务杠杆进一步提高权益净利率。

（二）沃尔评分法

1. 传统的沃尔评分法

1）基本原理

亚历山大·沃尔把若干个财务比率用线性关系联系起来，以此来评价企业的信用水平。他选择了7个财务比率，分别给定了其在总评价中所占的比重，总和为100分。然后，确定标准比率，并与实际比率相比较，评出每项指标的得分，求出总评分。

7个财务比率分别是：流动比率、净资产/负债、资产/固定资产、营业成本/存货、营业收入/应收账款、营业收入/固定资产、营业收入/净资产。

2）沃尔评分法的缺点

（1）未能证明为什么要选择这7个指标，而不是更多些或更少些，或者选择别的财务比率。

（2）未能证明每个指标所占比重的合理性。

（3）当某一个指标严重异常时，会对综合指数产生不合逻辑的重大影响。这个缺陷是由相对比率与比重相"乘"引起的。财务比率提高1倍，综合指数增加100%；而财务比率降低1倍，综合指数只减少50%。

2. 现代改进的分析方法

1）基本原理

一般认为企业财务评价的内容首先是盈利能力，其次是偿债能力，最后是成长能力，它们之间大致可按5:3:2的比重来分配。盈利能力的主要指标是总资产收益率、营业净利率和净资产收益率，这三个指标可按2:2:1的比重来安排。

2）特点

（1）标准比率以本行业平均数为基础，在给每个指标评分时，应规定其上限和下限，以减少个别指标异常对总评分造成不合理的影响。

（2）给分不是采用"乘"的关系，而采用"加"或"减"的关系来处理，以克服沃尔评分法的缺点。

（三）经济增加值法

1. 经济增加值的概念

经济增加值（EVA）是指税后净营业利润扣除包括股权和债务的全部投入资本成本后的剩余收益。由于传统绩效评价方法大多只是用反映某方面的会计指标来度量公司绩效，在传统的会计利润条件下，大多数公司都在盈利。但是，如果会计利润小于投资者投入资本的机会成本，实际上投资者的财富仍然受到了损害。经济增加值法克服了传统绩效评价指标的缺

陷，能够真实地反映公司的经营业绩，是体现企业最终经营目标的绩效评价办法。其作用表现为经济增加值提供了更好的业绩评估标准，帮助企业实现了决策与股东财富一致。

2. 经济增加值的计算公式

经济增加值=税后净营业利润−平均资本占用×加权平均资本成本

上式中，平均资本占用反映的是企业持续投入的各种债务资本和股权资本；加权平均资本成本反映的是企业各种资本的平均成本率，包括股权和债券成本。在计算经济增加值时，需进行相应的会计科目调整，营业外收支、递延税金等都要从税后净营业利润中扣除，以消除财务报表中不能准确反映企业价值创造的部分。经济增加值为正，表明经营者在为企业创造价值；经济增加值为负，表明经营者在损毁企业价值。

3. 经济增加值的优缺点

经济增加值的优点：考虑了所有资本的成本，能够更加真实地反映企业的价值创造，且实现了企业利益、经营者利益和员工利益的统一。

经济增加值的缺点有：

（1）仅能衡量企业当期或预判未来1~3年的价值创造情况，无法衡量企业长远发展战略的价值创造。

（2）该指标计算主要基于财务指标，无法对企业进行综合评价。

（3）不同行业、不同规模、不同成长阶段的公司的会计调整项和加权平均资本成本各不相同，故该指标的可比性较差。

（4）如何计算经济增加值尚存许多争议，这些争议不利于建立一个统一的规范，因此该指标往往主要用于一个公司的历史分析以及内部评价。

【例15】表10-9是甲企业集团下A、B两个子公司2021年的财务数据。假设没有需要调整的项目，请分别计算A、B两个子公司的经济增加值。

表10-9　　　　　　　　A、B公司的部分财务数据　　　　　　　　单位：万元

子公司	税后经营利润	资产总额	加权平均资本成本
A公司	6500	50000	15%
B公司	3500	20000	17%

A公司的经济增加值=6500−50000×15%=−1000（万元）

B公司的经济增加值=3500−20000×17%=100（万元）

A公司的经济增加值为负数，表明经营者在损毁企业价值；B公司的经济增加值为正数，表明经营者在为企业创造价值。

二、综合绩效评价

综合绩效评价，是指运用数理统计和运筹学的方法，通过建立综合评价指标体系，对照相应的评价标准，将定量分析与定性分析相结合，对企业一定经营期间的盈利能力、资产质量、债务风险以及经营增长等经营业绩和努力程度等各方面进行的综合评判。综合绩效评价一般是站在所有者（投资人）的角度进行的一种综合分析。

（一）综合绩效评价的内容

企业综合绩效评价由财务绩效定量评价和管理绩效定性评价两部分组成。

1. 财务绩效定量评价

财务绩效定量评价的内容与指标如表10-10所示。

表10-10　　　　　　　　　财务绩效定量评价的内容与指标

评价内容	具体评价内容	基本指标	修正指标
盈利能力状况	反映企业一定经营期间的投入产出水平、盈利质量和现金保障状况	净资产收益率 总资产收益率	销售（营业）利润率 利润现金保障倍数 成本费用利润率 资本收益率
资产质量状况	反映企业所占用经济资源的利用效率、资产管理水平与资产的安全性	总资产周转率 应收账款周转率	不良资产比率 流动资产周转率 资产现金回收率
债务风险状况	反映企业的债务负担水平、偿债能力及其面临的债务风险	资产负债率 已获利息倍数	速动比率 现金流动负债比率 带息负债比率 或有负债比率
经营增长状况	反映企业的经营增长水平、资本增值状况及发展后劲	销售（营业）增长率 资本保值增值率	销售利润增长率 总资产增长率 技术投入比率

2. 管理绩效定性评价

管理绩效定性评价是指在企业财务绩效定量评价的基础上，通过采取专家评议的方式，对企业一定期间的经营管理水平进行定性分析与综合评判。

管理绩效定性评价指标包括战略管理、经营决策、发展创新、风险控制、基础管理、人力资源、行业影响、社会贡献八个方面的指标。

（二）综合绩效评价标准

综合绩效评价标准分为财务绩效定量评价标准和管理绩效定性评价标准。

1. 财务绩效定量评价标准

财务绩效定量评价标准包括国内行业标准和国际行业标准。国内行业标准根据国内企业年度财务和经营管理统计数据，运用数理统计方法，分年度、分行业、分规模统一测算。国际行业标准根据居于行业国际领先地位的大型企业相关财务指标实际值，或者根据同类型企业相关财务指标的先进值，在剔除会计核算差异后统一测算。

2. 管理绩效定性评价标准

管理绩效定性评价标准具有行业普遍性和一般性，在进行评价时，应当根据不同行业的经营特点，灵活把握个别指标的标准尺度。

管理绩效定性评价标准分为优（A）、良（B）、中（C）、低（D）、差（E）5个档次。对应5档评价的标准系数分别为1.0、0.8、0.6、0.4、0.2，差（E）以下为0。

（三）企业综合绩效评价计分方法

企业综合绩效评价计分法如表10-11所示。

表10-11　　　　　　　　　企业综合绩效评价计分法

评分方法	具体做法
财务绩效评价计分	（1）财务绩效定量评价基本指标计分按照功效系数法计分原理，将评价指标实际值对照行业评价标准值，按照规定的计分公式计算各项基本指标得分； （2）财务绩效定量评价修正指标在基本指标计分结果的基础上，运用功效系数法原理，分别计算盈利能力、资产质量、债务风险和经营增长四个部分的综合修正系数，再据此计算出修正后的分数

续表

评分方法	具体做法
管理绩效评价计分	一般通过专家评议打分形式完成，聘请的专家应不少于7名；评议专家应当在充分了解企业管理绩效状况的基础上，对照评价参考标准，采取综合分析判断法，对企业管理绩效指标做出分析评议，评判各项指标所处的水平档次，并直接给出评价分数
综合绩效评价计分	企业综合绩效评价分数=财务绩效定量评价分数×70%+管理绩效定性评价分数×30% 绩效改进度=本期绩效评价分数/基期绩效评价分数 绩效改进度大于1，说明经营绩效上升；绩效改进度小于1，说明经营绩效下滑

扫一扫，提个小建议

图书勘误、评价建议，"微信"扫一扫。您的感受是我们最好的动力！助您奇兵制胜！

知识梳理

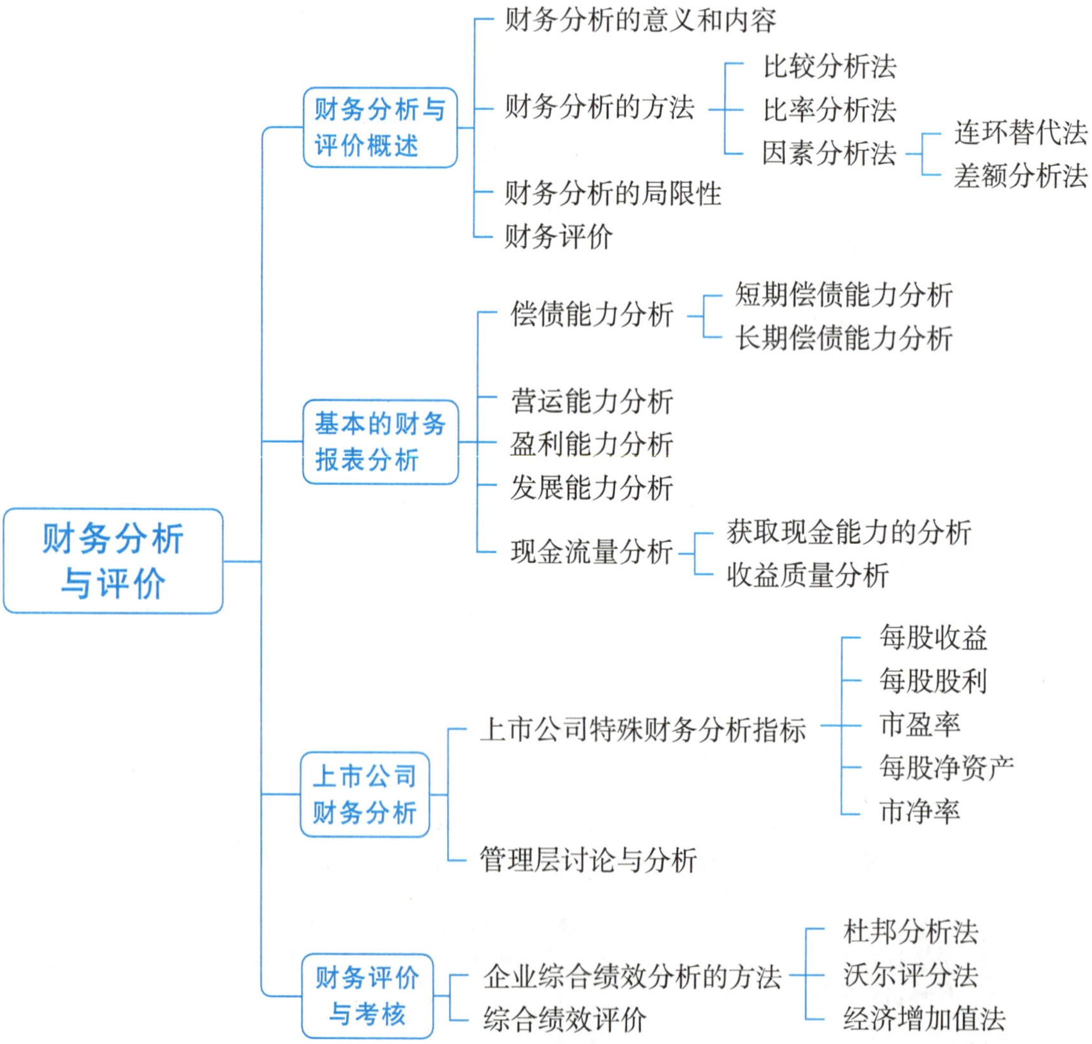

财务分析与评价
- 财务分析与评价概述
  - 财务分析的意义和内容
  - 财务分析的方法
    - 比较分析法
    - 比率分析法
    - 因素分析法
      - 连环替代法
      - 差额分析法
  - 财务分析的局限性
  - 财务评价
- 基本的财务报表分析
  - 偿债能力分析
    - 短期偿债能力分析
    - 长期偿债能力分析
  - 营运能力分析
  - 盈利能力分析
  - 发展能力分析
  - 现金流量分析
    - 获取现金能力的分析
    - 收益质量分析
- 上市公司财务分析
  - 上市公司特殊财务分析指标
    - 每股收益
    - 每股股利
    - 市盈率
    - 每股净资产
    - 市净率
  - 管理层讨论与分析
- 财务评价与考核
  - 企业综合绩效分析的方法
    - 杜邦分析法
    - 沃尔评分法
    - 经济增加值法
  - 综合绩效评价